MANUEL
D'ARCHÉOLOGIE.

A. Fossier

MANUEL
D'ARCHÉOLOGIE
RÉLIGIEUSE, CIVILE ET MILITAIRE,

PAR J. OUDIN,
CURÉ DE BOURRON, CORRESPONDANT DU COMITÉ HISTORIQUE.

DEUXIÈME ÉDITION,
REVUE, AUGMENTÉE ET ENRICHIE D'UN GRAND NOMBRE DE FIGURES,
SOIGNEUSEMENT GRAVÉES SUR ACIER.

A PARIS,

CHEZ JACQUES LECOFFRE ET Cie, LIBRAIRES,
ANCIENNE MAISON PERISSE FRÈRES (DE PARIS),
8, RUE DU POT DE FER SAINT-SULPICE.

1845.

Paris. — Typographie de Firmin Didot Frères, rue Jacob, 56.

INTRODUCTION
ET
DIVISION DE L'OUVRAGE.

L'archéologie se définit en général la *science des antiquités;* mais on désigne particulièrement sous ce nom la science des monuments d'architecture. Les autres parties de cette science ont des noms spéciaux : c'est ainsi qu'on nomme *numismatique* l'étude des monnaies et des médailles; *épigraphie,* celle des inscriptions; etc. Nous ne nous occuperons ici, sous le nom d'archéologie, que de la science architectonique, c'est-à-dire de celle qui traite de l'architecture.

L'architecture est l'art de construire et de distribuer les bâtiments de la manière la plus solide, la plus commode et la plus agréable, pour remplir l'objet auquel ils sont destinés. L'architecture est née avec le besoin de se mettre à l'abri des intempéries de l'air, c'est-à-dire qu'elle est née avec le genre humain. Les habitations n'étaient d'abord que des huttes pratiquées dans la terre ou dans les cavernes, comme on en trouve encore aujourd'hui dans les pays de montagnes, en France, en Angleterre et ailleurs. C'étaient des cabanes formées par des troncs et des branches d'arbres rapprochées ou des pieux, couvertes de chaume ou de roseaux. Les intervalles des pieux étaient remplis par un mélange de terre et de paille qu'on appelle torchis, et qui est toujours en usage dans quelques villes de Perse, de Turquie, du Pérou, de l'Abyssinie, etc. Dans plusieurs de nos provinces, les maisons de la campagne sont encore construites de la même manière.

Les premiers patriarches se logeaient sous des tentes formées avec des peaux d'animaux ou avec des tissus plus ou moins parfaits, comme le faisaient les Scythes, comme le font encore les habitants de l'Arabie, de la Numidie et de la Tartarie.

A mesure que les peuples se civilisaient et que les arts se perfectionnaient, on contruisait des habitations plus solides, plus commodes, plus agréables, plus somptueuses. Il n'est pas indifférent de remarquer que dans tous les pays les monuments les plus anciens, les plus magnifiques et les mieux conservés, sont des temples et des tombeaux, comme si la Providence avait voulu que les pierres elles-mêmes nous rappelassent continuellement les deux pensées qui sont les plus propres à nous rendre vertueux, le souvenir de la Divinité, et la fragilité de la vie, qui ne nous est prêtée pendant quelques années que pour nous faciliter le moyen d'en acquérir une meilleure.

La science architectonique est liée avec celle de l'histoire de tous les siècles, et l'on peut dire que les monuments sont eux-mêmes une histoire permanente et parlant sans cesse aux yeux et à l'esprit. L'histoire et l'archéologie se prêtent un mutuel secours, et souvent de leur rapprochement il est résulté les découvertes les plus précieuses, qui, sans ce moyen, auraient été perdues à jamais pour les sciences. Notre siècle a compris l'utilité d'une science trop négligée jusqu'à ce jour, et le zèle avec lequel on s'y livre aujourd'hui montre combien on sait apprécier une science qui fait revivre au milieu de nous l'antiquité tout entière, et le désir que l'on aurait de réparer en quelque sorte le temps perdu. Puisse ce petit ouvrage guider les amateurs dans l'observation des monuments dont notre belle France est couverte, et leur en faire comprendre tout l'intérêt. Mon but, en écrivant ce Manuel, n'a pas été de faire faire à la science architectonique quelques progrès, mais de la populariser par un exposé simple, court et suffisant, de la rendre accessible à tous, surtout au clergé, qui, plus que personne, ne doit pas y être étranger. Chrétiens, et surtout prêtres, suivant les dignes modèles qui nous ont ouvert la carrière archéologique, entourons avec vénération, méditons et conservons avec respect ces temples sur lesquels est gravée en traits éternels la foi des chrétiens qui les ont élevés.

Je divise ce Manuel en deux parties. La première comprend l'architecture ancienne, celle des Égyptiens, des Babyloniens, des Tyriens et des Hébreux, des Pélasgiens ou Cyclopes, des Grecs et des Romains jusqu'à la chute de l'empire, c'est-à-dire jusqu'au moyen âge, et enfin des Celtes ou Gaulois, dont un grand nombre de monuments couvrent notre sol. La seconde partie comprend le moyen âge. J'y passe en revue tous les différents genres d'architecture employés depuis la chute de l'empire romain jusqu'à la Renaissance, c'est-à-dire jusqu'au milieu du seizième siècle, avec leurs divers caractères. J'accompagne l'observateur dans les monuments gracieux de la Renaissance, après lui avoir fait admirer le caractère étonnant du gothique, et je le laisse enfin avec les artistes du dix-huitième siècle, c'est-à-dire avec les styles grec et romain, qui ont repris avec la Renaissance la place que le gothique leur avait ravie pendant quatre siècles.

Je termine par un chapitre sur les vitraux de couleur, un autre sur l'iconographie chrétienne, un vocabulaire de quelques termes d'archéologie qui ne sont pas expliqués dans le Manuel, et par une liste de quelques ouvrages intéressants que pourront consulter ceux qui voudront se livrer à l'étude archéologique d'une manière plus spéciale.

MANUEL D'ARCHÉOLOGIE.

PREMIÈRE PARTIE.

ARCHITECTURE ANCIENNE.

CHAPITRE PREMIER. — ARCHITECTURE ÉGYPTIENNE.

L'architecture la plus ancienne que nous connaissions, soit par les auteurs qui en ont parlé, soit par les monuments qui nous en restent, est celle des Égyptiens. Du temps d'Abraham, plus de 2,000 ans avant Jésus-Christ, l'Égypte avait un roi nommé Pharaon, qui était fort riche, et avait une cour, ce qui suppose une vaste habitation. Le patriarche Joseph épousa la fille d'un nommé Putiphar, prêtre d'un temple qui était dans la ville d'Héliopolis. Le même Joseph, arrivé au pouvoir suprême, fit construire de vastes bâtiments pour recueillir des grains. Du temps de Moïse, c'est-à-dire mille sept cents ans avant Jésus-Christ, les Hébreux, captifs en Égypte, étaient employés à faire des briques pour des constructions qui devaient être considérables, puisqu'on employait un si grand nombre d'ouvriers pour préparer les matériaux. Ces briques étaient composées d'un mélange de terre et de paille, comme l'indique le même passage de l'Exode (1). Il y est dit aussi que les Hébreux construisirent deux villes, Phithon et Ramassès (2).

Hérodote, le plus ancien historien grec que nous ayons, qui vivait plus de mille ans après Moïse, en parlant de l'habileté des Égyptiens dans les arts, et surtout dans l'art de bâtir, entre sur cela dans des détails si étonnants, qu'ils ont paru d'abord exagérés, et ont pourtant été trouvés véritables par les voyageurs savants qui ont exploré ce pays célèbre.

Cependant l'architecture égyptienne a eu son enfance, comme celle des autres contrées. Les cavernes nombreuses qu'on rencontre en Égypte, sur les bords du Nil, pourraient bien n'être autre chose que les premières habitations d'un peuple dont la principale occupation fut longtemps la chasse et la pêche, avant qu'il songeât à chercher dans l'agriculture et le commerce un moyen de subsister. Ceci ne serait qu'une assertion; car à quelle époque remonteraient-elles, puisque du temps de Moïse ce pays était déjà bien commerçant? Quelques-unes de ces excavations sont le produit de la nature, d'autres de l'industrie. Quel-

(1) Champollion s'en convainquit lui-même dans son voyage scientifique en Égypte. Voir son ouvrage intitulé : *l'Égypte sous les Pharaons*.

(2) Exode, chap. 1, v. 11; et chap. v.

quefois ces cavernes sont très-vastes, formées de plusieurs chambres, et ornées de nombreuses sculptures, sans doute pour la plupart postérieures aux cavernes elles-mêmes.

A mesure que la civilisation se perfectionna, on construisit sur ce sol des habitations plus commodes et des monuments admirables. Cependant on n'abandonna pas entièrement les anciens usages, au moins pour les tombeaux et les temples, et on trouve, surtout en Nubie, des souterrains taillés de main d'homme dans des rochers de granit et de prophyre. Le plus remarquable est le temple monolithe d'Isambul, sur la rive occidentale du Nil.

Les monuments de l'Égypte consistent en temples, palais, pyramides, obélisques et colosses. Ils sont en général graves, massifs et construits avec des matériaux d'un poids et d'une dimension si énormes, qu'on a de la peine à concevoir comment les forces humaines pouvaient suffire à les remuer, à les transporter et à les élever à de si grandes hauteurs. On ne faisait donc pas seulement usage de la brique, mais aussi de la pierre, et même de préférence, dans les endroits où elle était commune. Elle était généralement travaillée avec un art admirable.

Les Égyptiens employaient beaucoup de colonnes dans leurs bâtiments; mais on ne voit pas qu'ils se soient assujettis à des règles de proportion entre la grosseur et la longueur. Elles étaient rondes ou polygones, très-courtes, ordinairement chargées de caractères hiéroglyphiques. Leurs chapiteaux sont très-diversifiés : on en voit plusieurs qui sont ornés de palmes, ce qui leur donne quelque ressemblance avec les chapiteaux d'ordre corinthien. Les entre-colonnes et le dessus des portes et des fenêtres sont en ligne droite, probablement parce que les bâtiments n'ont point de voûte et sont terminés en terrasse. Par la même raison, on n'y remarque pas de fronton, parce que cet ornement est destiné à masquer d'une manière agréable la pente des couverts.

Les Égyptiens ont toujours été regardés comme le peuple le plus religieux, on pourrait même dire le plus superstitieux, de l'antiquité. Cette réputation est justifiée par le grand nombre de temples dont les restes sont dispersés sur la superficie de ce pays. Un des mieux conservés est celui de Karnac, situé sur le territoire de l'ancienne Thèbes : on y trouve des restes de peintures qui ont peut-être trois mille ans, et qui conservent leur fraîcheur; trente-deux colonnes sont encore debout; et les débris des autres annoncent qu'elles y étaient en grand nombre. Le temple de Denderah était le plus grand et le plus remarquable par la multiplicité des ornements. Hérodote parle d'une chapelle monolithe, c'est-à-dire formée d'une seule pierre, qui faisait partie du temple de Latone, à Bute; elle avait quarante coudées dans toutes ses dimensions, longueur, largeur et hauteur; sa couverture était aussi d'une seule pierre, et avait quatre coudées d'épaisseur.

Pour se faire une idée de la construction et de la somptuosité de ces temples, il faut lire les descriptions qu'en donnent Strabon, Diodore de Sicile et saint Clément d'Alexandrie.

Les temples égyptiens étaient ordinairement entourés de vastes bâtiments, dans lesquels habitaient les prêtres. Quelquefois ils étaient attenants aux palais des rois ; c'est ce que l'on remarque spécialement à Luxor, où les restes d'un magnifique palais se confondent avec ceux du temple. On croit que ce palais fut bâti par Sésostris, contemporain de Moïse. A l'entrée s'élevaient deux obélisques, dont l'un, transporté à Paris depuis peu d'années, fait l'ornement de la place de la Concorde. Une des choses les plus curieuses qui soient en Égypte, c'est le château du Caire. Il est situé sur une montagne, hors de la ville; il est bâti sur le roc qui lui sert de fondement, et entouré de murailles fort hautes et fort épaisses. On monte à ce château par un escalier taillé dans le roc, si aisé à monter, que les chevaux et les chameaux tout chargés y vont facilement. Ce qu'il y a de plus beau et de plus rare à voir dans ce château, c'est le puits de Joseph : il est ainsi appelé parce qu'on l'attribue à ce patriarche. Cette tradition est une preuve au moins que l'ouvrage est fort ancien, et certainement il est digne de la magnificence des plus puissants rois d'Égypte. Ce puits est comme à double étage, taillé dans le roc vif, d'une profondeur prodigieuse. On descend jusqu'au réservoir, qui est entre les deux puits, par un escalier qui a deux cent-vingt marches, large d'environ sept à huit pieds, dont la descente, douce et presque imperceptible, laisse un accès très facile aux bœufs qui sont employés pour faire monter l'eau. Les bœufs font tourner continuellement une roue où tient une corde à laquelle sont attachés plusieurs seaux. L'eau, tirée ainsi du premier puits, qui est le plus profond, se rend par un petit canal dans un réservoir qui fait le fond du second puits, au haut duquel elle est portée de la même manière, et de là elle se distribue par des canaux en plusieurs endroits du château.

Le palais le plus magnifique de l'Égypte est celui que l'histoire nous fait connaître sous le nom de *labyrinthe de Thèbes*. On croit que c'était la réunion de douze palais destinés aux représentants des douze provinces dont se composait alors l'Égypte. Voici, d'après Hérodote, la description magnifique qu'en fait Rollin (1) : « On l'avait bâti
« à l'extrémité méridionale du lac Mœris, près de
« la ville des Crocodiles, qui est la même qu'Ar-
« sinoé. Ce n'était pas tant un seul palais, qu'un
« magnifique amas de douze palais disposés régu-
« lièrement, et qui communiquaient ensemble.
« Quinze cents chambres entremêlées de terrasses
« s'arrangeaient autour de douze salles, et ne
« laissaient point de sortie à ceux qui s'engageaient
« à les visiter. Il y avait autant de bâtiments sous
« terre. Ces bâtiments souterrains étaient destinés
« à la sépulture des rois, et encore (qui le pour-

(1) Hist. Anc., tome I, liv. I.

« rait dire sans honte, et sans déplorer l'aveugle-
« ment de l'esprit humain?) à nourrir les croco-
« diles sacrés, dont une nation d'ailleurs si sage
« faisait ses dieux.

« Pour s'engager dans la visite des chambres et
« des salles du labyrinthe, on juge aisément qu'il
« était nécessaire de prendre la même précaution
« qu'Ariane fit prendre à Thésée, lorsqu'il fut
« obligé d'aller combattre le Minotaure dans le
« labyrinthe de Crète. »

Au nombre des monuments de l'Égypte, on doit surtout remarquer les obélisques. C'est de ce pays que sont venus la plupart de ceux qui sont dispersés en diverses contrées de l'Europe. Au rapport de Pline, Auguste fit transporter à Rome un obélisque de 125 pieds de hauteur, sans y comprendre la base, et le fit placer dans le grand cirque; et un autre un peu moins élevé, placé dans le Champ de Mars. Un troisième avait été placé dans le cirque par Néron; c'est celui que Sixte-Quint fit transférer au milieu de la place de Saint-Pierre, où on le voit encore. Il pèse 6,740 quintaux; il fallut 40 cabestans pour le soulever, 140 chevaux et 800 hommes. Celui qui est aujourd'hui à Paris, place Louis XV, pèse 4,457 quintaux. Sa hauteur totale est de 70 pieds 3 pouces 5 lignes. On pense que les inscriptions hiéroglyphiques qui le recouvrent renferment l'histoire des conquêtes de Sésostris, qui le fit ériger devant son palais de Luxor il y a environ 3,400 ans.

Les obélisques étaient tout à la fois monuments

et destinés à orner des monuments d'une plus haute importance, tels que les temples et les palais. On peut en dire autant des statues colossales monolithes d'hommes et d'animaux qu'on trouve dispersées et en très-grand nombre en Égypte. Je ne parlerai que de trois : la première est un sphinx qui a 140 pieds de longueur. On avait ménagé un escalier entre les jambes de devant, qui conduisait à un temple ou peut-être à un tombeau pratiqué dans sa tête; il est près de la grande pyramide dont je parlerai tout à l'heure. On trouve deux autres colosses dans les environs de Thèbes, qui sont assis, et ont cependant plus de quarante pieds de hauteur.

Les monuments les plus étonnants de l'Égypte sont les pyramides, destinées, à ce que l'on croit, à la sépulture des rois et des grands personnages du royaume. Il y en a un nombre considérable aux environs de l'ancienne Memphis, non loin de la ville du Caire. Plusieurs de ces pyramides étaient en briques, particulièrement aux environs du bourg de Sakara; les autres étaient en pierres, et ordinairement construites de roches énormes. Les particuliers se faisaient faire de petites pyramides portatives, de un à deux pieds de haut, ornées d'inscriptions et de peintures. Elles accompagnaient la momie du défunt.

« Il y avait en Égypte, dit Rollin (1), trois pyramides plus célèbres que toutes les autres, qui,

(1) Rollin, Hist. Anc., tome I.

selon Diodore de Sicile, ont mérité d'être mises au nombre des sept merveilles du monde. La plus grande des trois était, comme les autres, bâtie sur le roc, qui lui servait de fondement, de figure carrée par sa base, construite au dehors en forme de degrés, et allant toujours en diminuant jusqu'au sommet. Elle était bâtie de pierres d'une grandeur extraordinaire, dont les moindres étaient de trente pieds, travaillées avec un art merveilleux, et couvertes de figures hiéroglyphiques. » Elle a 474 pieds de hauteur perpendiculaire, et 734 pieds de largeur vers la base. Le haut de la pyramide, qui d'en bas semble être une pointe, une aiguille, est une belle plate-forme d'environ seize pieds. Il est curieux de voir dans Rollin les autres détails concernant les dépenses faites pour la construction de ces pyramides.

Comment ne pas admirer avec étonnement les deux pyramides élevées au milieu du lac Mœris, ce vaste et étonnant ouvrage, le plus admirable de tous ceux des rois d'Égypte? Ces deux pyramides s'élevaient de 300 pieds au-dessus du lac, et occupaient sous les eaux un pareil espace; c'est-à-dire qu'elles avaient 600 pieds d'élévation, et de plus elles étaient surmontées, chacune, d'une statue colossale placée sur un trône.

Comment encore passer sous silence cette fameuse tour, bâtie près d'Alexandrie, dans l'île de *Pharos*, d'où elle a pris le nom de *Phare?* Au haut de cette tour était un fanal pour éclairer de nuit les vaisseaux. Le célèbre architecte Sostrate l'avait bâtie par ordre de Ptolémée Philadelphe, qui y employa 800 talents, c'est-à-dire 2,400,000 livres; elle fut comptée à juste titre au nombre des sept merveilles du monde.

Cette tour, d'une magnificence surprenante, avait plusieurs étages voûtés. Sa hauteur était de 450 pieds, et pour la grandeur elle pouvait être comparée aux pyramides. Elle était carrée, et chacun de ses côtés avait à la base près de 625 pieds. De son sommet on découvrait environ jusqu'à 30 lieues en mer.

Outre les pyramides, on trouve une foule de niches et de caveaux taillés dans le roc, où sont placées des momies, c'est-à-dire des corps d'Égyptiens embaumés et très-bien conservés, quoique plusieurs datent de 3,500 ans et au delà.

Ce que nous savons des pyramides, du labyrinthe, de ce nombre infini d'obélisques, de temples, de palais dont on admire encore les précieux restes dans toute l'Égypte, et dans lesquels brillaient à l'envi la magnificence des princes qui les avaient construits, l'habileté des ouvriers qui y avaient été employés, la richesse des ornements qui y étaient répandus, la justesse des symétries qui en faisaient la plus grande beauté; ouvrages dans plusieurs desquels s'est conservée jusqu'à nous la vivacité même des couleurs, malgré l'injure du temps, qui amortit tout et consume tout à la longue; tout cela, dis-je, montre à quel point de perfection l'Égypte avait porté l'architecture, la peinture, la sculpture, et tous les autres arts. Nous devons surtout admirer et estimer ce bon goût des Égyptiens par rapport à l'architecture, qui les porta, dès le commencement, et sans qu'ils eussent encore de modèles qu'ils pussent imiter, à viser en tout au grand, et à s'attacher aux vraies beautés, sans s'écarter jamais d'une noble simplicité, en quoi consiste la souveraine perfection de l'art.

CHAP. II. — ARCHITECTURE DES BABYLONIENS, DES TYRIENS ET DES HÉBREUX.

Ce que l'histoire nous rapporte des monuments de Babylone et de ses environs, nous montre jusqu'à quel point, dans une antiquité si reculée, l'architecture avait été portée. Babylone et Ninive, regardées comme des prodiges, étaient fameuses par la hauteur et l'épaisseur de leurs murailles, par la somptuosité de leurs jardins, de leurs vastes palais, distribués en une multitude d'appartements et ornés de tout ce que la commodité et le luxe peuvent exiger, où se faisaient remarquer la régularité et la symétrie des colonnes et des voûtes multipliées et élevées les unes sur les autres. On admire la grandeur des portes des villes; la hauteur et la solidité des tours; la commodité des quais sur les bords des grosses rivières; la hardiesse des ponts bâtis sur les grands fleuves; ces châteaux forts si bien fortifiés, et regardés pour lors comme imprenables, tels que celui où Gobryas, seigneur babylonien, reçut Cyrus. Non loin de l'endroit où fut Babylone, on remarque encore aujourd'hui avec étonnement un vaste amas de briques, débris d'une tour immense et carrée qu'on regarde comme ayant appartenu à la tour de Babel. Ces briques sont unies avec un ciment qui est un mélange de terre et de bitume, comme l'étaient celles qu'employèrent les enfants de Noé, qui avaient commencé cette vaste et folle entreprise; c'est une preuve toujours subsistante de ce qui en est dit dans les saintes Écritures. Mais tous ces monuments ont été détruits de fond en comble, selon la prédiction des prophètes, et il nous est impossible d'indiquer le caractère d'architecture qu'on avait suivi, et le rapport qu'elle avait avec celle des Égyptiens et des autres peuples. Il est pourtant douteux que cette architecture fût dès lors parvenue à cette perfection que la Grèce et l'Italie lui ont depuis donnée, et que ces vastes bâtiments, si vantés par les anciens, eussent eu autant de régularité que de grandeur et d'étendue : car nous ne voyons nulle part d'ordre d'architecture babylonien, ninivite, comme il y en a eu en Grèce et en Italie, ce qui donne assez lieu de douter si la symétrie, les mesures, les proportions des colonnes, des pilastres, et les autres ornements, régnaient parfaitement dans ces anciens édifices.

D'après le rapport d'Hérodote et de plusieurs autres auteurs, il y avait aussi de magnifiques temples et de superbes palais dans la ville de Tyr;

mais tous ces monuments ont été détruits par Salmanasar, et plus tard par Alexandre-le-Grand, ainsi que l'avaient annoncé Ézéchiel et Isaïe; en sorte que nous ignorons le plan et les règles d'architecture qu'on avait suivis en les construisant. Nous savons que Salomon fit venir beaucoup d'ouvriers de Tyr et de Phénicie, pour couper les bois et tailler les pierres dont on se servit pour la construction du temple magnifique qu'il fit élever à Jérusalem. C'était aussi de Tyr que venaient les ouvriers qui firent la plupart des objets de bronze, d'or et d'argent qui faisaient l'ornement et la richesse de ce temple : ce qui prouve que l'architecture était cultivée avec soin dans la Phénicie.

Les Hébreux, ayant séjourné longtemps en Égypte, avaient dû y puiser le goût des arts et les règles de l'architecture; mais il ne nous reste aucun monument érigé par eux. Seulement, nous trouvons dans l'Écriture Sainte la description détaillée du tabernacle, du palais de Salomon et du temple de Jérusalem. Dieu lui-même donna à Moïse le plan du tabernacle, qui était un temple portatif construit dans le désert de Sinaï, en forme de tente, dans lequel les Israélites faisaient leurs actes publics de religion et offraient leurs sacrifices. C'est le premier édifice consacré au vrai Dieu dont il soit fait mention dans l'Écriture. On en peut voir la description au trente-unième chapitre de l'Exode.

Le temple de Jérusalem fut construit sur le même plan que le tabernacle, mais avec de plus grandes dimensions et avec une profusion d'or, d'argent, de pierreries, de riches étoffes, de marbre, de bois de cèdre et autres matériaux précieux, qui paraîtrait incroyable si nous n'avions pas pour garants les divines écritures et l'historien Josèphe lui-même, qui cite des auteurs plus anciens que lui. D'ailleurs la somptuosité des temples de l'Égypte et de Babylone, la magnificence des fêtes religieuses qu'on y célébrait, font assez connaître l'esprit de ces premiers siècles dans tout ce qui avait rapport à la religion. Le temple bâti à Jérusalem par le roi Salomon n'était pas seulement un des plus beaux et des plus riches monuments d'architecture religieuse de l'antiquité, il avait surtout le précieux avantage d'être consacré au culte du vrai Dieu et à la pratique de toutes les vertus, tandis que les temples des autres nations étaient consacrés au culte du soleil, de la lune, du feu, de Saturne, de Jupiter, et autres divinités dont le nom fait rougir la pudeur.

On peut voir une belle description de ce temple non-seulement au troisième livre des Rois, mais encore dans Villalpaud, *Commentaire sur Ézéchiel*; dans D. Calmet; dans la *Bible de Vence*.

CHAP. III. — MONUMENTS CYCLOPÉENS OU PÉLASGIQUES.

Les Pélasgiens, appelés aussi Arcadiens, Pélargoniens, Cyclopes, géants, Lapithes, Perrhébéens, Tyrrhéniens, OEnotriens, et enfin Hellènes et Grecs, étaient originaires d'Arcadie, et se répandirent non-seulement dans l'Asie Mineure, le Péloponnèse et la Grèce entière, mais encore dans un grand nombre d'îles de la Méditerranée, depuis les côtes de l'Italie jusqu'à celles de l'Asie. Aussi toutes ces contrées ont-elles porté le nom de Pélasgie.

On pense que leur nom vient de Pélasgus, homme étranger à cette nation barbare, qui les civilisa. Ces peuples remontent donc à une très-haute antiquité. L'histoire de l'antiquité grecque et latine nous montre jusqu'à présent quatre cents villes environ, qui sont reconnues comme ayant été murées en blocs de pierre de construction cyclopéenne, qui indiquent les chefs-lieux d'autant de colonies pélasgiques. Ces peuples eurent des colonies en Italie et jusqu'en Espagne, où ils bâtirent Sagonte.

Les constructions cyclopéennes prouvent que ces peuples devaient être riches en instruments de fer, et que les sciences, l'industrie et l'architecture avaient fait quelques progrès chez eux. Mais ce qui mérite le plus notre admiration, c'est la persévérance, la prévoyance de l'avenir, et le désir de faire un ouvrage immortel.

Tous ces antiques monuments, dont la découverte est si précieuse pour l'histoire, restèrent trop longtemps inaperçus même des savants, quoique souvent ils eussent frappé leurs yeux sans les fixer. Enfin, M. Petit-Radel (1), prêtre aussi distingué

(1) M. Petit-Radel était membre de l'Institut royal de France, bibliothécaire-administrateur de la bibliothèque Mazarine, etc., etc.

par sa science que par ses vertus, pendant un long séjour qu'il fit en Italie, frappé de la ressemblance de plusieurs passages de l'Écriture Sainte avec les récits des écrivains et des poëtes de Rome et de la Grèce, les examina de plus près, les compara, reconnut l'identité de plusieurs de leurs récits (quoique souvent dénaturés), et de divers noms de pays, de peuples et d'hommes, avec ceux qui se trouvent dans l'Ancien Testament. Il interrogea ensuite les monuments, les ruines antiques, et sut dévoiler leur histoire. Un grand nombre de découvertes, et les témoignages des voyageurs et des savants, ont confirmé depuis la solution du problème historique résolu par M. Petit-Radel, d'une manière plus certaine et plus concluante qu'on n'aurait jamais osé l'espérer.

On avait d'abord regardé comme un paradoxe d'antiquaire l'opinion qui attribuait aux Pélasges certains monuments que Pausanias avait cités comme existant encore de son temps dans la Grèce. Les auteurs anciens ne nous ayant transmis aucun détail touchant le génie militaire de ce peuple, on supposait, avec Thucydide, et nonobstant le passage dans lequel Euripide parle des murs cyclopéens d'Argos, que les anciens Grecs, hordes indisciplinées, ne connaissaient pas l'usage des fortifications : et voilà cependant que ce paradoxe est devenu une vérité historique hors de l'atteinte de tout doute ; sur plusieurs points de l'Europe et de l'Asie, on retrouve les nombreux monuments des Pélasges, leurs portes, leurs tours, le système souterrain de leurs casemates, leurs aqueducs, avec les regards et les réservoirs qui les complètent, leurs hiérons ou enceintes sacrées de six cents mètres et plus de circuit, dont l'unique porte d'entrée est relevée d'un seuil, ainsi que leurs autels successivement surmontés par des temples helléniques, étrusques ou romains, surchargés eux-mêmes d'une troisième construction, élevée dans le bas âge par les chrétiens, qui les convertirent en églises. On découvre des bancs de pierre vive, consacrés à des oracles établis à l'instar de celui de Dodone; et, dans leurs vieux remparts, des bas-reliefs, représentant les divinités des Pélasges, enchâssés originairement entre les blocs polyèdres irréguliers et sans ciment.

Le savant voyageur M. Pouqueville, consul français à Janina, a reconnu trente et une villes dans les murs desquelles la construction cyclopéenne se trouve constamment établie sous des ruines de constructions helléniques en pierres d'un très-gros volume et disposées en lits horizontaux. Ces constructions sont surmontées à leur tour par des ruines romaines en briques, et par d'autres ruines de petites pierres taillées datant du bas-empire; enfin on les voit couronnées par des ouvrages slavons, turcs et vénitiens. Quelques monuments réunissent toutes ces constructions perpendiculairement disposées les unes sur les autres.

On doit encore à M. Pouqueville la connaissance des monuments cyclopéens des villes de l'Épire et de la Macédoine, dont on n'avait encore aucune idée. Le nombre des monuments cyclopéens observés en Grèce par M. Pouqueville s'élève à cent douze. On lira avec le plus haut intérêt son Voyage de la Grèce, dans lequel sont consignées toutes ses recherches.

Sur les côtes de l'Asie Mineure, célèbre par les anciennes colonies de Xanthus, fils de Triopas, roi d'Argos, dès l'an 1742 avant l'ère chrétienne, et de Triptolème, premier fondateur de Tarse, en Cilicie, se voient grand nombre de ruines antiques, la plupart de construction cyclopéenne; elles furent découvertes par M. Francis Beaufort, capitaine anglais.

Par tout ce que j'ai dit, on voit que les monuments pélasgiques ou cyclopéens étaient construits de pierres, souvent énormes, de polygones irréguliers, taillées sur toutes leurs faces, et réunies ensemble sans ciment. On distingue trois styles différents : le premier est formé de polygones irréguliers bruts à leur surface; le second, de blocs de même figure, mais bien joints et dont la surface est aplanie; le troisième de blocs de même forme et de même travail, mais d'une forme plus allongée. (Pl. 1, fig. 1, 2 et 3.) Les Pélasges ne connaissaient pas l'équerre; ils se servaient d'une règle de plomb, qui se pliait à volonté, pour tracer l'épure de chaque pierre, et la tailler. L'acropole de Mycènes se composait d'un double rang de fortifications en constructions cyclopéennes de ces trois différents styles. Comme ces constructions avaient une très-grande épaisseur, ordinairement ces pierres ainsi taillées formaient le parement de chaque côté, et l'intérieur était rempli de petites pierres informes noyées pêle-mêle dans du mortier. L'absence de mortier pour la réunion de ces blocs ne nuisait pas à leur solidité; car non-seulement ils étaient ordinairement énormes, mais encore enchâssés les uns dans les autres. Pausanias (1), parlant des remparts de Tirynthe, ville de l'Argolide, aujourd'hui Palœo-Nauplia, en Morée, dit : « Le héros Tiryns, qui donna son nom à « cette ville, était, dit-on, fils d'Argus et petit-« fils de Jupiter. Les remparts de Tirynthe, qui « seuls sont demeurés debout au milieu des rui-« nes, furent l'ouvrage des Cyclopes; ils ont été « construits en pierres sèches, non taillées, cha-« cune d'une telle grosseur, que la plus petite ne « peut être remuée de sa place que par des bœufs « accouplés sous le joug. » La forteresse de Tirynthe est l'un des monuments les plus remarquables de l'antiquité; elle doit remonter vers l'an 1710 avant l'ère chrétienne. Il paraît que les murs de Tirynthe offrent encore précisément la construction décrite par Pausanias, dans laquelle des pierres d'une plus petite dimension sont placées entre les plus grandes, pour remplir les vides et lier ensemble les diverses parties. Quels devaient donc être, à leur origine, ces murs dont le voyageur, étonné, retrouve encore aujourd'hui debout les gigantesques ruines, telles que Pausanias les a vues il y a deux mille ans!

(1) Pausanias, liv. II, ch. 25.

Une chose bien remarquable, c'est la présence de l'ogive dans plusieurs des monuments cyclopéens; et ceci est d'un haut intérêt pour l'histoire du style ogival, dont nous parlerons plus tard. Tirynthe avait des galeries en ogive ; les souterrains d'Agrigente sont du même style, et la porte d'Arpinum, ville du Latium, est pareillement ogivale. Des murs cyclopéens voûtés en ogive se trouvent encore en Italie à Segni, dont les huit portes, qui sont de ces deux styles, environnent le grand autel construit selon le rit biblique et bâti à ciel ouvert, sur les trois degrés duquel Tarquin a élevé des constructions à l'équerre, dont il passe pour l'inventeur, selon Denys d'Halicarnasse.

L'ogive se rencontre encore, comme art bien connu, dans la ville de Nauplia, port de l'Argolide. On monte de la ville à la Palamide par un chemin couvert et formé de pierres énormes, adossées en ogive comme celles qui couvrent le chemin conduisant du monument de Délos au sommet du mont Cinthus, et comme celui montant à la Larisse d'Argos ; ce qui démontre que les constructions de ce genre appartiennent à la même antiquité. Or, les premiers habitants de Nauplia étaient venus d'Égypte avec Danaüs, pour déposséder Gélanor du trône d'Argos, vers l'an 1510 avant l'ère vulgaire.

A dater du règne de Persée, vers 1390 avant l'ère chrétienne, on rencontre des constructions en pierres parallélipipèdes ; c'est le style attribué à Persée, et qui fut aussi employé depuis. Il ne faut pas le confondre avec les constructions cyclopéennes, qui toutes sont plus ou moins irrégulières, selon que l'on remonte plus ou moins dans l'antiquité. Je ne m'arrêterai pas à décrire toutes les constructions pélasgiques qui ont été découvertes, ce serait l'objet d'un ouvrage considérable; mon intention a été uniquement d'en donner une idée suffisante, qui sera éclaircie par les dessins du Lupercal de l'Acropole d'Alatrium, ville d'Italie (pl. 1, n. 3); de la porte de Ferentinum, autre ville d'Italie (n. 1), construction cyclopéenne, surmontée de la construction romaine, qui, à son tour, a été chargée de maçonneries du moyen âge; et enfin du mur de l'Acropole de Mycènes (n. 2), ville de Grèce.

Je ne puis assez conseiller l'excellent ouvrage de M. Petit-Radel, intitulé: *Recherches sur les monuments cyclopéens*, etc. Il y fait la description de quatre-vingts monuments cyclopéens, avec les détails les plus intéressants, et la description des modèles en relief de ces mêmes monuments, composant la galerie pélasgique de la bibliothèque Mazarine, à Paris. Ces modèles ont été exécutés par ses soins et sous ses yeux, avec une exactitude et une précision qui ne laissent rien à désirer à l'architecte le plus adroit. Visitez la bibliothèque Mazarine, et vous serez transportés au milieu des monuments antiques de l'Asie, de l'Italie et de l'Espagne.

CHAP. IV. — ARCHITECTURE GRECQUE.

Il est probable que l'architecture grecque tire son origine de l'Égypte, qui a toujours été regardée comme le berceau des beaux-arts : c'est au moins l'opinion de quelques savants, tels que Norden, Procop (1); et cette conjecture est d'ailleurs appuyée sur l'autorité d'Hérodote (2), qui le dit assez positivement. Nous savons en outre que Cécrops, le fondateur d'Athènes, venait d'Égypte; que Solon, Périclès, Hérodote et beaucoup d'autres Grecs étaient allés y puiser les sciences, dans lesquelles il faut comprendre l'architecture. Mais si les Grecs ne sont pas les inventeurs de l'architecture, au moins ils l'ont perfectionnée, lui ont assigné des règles sûres et précises, et ont donné les noms aux divers ordres dont elle se compose. Aussi cette architecture est non-seulement la plus connue, mais encore, selon quelques-uns, la plus parfaite et la plus élégante. C'est particulièrement sous Périclès, 400 ans avant Jésus-Christ, qu'elle prit son essor et fut poussée à un tel degré de perfection, qu'elle est regardée comme le dernier terme du bon goût par les architectes modernes, qui portent l'enthousiasme jusqu'à dire qu'on tenterait vainement de faire mieux. Ils vont cependant un peu loin, car Palladio, Michel-Ange et beaucoup d'autres ont cru pouvoir et devoir s'affranchir de certaines règles de cette architecture,

---

(1) Norden, pl. 132; Proc., t. I, pl. 44, 45, etc.
(2) Hérod., liv. II, chap. 4.

quand il s'agissait surtout de la construction des églises. Et nous verrons, en traitant du style gothique, que celui-ci lui est infiniment supérieur pour les monuments religieux.

On ne trouve de règles positives de l'architecture que chez les Grecs et les Romains. Les Grecs n'admettaient que trois ordres d'architecture, distingués principalement par les dimensions, les chapiteaux et les ornements des colonnes qui les composent, savoir : l'ordre *dorique*, l'ordre *ionique* et l'ordre *corinthien*.

L'ordre dorique (pl. 1, n. 5) paraît être la première idée régulière de l'architecture. Vitruve rapporte son origine, avec assez de vraisemblance, à un prince d'Achaïe, nommé Dorus, celui apparemment qui a donné son nom aux Doriens. Cet ordre est le plus simple et le plus solide des trois. Il est employé principalement aux grands édifices et aux magnifiques bâtiments, comme aux portes des citadelles et des villes, au dehors des temples, aux places publiques, et en général aux lieux où la délicatesse des ornements paraît moins convenir, tandis que la manière héroïque et gigantesque de cet ordre y fait un effet merveilleux, et montre une certaine beauté mâle et naïve, qui est proprement ce qu'on appelle la grande manière.

Les Ioniens furent les premiers rivaux des Doriens; et comme ils n'avaient pas eu la gloire de l'invention, ils tâchèrent d'enchérir sur les autres. L'ordre ionique (pl. 1, n. 6) est d'une proportion extrêmement heureuse; tous ses détails sont remplis de grâce, de délicatesse et d'élégance; et par cette raison il convient également aux bâtiments particuliers de la dimension la plus exiguë, et aux édifices publics du plus noble caractère, tels que l'intérieur des temples.

L'ordre corinthien (pl. 1, n. 7) prit naissance à Corinthe, comme l'indique assez son nom. Il est dû à une espèce de hasard. On rapporte que Callimaque, célèbre sculpteur, à qui on en attribue la gloire, ayant vu près d'un tombeau un panier que l'on avait mis sur une plante d'acanthe, fut frappé du bel effet que produisaient les feuilles naissantes de cette acanthe qui environnaient le panier, et en imita la manière dans les colonnes qu'il fit depuis à Corinthe, établissant et réglant sur ce modèle les proportions et les ornements de l'ordre qu'il établit dès lors. Cet ordre est le plus riche et le plus noble, et peut être regardé comme le plus haut degré de perfection où l'architecture soit montée. C'est celui qui a été ordinairement employé chez les anciens et chez les modernes, dans les temples de la Divinité, dans les palais des rois et dans les monuments du premier ordre.

Ces trois ordres grecs, admirables par leurs belles proportions et par leur harmonie, ont tous un cachet particulier, et chacun d'eux offre une si grande perfection dans son ensemble, que les architectes qui, jusqu'à ce jour, ont voulu altérer leur caractère, ont tous échoué. Ce n'est pas à dire pour cela qu'on ne puisse jamais modifier leurs proportions; mais, lorsque cela est nécessaire, il faut faire la plus grande attention à conserver aux ordres leurs caractères particuliers. (Voir, pour les proportions et les autres détails, le chap. v, art. 3, où il est parlé des cinq ordres, et la pl. 1, où ils sont dessinés.)

On donne encore improprement le nom *d'ordre attique*, ou simplement *attique*, à une espèce de couronnement d'un monument. Comme son nom l'indique, il a pris naissance à Athènes. Il est composé de pilastres, s'associe aux autres ordres, et forme le dernier étage des édifices, au-dessus de l'entablement des ordres inférieurs. Il est de très-petites proportions : sa hauteur n'est guère que la moitié de l'ordre principal, jamais plus des deux tiers.

La ville d'Athènes était remplie de temples et d'une multitude d'autres monuments célèbres; et c'est surtout sous Périclès que l'architecture fit les plus grands progrès, et qu'on vit s'élever le plus de monuments admirables par leur magnificence et leur solidité, quoique construits avec une promptitude incroyable; en sorte que du temps de Plutarque, qui rapporte le fait, c'est-à-dire environ 600 ans après Périclès, ils avaient une fraîcheur de jeunesse comme s'ils venaient d'être achevés.

Il nous reste quelques monuments anciens et des débris de plusieurs autres en style grec. Les plus connus sont :

1° Les propylées de l'Acropolis d'Athènes (c'est-à-dire les avant-portes ou le vestibule de la citadelle d'Athènes), exécutées par les ordres de Périclès, vers l'an 437 avant Jésus-Christ. Ce vestibule coûta, dit-on, 2,012 talents, c'est-à-dire environ 11 millions de francs. Les colonnes étaient en marbre, d'ordre dorique, et en grand nombre. Ce monument existe; et, quoique fort dégradé, il étonne encore les voyageurs.

2° Le Parthénon, ou temple de Minerve, à Athènes, se trouve aussi dans cette citadelle. C'est un parallélogramme qui a 221 pieds de long et 94 de large, en y comprenant un portique dont le temple proprement dit est entouré. Ce portique est formé par des colonnes d'ordre dorique, en marbre blanc, qui le divisent en trois nefs. On n'y voit point de fenêtres; le jour entre par la porte. La plupart des temples grecs étaient éclairés de cette manière, et par des lampes qui étaient allumées dans le fond. Ce temple subsistait encore en 1676; les chrétiens l'avaient converti en église; les mahométans, devenus maîtres, en firent une mosquée : en 1677, une bombe lancée par le général Morosini, pendant qu'il faisait le siége de cette ville, mit le feu à la poudre que les Turcs y avaient renfermée, ce qui en ruina la plus grande partie.

3° On voit dans la même citadelle de magnifiques restes de plusieurs autres temples; le mieux conservé est dédié à Minerve Polliade, c'est-à-dire protectrice : il est d'ordre ionique. Le temple de Thésée est assez bien conservé.

Vitruve dit qu'il y avait entre autres quatre temples chez les Grecs, qui étaient bâtis de marbre, et enrichis de si beaux ornements, qu'ils faisaient l'admiration des plus habiles connaisseurs, et étaient devenus comme la règle et le modèle des bâtiments dans les trois ordres d'architecture. Le premier de ces ouvrages est le temple de Diane à Éphèse; c'était aussi le plus grand; il était d'ordre ionique. « Ce temple, dit Rollin (1), a passé pour l'une des sept merveilles du monde. Ctésiphon s'est rendu célèbre par la construction de ce temple; il en donna les dessins, qui furent exécutés en partie sous sa conduite et sous celle de son fils Métagène; et le reste par d'autres architectes, qui y travaillèrent après eux dans l'espace de 221 ans qu'on fut à bâtir ce superbe édifice. Ctésiphon travaillait avant la 60ᵉ olympiade (l'an du monde 3464). Vitruve dit que la figure de ce temple était *diptérique*, c'est-à-dire, qu'il régnait tout à l'entour deux rangs de colonnes en forme d'un double portique. Il avait près de 71 toises de longueur, sur plus de 36 de largeur. Il y avait dans cet édifice 127 colonnes de marbre, hautes de 60 pieds, données par autant de rois. Entre ces colonnes, 36 étaient sculptées par les plus habiles ouvriers de leur temps. Scopas, l'un des plus célèbres sculpteurs de la Grèce, en avait travaillé une, qui faisait le plus bel ornement de ce superbe édifice. Toute l'Asie avait contribué avec un empressement incroyable à le construire et à l'embellir. » Ce temple fut brûlé l'an 366 avant Jésus-Christ, rebâti bientôt après par Alexandre le Grand, et brûlé de nouveau l'an 263 de l'ère chrétienne.

(1) Hist. Anc., t. II.

Le second est celui d'Apollon, dans la ville de Milet. Il était, comme le premier, d'ordre ionique. Le troisième est le temple de Cérès et de Proserpine, à Éleusis, qu'Ictinus fit d'ordre dorique; d'une grandeur extraordinaire, capable de contenir trente mille personnes. Le quatrième est le temple de Jupiter Olympien, à Athènes, d'ordre corinthien. Cet édifice, très-vaste, était estimé tel qu'il y en avait peu qui en pussent égaler la magnificence.

Les plus beaux restes de temples grecs qui existent sont ceux de Palmyre et de Balbeck, ou Héliopolis. On croit que ces temples étaient dédiés au soleil. L'enceinte de celui de Palmyre avait 7 à 800 pieds en carré; elle était entourée de colonnes en marbre d'ordre corinthien. La *Cella*, ou le temple proprement dit, était placée au milieu, et n'avait que 90 pieds de longueur sur 45 de largeur dans œuvre : elle était éclairée par quatre fenêtres. Il y avait un petit temple près du grand, dont on ne connaît pas la destination.

Le temple de Balbeck est mieux conservé et du même ordre d'architecture. Ils furent découverts, le premier en 1691, l'autre en 1751. Leur belle conservation est due sans doute à l'état d'isolement où les villes de Palmyre et de Balbeck étaient placées. Des voyageurs français viennent encore de découvrir des restes magnifiques de temples anciens dans l'Asie Mineure. On en trouve aussi beaucoup dans les autres villes de la Grèce, dans la Sicile, à Pompéi, à Herculanum, etc.

Les temples des Grecs avaient toujours la forme

d'un carré long. Leur étendue doit être comprise à l'extérieur des portiques qui les environnaient presque toujours. En effet, ils étaient composés de deux parties bien distinctes : 1° du temple proprement dit, appelé *Cella*, qui était environné de murs, orné de colonnes à l'intérieur, et dans lequel se trouvait la statue du dieu qu'on y adorait et l'autel des sacrifices; cette partie était assez petite, parce que le peuple n'y entrait pas : et 2° d'un ou deux rangs de galeries couvertes à l'extérieur, et formées par des colonnes : c'est là que se tenait le peuple; et cette partie du temple était plus vaste que l'intérieur. La *Cella* était précédée d'un vestibule, et quelquefois il y avait une ouverture à chaque extrémité. (La planche 2, fig. 13, représente le plan par-terre du Parthénon.) Ils étaient ornés d'une multitude de statues, de sculptures et de peintures magnifiques, souvent de la main des plus célèbres artistes.

Il y a peu d'églises construites dans le style grec pur. On cite à Paris l'église de Sainte-Geneviève, l'Assomption et la Madeleine, bâtie sur le modèle du Parthénon, mais dans de plus grandes dimensions; l'église de Saint-Vincent à Mâcon; celle de Fernèy, dans le diocèse de Belley. Il semble que cette architecture, malgré sa magnificence, n'a pas assez de gravité pour les temples du vrai Dieu, surtout lorsqu'on la met en parallèle avec le style gothique, dont je parlerai plus tard, qui paraît seul digne d'une religion qui élève l'âme au-dessus des sens.

CHAP. V.

ART. I**er****.** — *Architecture romaine, depuis l'origine de l'empire jusqu'à Constantin.*

L'art de bâtir a été presque aussitôt connu dans l'Italie que dans la Grèce, s'il est vrai que les Toscans n'eussent pas encore eu de commerce avec les Grecs, lorsqu'ils inventèrent la composition d'un ordre particulier, qui s'appelle encore aujourd'hui de leur nom. Il est probable pourtant qu'ils eurent de très-bonne heure quelque connaissance de l'architecture des Grecs, puisque l'ordre toscan (pl. 1, n. 4), à la dimension près des colonnes, est le même que le dorique, ce qui serait extraordinaire dans toute autre hypothèse. Quoi qu'il en soit, l'histoire nous apprend que, l'an 715 avant notre ère, c'est-à-dire 38 ans après la fondation de Rome, il existait des temples, et que Numa Pompilius établit des vestales pour entretenir le feu sacré dans celui de la déesse Vesta. Le tombeau que Porsenna, roi d'Étrurie (de Toscane), se fit élever proche de Clusium, pendant qu'il vivait, marque la grande connaissance qu'on y avait alors de l'architecture. Selon Varron, cet édifice était de pierre, et construit à peu près de la même manière que le labyrinthe bâti par Dédale dans l'île de Crète.

Quelque temps après, vers 619, Tarquin l'Ancien fit faire à Rome des travaux fort considérables, pour lesquels il fit venir des ouvriers de l'Étrurie.

Le premier il environna la ville d'une muraille de pierres. Il construisit plusieurs temples, des aqueducs, des égouts ou cloaques, tous ouvrages immenses et étonnants tant par leur grandeur, la hardiesse de l'entreprise, les dépenses qu'ils occasionnèrent, que par leur solidité surprenante. En effet, de quelle épaisseur et de quelle solidité devaient être ces voûtes, dont notre siècle voit encore des restes, conduites depuis l'extrémité de la ville jusqu'au Tibre, quelquefois formées d'arcades superposées les unes sur les autres, pour avoir pu soutenir pendant tant de siècles, sans s'ébranler le moins du monde, l'énorme poids des grandes rues de Rome bâties dessus, dans lesquelles passaient des voitures sans nombre et d'une charge immense! Tarquin l'Ancien fit aussi construire un cirque qui avait 2,187 pieds de long, et 900 de large; c'est le plus grand de tous ceux qui ont été construits à Rome à diverses époques. Tarquin le Superbe, vers 534, fit achever ces ouvrages, et notamment le temple de Jupiter Capitolin, qui fut détruit et reconstruit deux fois sur le même plan, à diverses époques, mais avec des matériaux plus précieux. D'après Denys d'Halicarnasse, il était dans le genre de celui de la Grèce, c'est-à-dire petit, carré-long et entouré de portiques; nouvelle preuve que l'architecture de la Grèce n'était pas inconnue à l'Italie. C'est dans ce temple que les triomphateurs venaient rendre hommage à la Divinité, des victoires qu'ils avaient remportées.

Tous ces édifices n'avaient pourtant rien de recommandable que leur grandeur et leur solidité. Pendant plusieurs siècles les Romains ne firent presque aucun progrès dans l'architecture, dont ils ne connaissaient que l'ordre toscan. Ils ignoraient presque entièrement la sculpture, et n'avaient pas même l'usage du marbre, du moins ne savaient-ils ni le polir, ni en faire des colonnes, ou d'autres ouvrages, qui, par leur éclat et l'excellence du travail, fissent paraître de la richesse dans les lieux où ils pouvaient être employés. Tandis que la Grèce s'illustrait sous le rapport des arts et des sciences, Rome n'était occupée que de guerres ou de travaux rustiques qui nourrissaient des vertus austères.

Lorsque dans la suite le peuple romain eut plus de commerce avec les Grecs, il commença à élever des bâtiments plus superbes et plus réguliers, car c'est d'eux qu'il apprit l'excellence de l'architecture.

Vers 290, le goût des arts s'introduit à Rome, les gnomons ou cadrans solaires lui arrivent de la Grèce, Fabius Pictor orne de peintures le temple de la Santé.

Vers l'an 263, il est fait mention de la représentation de comédies, ce qui suppose l'existence d'un théâtre. Une colonne rostrale est érigée pour perpétuer le souvenir d'une victoire remportée sur les Carthaginois. Vers 186, Scipion fait placer au Capitole un tableau qui rappelle sa victoire sur Antiochus. Vers l'an 102, Scaurus fait construire un théâtre où il y avait place pour quatre-vingt mille hommes. Au retour de la Grèce, Pompée en fit construire un en pierres, qui contenait quarante mille personnes. Il paraîtrait que jusqu'alors ces bâtiments étaient en terre ou en bois. Ce théâtre était orné de statues et de tableaux enlevés à Athènes, à Corinthe et à Syracuse. Dans l'enceinte de ce théâtre se trouvait le temple de Vénus. Il est à remarquer que, dans les théâtres, les amphithéâtres, les thermes, les vastes palais, il y avait toujours un temple, et que tous les jeux publics étaient consacrés à quelque divinité; ce qui prouve tout à la fois combien l'esprit religieux était enraciné dans les cœurs et combien il était dégradé par les passions.

Le principal fruit que Rome retira de ses victoires asiatiques fut le goût des arts et la dépravation des mœurs. Aussi ce fut surtout sous Lucullus, si célèbre par le luxe de ses bâtiments et de sa bonne chère, vers l'an 64, que l'architecture grecque s'introduisit à Rome. Jusque-là les Romains ne connaissaient que l'ordre toscan (pl. 1, n. 4). Dès lors ils adoptèrent les ordres grecs, et du corinthien et de l'ionique en formèrent un cinquième appelé *composite* (pl. 1, n. 8). Je parlerai du toscan et du composite dans l'article 3, en traitant des cinq ordres d'architecture.

Nous arrivons au règne d'Auguste, sous lequel naquit Jésus-Christ, et par conséquent au temps où le luxe devint dominant à Rome, et où en même temps l'architecture parut dans tout son éclat. Auguste triomphe d'Antoine, et rend les Athéniens tributaires : la Grèce, sur son déclin, ne pouvant plus soutenir son ancienne splendeur, la transporte à Rome, en lui communiquant son esprit, son génie et son goût pour les sciences et les arts. Rome, reçoit dans son sein les meilleurs artistes de la Grèce, et alors, ainsi que dans les trois siècles suivants, s'éleva cette foule de monuments superbes et d'ouvrages magnifiques qui font encore l'ornement de Rome, de toute l'Italie et même de bien des contrées qui faisaient alors partie de l'empire. De tous côtés se voient encore des restes de temples, d'aqueducs, de grandes routes, de vastes palais, de cirques, de théâtres, d'amphithéâtres, de thermes ou maisons de bains, d'arcs de triomphe, de colonnes rostrales, d'obélisques, etc.

L'an 25 avant l'ère chrétienne, Agrippa, gendre d'Auguste, construisit le Panthéon, destiné à honorer tous les dieux de toutes les nations, comme l'indique son nom (1). Ce temple faisait partie d'un vaste bâtiment appelé *Thermes d'Agrippa*. Le Panthéon est regardé encore aujourd'hui comme la merveille de Rome, malgré tout ce qui en a été enlevé ou changé. Il est rond, et est appelé pour cela *la Rotonde*; son diamètre dans œuvre est de 144

---

(1) Agrippa construisit ce monument en l'honneur de son beau-père; mais Auguste ayant refusé cet honneur, Agrippa le consacra à tous les dieux, ayant sans doute intention d'y comprendre celui qui avait refusé ce titre en refusant la consécration du temple : il pensa par ce moyen remplir sa première intention.

pieds. Le pape Grégoire IV, en 610, l'a consacré au culte de tous les saints.

Lyon, Narbonne, Autun, Toulouse, et beaucoup d'autres villes de France, possèdent des monuments du siècle d'Auguste, qui, plein de zèle pour les sciences et les arts, y avait établi des académies.

C'est sous le règne de ce prince que l'architecture monta à son plus haut degré de perfection et de gloire, en conservant la pureté grecque de ses proportions et de ses formes. Depuis cet empereur jusqu'à Adrien et aux Antonins, elle conserva encore sa splendeur, mais elle perdit la simplicité du style grec, dont elle avait tiré son origine.

Vers l'an 75 de notre ère, après le siége de Jérusalem, Vespasien fit construire le temple de la Paix et l'arc de triomphe de Tite. Ce dernier monument était destiné à perpétuer le souvenir de la prise de Jérusalem par Tite son fils. On y voit encore la représentation du chandelier à sept branches et de la table des pains de proposition, qui, d'après l'historien Josèphe, ornaient la marche triomphale de Tite.

La construction la plus étonnante faite par les ordres de Vespasien, et achevée par Tite, fut l'amphithéâtre appelé *Colysée*, qui existe encore, du moins en grande partie. C'était un vaste bâtiment, de forme ovale, dans le milieu duquel est une cour appelée *Arène*, parce qu'on y mettait du sable; ce bâtiment est composé de gradins ou rangs de siéges, élevés en arrière et au-dessus les uns des autres. L'architecte Fontana assure que cent neuf mille personnes pouvaient y voir à l'aise et assises les spectacles qui s'y donnaient. Le milieu de l'arène était destiné à diverses espèces de jeux, de spectacles, aux combats des bêtes féroces entre elles, ou des gladiateurs, qui luttaient tantôt les uns contre les autres, tantôt contre des lions, des tigres et d'autres animaux. Ces spectacles sanglants, où des hommes payés mettaient leur gloire à tuer adroitement leurs compétiteurs ou à mourir avec grâce, faisaient les délices de Rome et de plusieurs grandes villes. C'est dans le *Colysée* qu'un grand nombre de martyrs furent livrés aux bêtes féroces qui les dévoraient, et c'est aussi par respect pour le sang des martyrs que Benoît XIV, après avoir restauré ce monument, y plaça les stations de la passion, auxquelles il attacha des indulgences.

En France, il y avait des amphithéâtres à Reims, à Bordeaux, à Orange, à Nîmes, à Arles, à Fréjus, à Saintes, à Autun, à Lyon, etc. Celui de Nîmes, après le Colysée, était un des plus grands; celui de Vérone, en Italie, est un des plus entiers. Il n'en est aucun qui n'ait été teint par le sang des martyrs qu'on y faisait dévorer par les bêtes féroces.

Vers l'an 108 fut élevée la colonne Trajane, le plus beau et le premier monument qui ait été construit en ce genre. Elle fut érigée par le sénat et par le peuple romain, en reconnaissance des grands services que Trajan avait rendus à sa patrie. Les guerres de ce héros étaient sculptées dessus; elle était de marbre et d'ordre toscan. C'est un des plus superbes restes de la magnificence romaine, qu'on voit encore aujourd'hui en pied, et qui a plus immortalisé Trajan que toutes les plumes des historiens n'auraient pu faire.

Un des plus beaux monuments élevés par Trajan est le fameux pont qu'il fit bâtir sur le Danube : lui seul aurait suffi pour immortaliser son nom. Il avait 20 piles pour porter les arches, épaisses chacune de 60 pieds, hautes de 150 sans compter les fondements, et à 170 pieds l'une de l'autre, ce qui fait en tout 795 toises de large.

L'empereur Adrien, vers l'an 117 et suivants, protége les arts ; il était architecte, et même sculpteur habile. On dit de son nom qu'il était comme la pariétaire, qu'on le trouvait sur tous les vieux murs. Pendant son règne, il fit rétablir les édifices d'Athènes, fit reconstruire la ville de Jérusalem, et substitua un temple de Jupiter à l'ancien temple des Juifs. Il fit construire à Nîmes un palais, un amphithéâtre et le pont du Gard ; de beaux restes de ces trois monuments subsistent encore. Adrien fit construire pour lui un immense palais dont les dépendances avaient plus de trois lieues de tour. On lui attribue aussi la construction d'un pont sur le Tibre et du môle qui devait être son tombeau, et qui est aujourd'hui le château Saint-Ange. Sa prévention contre les chrétiens s'étant dissipée quand il les connut mieux, il fit construire pour eux un grand nombre d'églises qu'on appela *Adrianées*.

Un des derniers monuments remarquables, et rappelant la beauté de l'architecture romaine, c'est la colonne Antonine, élevée à Rome, où on la voit encore, l'an 174, par Marc-Aurèle, surnommé Antonin. Un des bas-reliefs de cette colonne magnifique rappelle le miracle de la légion fulminante, composée de chrétiens, qui, par ses prières, sauva l'armée romaine, qui souffrait beaucoup de la soif, et était prête à être taillée en pièces par les Quades.

Ici finissent les beaux temps de l'architecture romaine. Les empereurs suivants font encore construire des amphithéâtres, des cirques, des thermes, des aqueducs, des palais, des arcs de triomphe, qui tous annoncent le goût de l'architecture, mais qui tous s'éloignent plus ou moins de la noble simplicité et de l'élégance gracieuse du style grec. Ensuite l'architecture dégénéra graduellement, par la surabondance des ornements et par de licencieuses innovations, surtout après les guerres d'Asie.

C'est ainsi que plusieurs parties du vaste palais élevé par Dioclétien à Spolatro, au troisième siècle, portent l'empreinte du mauvais goût qui commençait à dominer. On y voit des colonnes supportant des arcs au lieu d'architraves (pl. 3, fig. 1 et 2), des arcades interrompent l'entablement, et plusieurs autres défauts qui annoncent l'oubli des règles et des bons principes.

Cet oubli est plus choquant encore dans les thermes bâtis à Rome par le même empereur. D'après Séroux d'Agincourt, qui avait examiné cet édifice, la décoration de plusieurs des parties qui le constituent est d'un style bizarre et licencieux; des colonnes sans emploi appliquées contre les murs y sont élevées les unes au-dessus des autres sur des piédestaux de mauvais goût et surmontées d'architraves et de corniches interrompues; d'autres colonnes s'appuient sur des colonnes, et sont couronnées par des frontons brisés et sans bases. La fig. 3, pl. 3, représente une partie de cet édifice dans laquelle on peut remarquer la réunion des défauts que je viens d'énumérer.

Les progrès de la décadence devinrent de plus en plus sensibles sous le règne de Constantin et sous ses successeurs. La plupart des monuments élevés sous ce prince se distinguent par les défauts que j'ai signalés sous Dioclétien, et en outre par une grande pesanteur dans les principaux membres des ordres. Ce fut bien pire encore pendant et après les guerres qui dévastèrent l'empire dans le quatrième et le cinquième siècle, et entraînèrent dans sa ruine les sciences et les arts.

Je ne dois pas passer sous silence les basiliques romaines, tant comme monuments civils très-remarquables, que comme ayant servi de type, pour la forme, à nos églises chrétiennes, auxquelles nous donnons aussi le nom de basiliques.

Le mot de *basilique*, tiré du grec, signifie *maison royale*, et on les appelait ainsi, soit parce que les basiliques étaient souvent attenantes aux palais des rois, et qu'ils y rendaient eux-mêmes la justice, soit parce qu'elle s'y rendait en leur nom. C'étaient donc de vastes emplacements couverts, dans lesquels on plaidait et jugeait les procès, et où l'on se réunissait soit pour entendre lire des pièces de vers et des harangues, soit pour traiter des affaires de commerce les jours de foire et de marché.

Cette enceinte était ordinairement entourée de murailles; la longueur était doublé de la largeur. A l'extérieur, les murs, percés de fenêtres semi-circulaires régulièrement espacées, n'étaient pas décorés de colonnes comme ceux des temples.

A l'intérieur, deux rangs parallèles de colonnes ou de pilastres soutenaient le toit, et divisaient l'édifice en trois parties inégales dans le sens de la longueur (pl. 3, fig. 4), auxquelles nous donnerions le nom de nefs. La galerie centrale était la plus large et la plus élevée; elle était occupée en partie par les marchands, les plaideurs, en partie par le peuple. Les plaideurs et les curieux se plaçaient aussi à droite et à gauche dans les deux ailes latérales.

A l'extrémité des trois galeries il y avait un espace peu profond, séparé du reste de l'édifice par une balustrade, qui, comme dans nos tribunaux actuels, était réservé exclusivement aux avocats, aux greffiers et aux autres officiers de justice. Il se terminait par un enfoncement semi-circulaire appelé abside, placé vis-à-vis de la galerie centrale. C'était au milieu de cet hémicycle que se plaçaient les juges (pl. 3, fig. 4).

Il est facile de voir que les basiliques tenaient lieu de nos tribunaux, de nos bourses, et même de nos halles. Il y en eut dans presque toutes les villes; mais on ne commença guère à en construire que vers les derniers temps de la république, c'est-à-dire au moment où Rome prit le goût de la belle architecture et l'empire se couvrit de monuments.

Les constructions privées étaient pour la plupart loin de répondre à la magnificence des édifices publics. La matière employée dans ces constructions était ordinairement de la brique seule ou alternée avec de la pierre; dans quelques endroits où la pierre était rare, et surtout à la campagne, les maisons durent être bâties en torchis et en bois, ainsi que dans certaines parties de la France, où cet usage se pratique encore. Mais, en tout cas, ce n'est guère que pour les édifices publics et pour les maisons de quelques riches particuliers, qu'on a dû employer des matériaux solides et durables. Il est certain aussi que les habitations des villes ont toujours été plus soignées.

L'Italie, et Rome surtout, ne manque pas de monuments qui attestent la grandeur de l'ancienne Rome, comme nous l'avons vu; mais il serait difficile d'apprécier la manière dont les habitations particulières étaient construites et divisées, malgré ce qu'en dit Vitruve, sans les découvertes précieuses et intéressantes des ruines d'Herculanum et de Pompéi, qui transportent leurs visiteurs à près de 2,000 ans de nous, en leur mettant devant les yeux, comme encore vivants, les arts et les mœurs des anciens habitants de ces villes infortunées. Il est impossible de lire sans un grand intérêt l'ouvrage intitulé l'*Italie antique*, publié par la *France littéraire*, et auquel j'emprunte quelques détails sur les constructions particulières de Pompéi.

« La ville était fortifiée, comme l'attestent ses murailles et ses portes, dont on admire encore aujourd'hui l'étonnante conservation. Les murs sont de 18 pieds environ, fort solidement construits en blocs de travertin à leur partie inférieure, et en tuf à la supérieure. De distance en distance sont des tours carrées, entre lesquelles se trouvent des remparts bordés de chaque côté de parapets.

« La belle conservation des maisons de Pompéi ne laisse que peu de choses à désirer quant aux détails minutieux de l'architecture domestique des Romains. Les maisons des premiers Romains étaient fort petites; mais lorsque le luxe et la richesse s'introduisirent chez eux, leurs dimensions s'accrurent dans une proportion inconcevable.

« Tacite nous dit qu'un même toit pouvait contenir jusqu'à quatre cents esclaves.

« Il n'y avait pas de cheminées à Pompéi ; quelques maisons avaient des fenêtres, qui tantôt n'étaient que de simples ouvertures pratiquées au-dessus de la porte ou dans la porte même, tantôt des espèces de vitres composées de talc. On a trouvé, quoique fort rarement, quelques vitres de verre. Il suffit, cependant, qu'il y en ait eu, même une seule pour réfuter l'erreur généralement accréditée que les anciens ne connaissaient pas les verres de vitre. Les murs des maisons sont bâtis avec des fragments de briques joints confusément et sans aucun ordre; ils ne doivent leur solidité qu'au ciment qui les recouvre. Ce ciment était susceptible d'acquérir, par le frottement, une surface extrêmement dure, unie et polie; en y appliquant des couleurs pendant qu'il était encore humide, elles s'y incorporaient et devenaient plus durables et moins sujettes à se ternir. Toutes les chambres, à Pompéi, sont recouvertes de cette espèce de stuc sur lequel on voit des peintures aux plus éclatantes couleurs, dont l'exécution et le dessin sont quelquefois infiniment remarquables. Ces peintures représentent des sujets d'histoire ou de mythologie, des paysages, des arabesques. Il y a beaucoup de tableaux de genre, des fruits, des animaux, des scènes de comédie, des caricatures même.

« Les planchers des chambres étaient ordinairement enduits d'une espèce de ciment dont la composition variait selon les ressources des habitants. Dans les maisons pauvres, c'était de la tuile pulvérisée; dans celles d'un ordre intermédiaire, c'était un ciment analogue à ce qu'on appelle aujourd'hui mosaïque de Venise, et dont on fait actuellement un grand usage dans le midi de la France. Dans les salons riches, ces ciments étaient remplacés par des mosaïques de la plus grande beauté.

« Les portes des maisons étaient en bois; il n'en reste conséquemment plus, mais on trouve dans toutes les maisons des fragments de bois carbonisé. Ces portes avaient des verroux et des serrures en bronze. Au-dessus des portes d'entrée, on lit presque toujours le nom du propriétaire, tracé en couleur rouge. »

Pour faire mieux comprendre la division des grandes maisons particulières, je vais faire la description complète d'une des maisons de Pompéi, de celle de l'édile Pansa. Elle forme une *insula*, île, entourée par quatre rues, dont l'une est la grande rue de la ville. Elle est spacieuse, régulièrement bâtie, et peut servir de type d'une maison de luxe. On entre dans la maison par un vestibule nommé *prothyrum*, étroit, élevé de deux ou trois pieds au-dessus du niveau du trottoir. Il y avait fréquemment, devant la porte des gens riches, une mosaïque portant une inscription avec ces paroles : *Ave, salve, cave canem*. Quelquefois, dans les grandes maisons, on trouve près du prothyrum une petite loge destinée au *servus atriensis* ou *ostiarius*, qui était d'ordinaire un esclave enchaîné, accompagné d'un chien.

Après avoir franchi le vestibule, on arrive dans l'*atrium* ou *cavœdium*; c'était une cour en grande partie couverte, plus ou moins ornée de colonnes et de statues. Au milieu de cette cour est un espace quadrangulaire, l'*impluvium*, destiné à recevoir l'eau de pluie, qui tombait d'une ouverture pratiquée dans le toit, nommée *compluvium*. Sous l'impluvium se trouve d'ordinaire une citerne, ou puteale, où l'eau s'écoulait au moyen de tuyaux; souvent l'impluvium était surmonté de belles fontaines en marbre, de statues, etc. La célèbre statuette du faune fut trouvée au-dessus de l'impluvium de la maison ou de la grande mosaïque. Dans celle de Méléagre, déterrée tout récemment, est une magnifique table en marbre blanc. Le cavœdium est quelquefois pavé de mosaïques, plus souvent enduit de ciment. Il paraîtrait que le cavœdium et les *cubicula* qui l'entouraient étaient éclairés la nuit par une lampe suspendue au plafond. De chaque côté de la cour sont les chambres à coucher appropriées aux étrangers; car, chez les anciens, la partie privée de la maison n'était exclusivement accessible que pour les amis intimes. Les cubicula particuliers, les *triclinium* et les bains étaient surtout interdits aux étrangers.

Deux pièces principales occupent le fond du cavœdium, vis-à-vis le vestibule; la première est le *tablinum*, très-grande chambre sans porte sur le devant, où le maître de la maison recevait quiconque venait chez lui pour les affaires. Un *aulœum*, ou rideau, séparait le cavœdium de la cour intérieure. La seconde pièce est le triclinium, ou salle à manger, où l'on exerçait l'hospitalité envers les étrangers. On peut observer souvent de chaque côté du tablinum, une petite chambre appelée *ala*, ou salle d'attente.

Pénétrons maintenant par un passage ou corridor fort étroit dans les appartements consacrés exclusivement à l'usage de la famille. Ce corridor se nommait *fauces*, terme qui explique sa destination et son exiguïté. A l'entrée des fauces se trouve ordinairement une cellule où se tenait l'esclave qui les gardait. De là, nous arrivons dans une cour intérieure, beaucoup plus spacieuse et plus belle que le cavœdium, appelée *peristylium*, à cause des colonnes qui l'entouraient. Ces colonnes sont souvent disposées en doubles rangées, et forment de cette manière un portique. Le *xyste*, ou parterre de fleurs, dont on peut voir tracée la forme dans la plupart des maisons de Pompéi, occupait le centre de cette cour. Au milieu du xyste se trouvait assez fréquemment un vase contenant des poissons vivants. Dans les maisons où il n'y avait pas de xyste, on le remplaçait par le *viridarium*, petit jardin factice, composé d'une cour avec ses murs peints pour imiter des arbres et des fleurs.

Au fond du péristyle se trouve l'*exèdre* ou salon; c'était la plus belle pièce de la maison; elle est communément pavée de belles mosaïques et ses murs sont ornés de peintures. Près de l'exèdre se trouve une chambre appelée *œcusgunœcus* ou appartement des femmes; elle manque dans quelques maisons; dans ce cas, l'exèdre servait au double usage de salon et de salle de travail.

On remarque aussi dans le péristyle deux *triclinium*, l'un d'hiver, l'autre d'été; ce dernier donnait sur le jardin. Les chambres à coucher sont disposées comme dans l'atrium. Quelques-unes ont dû être d'une élégance extrême, quoique petites: les murs, revêtus de fresques de l'éclat le plus vif; les planchers, pavés des plus brillantes mosaïques formant autant de tableaux, éclairés d'ailleurs par les beaux candélabres qui ornent aujourd'hui le *studii*, de Naples; tout cela offre à l'imagination un vrai tableau de féerie. Ces chambres présentent, en général, un espace réservé pour le lit.

Le *sacrarium* était une petite chapelle renfermant un autel consacré à la divinité protectrice de la famille, et placée dans le péristyle ou dans le jardin.

La cuisine(*culina*), la cave à l'huile (*olearium*), la cave à vin (*vinarium*), et autres dépendances, occupaient les coins reculés de l'habitation. Les murs de la cuisine sont ordinairement couverts de fresques grossièrement figurées et offrant les emblèmes de l'art culinaire. Entre le péristyle et le jardin se trouve communément une *pergula* ou terrasse très-ornée de statues. Le *pinacotheca* était, selon toute probabilité, un cabinet d'étude renfermant une collection choisie de tableaux.

ART. 2. — *Caractères particuliers de l'architecture romaine, et ses différences avec le style grec.*

Les caractères de l'architecture romaine sont : 1° les grandes dimensions des monuments que les Romains ont entrepris. On ne voit rien dans les beaux jours de la Grèce qui soit comparable aux palais d'Auguste, d'Adrien, de Dioclétien ; au Colysée, au grand cloaque, au grand cirque, aux voies romaines, aux aqueducs, etc. 2° Chez les Romains, comme chez les Grecs, les colonnes jouaient un très-grand rôle ; mais les Grecs ne connaissaient que trois ordres, les Romains en admettaient cinq, et ils ajoutèrent aux colonnes des piédestaux, qui paraissent d'abord les rendre plus lourdes et plus massives, mais qui, en leur donnant plus d'élévation avec la même légèreté, fournissent à l'architecte l'inappréciable avantage de s'élever de terre et de donner à ses monuments cette hardiesse et ce grandiose favorisés encore par le cintre des arcades et des voûtes, et qui ne se trouvent pas dans les monuments grecs. Nous verrons, au moyen âge, que c'est là particulièrement ce qui distingue l'architecture ogivale, et fait son principal mérite. 3° Les Romains chargeaient leurs constructions d'ornements et de bas-reliefs avec une espèce de profusion, et c'est pour cela sans doute qu'ils s'étaient attachés, de préférence, au style corinthien, et qu'ils inventèrent le composite, ces deux ordres étant plus propres à satisfaire leurs penchants pour le luxe des sculptures. Les Grecs, au contraire, employaient le plus ordinairement l'ordre dorique, le plus simple de tous. 4° Les temples des Grecs étaient des carrés longs, qui ne présentaient que des lignes droites; les frontons formaient toujours un triangle dont l'angle supérieur était très-obtus; leurs entre-colonnes, le dessus des portes et des fenêtres étaient en ligne droite, comme je l'ai déjà dit. Les Romains furent exacts observateurs de ces formes sous Auguste et avant lui; mais à mesure qu'on s'éloigne du siècle d'Auguste, on voit que les Romains se rapprochaient des formes courbes, qui étaient le plus en usage chez eux avant qu'ils adoptassent le style grec : le Panthéon est rond, ainsi que les temples de Janus, de Vesta, de Bacchus, de Minerve-Medica; le Colysée est ovale, le dessus des portes et des fenêtres de cet édifice est cintré. On observe la même chose dans beaucoup d'autres bâtiments. Leurs frontons étaient quelquefois ronds, leurs portiques étaient souvent en arcade, et c'est de là que les arcs de triomphe ont pris leur nom.

Nous ne voyons nulle part écrit quel fut le véritable motif qui engagea les Romains à ne pas conserver la ligne droite des Grecs dans leurs constructions; mais plusieurs raisons se présentent naturellement, et nous paraissent assez plausibles. Il est une chose constante, c'est que le cintre est beaucoup plus solide qu'une plate-forme, capable d'une résistance infiniment plus grande, et d'une plus longue durée. Aussi est-ce la forme de construction que les Romains ont employée, et la seule qui pût être mise en usage dans les ponts et les aqueducs si multipliés et si considérables qu'ils ont construits. Une autre raison, qui a pu ajouter encore à ce motif, et qui en est en même temps une suite, ce sont les tremblements de terre, qui sont fréquents en Italie, et auxquels la construction en arcade offre plus de résistance : c'est même un principe reçu en Italie, qu'au moment des tremblements de terre, il faut se réfugier sous un arc de porte ou de magasin, comme le lieu où l'on a le moins à craindre d'être écrasé.

Outre ces motifs, les Romains ont pu encore trouver dans les formes arquées une plus grande imitation de la belle nature, qui a peu de lignes droites. Aussi, l'architecture devant être une imitation de la belle nature, on peut croire, sans trop craindre de se tromper, qu'il y a un peu d'exagération dans l'enthousiasme des architectes modernes pour le style grec. Ceci est surtout vrai, quand il s'agit des monuments religieux des chrétiens, dont l'aspect, comme le culte tout spirituel du Dieu qu'on y sert, doit élever l'âme au-dessus des objets terrestres. Aussi, le genre de construction à cintre est-il le plus généralement employé dans l'architecture religieuse : cet usage s'est conservé pendant les onze premiers siècles du christianisme, et les plus grands architectes modernes ont cru devoir s'y conformer, même à l'époque du renouvellement des arts.

ART. 3. — *Des cinq ordres d'architecture.* — PL. Ire.

J'ai rapporté l'origine des cinq ordres d'architecture, qui nous viennent des Grecs et des Romains; je vais entrer ici dans quelques détails pour faire connaître plus exactement leurs proportions, leurs formes, leurs emplois.

Chez les Grecs, un *ordre* était composé de colonnes et d'un entablement. Les Romains ont ajouté des piédestaux sous les colonnes de la plupart des ordres pour en relever la hauteur.

La *colonne* est un pilier rond, fait pour soutenir ou pour orner un bâtiment.

Toute colonne, si l'on en excepte la dorique (à laquelle les Romains ne donnaient pas de base, mais qui en recevait ordinairement chez les Grecs), est composée d'une base, d'un fût et d'un chapiteau (pl. 1re).

La *base* (E) est la partie de la colonne qui est au-dessous du fût, et qui pose sur le piédestal lorsqu'il y en a.

Le *fût* de la colonne est la partie ronde et unie ou cannelée, qui s'étend depuis la base jusqu'au chapiteau.

Le *chapiteau* (D) est la partie supérieure de la colonne qui pèse immédiatement sur son fût.

L'*entablement* est la partie de l'ordre qui est au-dessus des colonnes. Il comprend l'architrave, la frise et la corniche.

L'*architrave* (C) représente une poutre, et porte immédiatement sur les chapiteaux des colonnes. Les Grecs l'appellent *épistyle*.

La *frise* (B) est l'intervalle qui se trouve entre l'architrave et la corniche. Elle représente le plancher du bâtiment.

La *corniche* (A) est le couronnement de l'ordre entier. Elle est composée de plusieurs moulures qui, saillant les unes sur les autres, peuvent mettre l'ordre à l'abri des eaux du toit.

Le *piédestal* est la partie la plus basse de l'ordre. C'est un corps carré, qui renferme trois parties : le socle (J), qui porte sur le pavé ; le *dé* (I), qui est sur le socle ; la *cymaise* (H), qui est la corniche du piédestal, et sur laquelle la colonne est assise.

Chacune de ces parties a ses proportions ; la mesure qui les compose s'appelle *module*. Le *module* est le demi-diamètre du bas du fût de la colonne.

Le module se subdivise en 12 parties ou minutes pour le *toscan* et le *dorique*, et en 18 parties pour les trois autres ordres.

Dans tout ordre, le *piédestal* a en hauteur le tiers de la colonne ; cependant quelquefois il peut être moindre, mais jamais plus haut.

L'*entablement* a le quart de la colonne.

La *colonne*, compris le chapiteau et la base, a :

Dans l'ordre toscan......... 7 diamètres, ou 14 modules

Dans l'ordre dorique..... 8 — 16

Dans l'ordre ionique..... 9 — 18

Dans le corinthien et le composite................ 10 — 20

La *base* de la colonne, dans tous les ordres, a ordinairement un module de hauteur. Cependant l'ionique, le corinthien et le composite dépassent quelquefois cette règle. (Voyez Vignole.)

Le *chapiteau*, dans le toscan et le dorique, a.. 1 module.

— dans l'ionique 12 parties, qui sont les 2/3, et quelquefois les 3/4.

— dans le corinthien et le composite.. 2 m. 6 parties.

Toutes les colonnes ont sous le chapiteau un sixième de moins que le diamètre du bas. Cette diminution peut commencer en ligne droite, depuis la base jusqu'à l'astragale du chapiteau ; le plus ordinairement, elle ne commence qu'à la hauteur du tiers du fût, ce qui est plus gracieux.

Les pilastres ne diminuent pas, ils montent au contraire d'aplomb; du reste, dans tous les ordres, ils sont assujettis aux mêmes règles que les colonnes.

Pour connaître la hauteur d'un bâtiment à colonnes ou à pilastres, il suffit de mesurer le diamètre du bas d'une colonne, ou, pour le toscan seulement, la hauteur de la base, qui est le demi-diamètre, et de multiplier par le nombre de diamètres ou de modules de l'ordre connu. Et pour avoir les proportions d'un ordre quelconque, avec son piédestal, il faut mesurer la hauteur totale que doit occuper cet ordre, et la diviser en 19 parties égales; de ces 19 parties, les 4 premières du bas seront la hauteur du piédestal, les 12 parties au-dessus donneront la hauteur de la colonne, et enfin les 3 parties supérieures resteront pour l'entablement.

Les espacements des colonnes entre elles sont en raison de leur hauteur : plus elles sont massives, plus cet espacement peut être considérable; plus au contraire elles sont élégantes et sveltes, plus elles doivent être serrées. Ainsi l'entre-colonnement toscan est de 8 modules ou 4 diamètres d'axe en axe des colonnes, ce qui laisse 3 diamètres de vide entre chacune d'elles. Pour l'ordre dorique, 7 modules 1/2 d'axe en axe, ou 2 diamètres 3/4 de vide; pour l'ordre ionique, 7 modules d'axe en axe, ou 2 diamètres 1/2 de vide; et enfin, pour le corinthien et le composite, 6 modules toujours d'axe en axe, ce qui ne laisse que 2 diamètres de vide. Ces mesures sont fixées par rapport à la solidité; quelquefois cependant on peut s'en écarter, tant soit peu selon l'exigence des localités.

Moulures qui composent les ordres.

La colonne *toscane* n'a à son chapiteau que des moulures en forme d'anneaux; elle n'a qu'un tore à sa base, et toutes ses moulures sont de la plus grande simplicité. Jamais elle ne reçoit de cannelures, tandis que les autres peuvent en être ornées.

L'ordre *dorique*, originairement semblable en tout, sauf les proportions, au toscan, a reçu quelques ornements qui établissent une différence sensible entre ces deux ordres, et font le dorique comme l'intermédiaire des autres, qui en diffèrent peu pour certaines parties. Je vais détailler les moulures qui composent cet ordre, et elles pourront servir de points de comparaison pour les autres, dans lesquels elles varient peu. Comme les moulures indiquées par les renvois ne peuvent être assez visibles dans un dessin aussi petit, on fera bien de consulter à mesure les moulures dessinées à côté des ordres.

Le chapiteau de l'ordre *dorique* est formé d'un talon couronné d'un filet (*a*), d'une abaque (*b*), d'un oye (*c*), d'un astragale (*d*) avec son filet, et d'un autre astragale, qui forme le collarin (*e*).

Le *collarin* (*m*) est souvent orné de rosaces ou d'autres petits ornements. L'ove et l'astragale sont aussi quelquefois découpés de manière à former un collier de petits oves.

Toutes ces moulures, en général, sont susceptibles de recevoir des ciselures plus ou moins riches, mais on les emploie plutôt pour l'ionique, le corinthien, et surtout le composite.

La *base* est composée d'une *plinthe* (*g*), ou socle, d'un tore (*h*), d'un astragale (*i*) avec son filet et son congé.

A l'entablement, la corniche A se compose d'une *cymaise* ou doucine (*a*) avec son filet, d'un talon (*b*) avec son filet, d'une *couronne* (*c*), qui reçoit ordinairement à son extrémité une *mouchette* double (*d*), ou simple (n° 3), d'une petite *gorge* (*e*), de *denticules* (*g*), d'un *talon* (*h*). Quelquefois les denticules sont remplacées par des *modillons* ou des mutules couronnés d'un *talon*, comme dans le corinthien. Entre les modillons, le *soffite* ou plafond du larmier, est garni de rosaces enfermées dans un petit cadre.

La frise B est ordinairement ornée de triglyphes (*i*) placés de distance en distance. L'intervalle reçoit des rosaces, des têtes de victimes, des trophées, et mille autres ornements semblables, selon le goût de l'architecte. Ils sont surmontés d'un filet un peu large. Les triglyphes sont un ornement spécialement affecté au dorique, pour lequel seul on l'emploie.

Vient ensuite l'architrave C, qui forme une large

bande, quelquefois deux, surmontée d'une moulure plate, à laquelle sont suspendues des gouttes (*n*) vis-à-vis les triglyphes.

Au piédestal, la corniche (H) se compose d'un quart-de-rond surmonté d'une cymaise (*a*) et accompagné d'un filet, d'une couronne avec son filet et une mouchette simple (*b*), et d'un talon avec son filet (*c*).

A la base (J) se trouvent un congé avec son filet (*d*), une doucine renversée avec son filet (*e*), puis le socle (*f*).

Le chapiteau ionique (pl. 1, n° 6) est aisé à reconnaître par ses quatre volutes, qui sont des enroulements spiraux sortant de dessous le tailloir. Ces volutes sont ornées de guirlandes pendantes ou autres ornements, et séparées par des oves.

La colonne reçoit deux tores à sa base. Cette base s'appelle aussi *attique*.

Les moulures du piédestal et de l'entablement sont un peu plus riches que dans l'ordre dorique. La frise n'a pas de triglyphes, mais beaucoup d'ornements en fleurs et en bas-reliefs de tout genre.

L'architrave est formé de trois bandes dans la plupart des ordres.

Le chapiteau corinthien est formé de deux étages de huit feuilles d'acanthe chacun, qui produisent, par leur dentelure, un effet admirable, et de huit petites volutes qui sortent d'entre les feuilles.

La base de la colonne est ornée ordinairement de deux tores, et quelquefois de trois ; alors celui du milieu est plus petit que les deux autres.

L'entablement et le piédestal diffèrent peu de ceux de l'ordre ionique, et souvent sont absolument semblables.

Cet ordre est susceptible de recevoir beaucoup plus d'ornements que les deux autres. Quelquefois toutes ses parties plates sont ornées de bas-reliefs, et ses moulures rondes de ciselures adaptées à leur forme.

Enfin le chapiteau composite est formé du corinthien et de l'ionique. Il a deux rangs de huit feuilles et quatre grandes volutes qui paraissent sortir de dessous le tailloir. Quelquefois les Romains se sont même écartés de cette règle, et ont remplacé les volutes par des figures en ronde-bosse, comme, par exemple des aigles ou d'autres animaux posés sur les feuilles d'acanthe, ou entremêlés avec elles : on y voit aussi quelquefois la figure de Jupiter lançant la foudre. Dans les siècles de décadence, les architectes, abandonnant toute règle, ne suivirent que leur imagination, qui produisit cette multitude de chapiteaux divers, plus ou moins proportionnés qu'on remarque dans l'architecture dite *romane*. L'ordre composite est aujourd'hui abandonné par les architectes modernes, comme moins pur que les autres.

ART. 4. — *Portes et fenêtres des cinq ordres.*

Portes (pl. 2). La proportion des portes dépend de l'expression de l'ordonnance dont elles font partie. Les anciens et le plus grand nombre des architectes du dix-septième siècle, suivant les traces de Vitruve et de Vignole, ont donné à toutes les hauteurs de leurs ouvertures le double de leur largeur.

Les architectes du dix-huitième siècle ont pensé que cette hauteur commune à toutes les ouvertures, ne pouvait aller aux cinq ordres, qui chacun ont des proportions différentes ; en conséquence ils ont conservé la hauteur du double de l'ouverture pour les portes toscanes ; ce double et un sixième, aux portes doriques ; ce double et un quart, aux ioniques ; et ce double et demi, aux corinthiennes et composites.

La forme de ces ouvertures est à remarquer. La porte rustique, qui est un genre du toscan, est surabaissée ; la porte toscane et la corinthienne sont à plein-cintre ; la dorique est bombée ; l'ionique et la composite sont à plates-bandes.

Quant aux ornements, ceux des portes rustiques ne doivent être que des bossages (*a*) ; ceux des portes toscanes, des refends (*a*) ; les portes doriques peuvent avoir des chambranles (*a*), et être couronnées d'attiques (*b*) ; les portes ioniques peuvent avoir des amortissements (*a*), être enfermées dans une tour creuse, et recevoir des refends (*b*), comme les toscanes. Les portes corinthiennes peuvent être enrichies de pieds-droits (*a*), d'alètes (*b*), d'impostes (*c*), d'archivoltes (*a*), de claveaux (*e*), et être surmontées de tables tranchantes (*f*), ornées de guirlandes. Enfin les portes composites peuvent être ornées de chambranles (*a*), d'amortissements (*b*), et d'un fronton (*c*), ainsi que se remarque celle du rez-de-chaussée de l'intérieur de la cour du Louvre.

Ces membres d'architecture et d'ornements se varient à l'infini, mais l'application, le relief et l'expression sont puisés dans les ordres, dans les entre-colonnements desquels ces ouvertures sont ordinairement placées.

Les fenêtres ont les mêmes proportions que les portes : leurs ornements sont à peu près les mêmes, mais leur forme est différente. Les cintres surbaissés et les pleins-cintres sont réservés aux portes, les arcs bombés et les plates-bandes sont plus généralement employés pour les fenêtres. La fenêtre ionique est quelquefois couronnée d'une mézanine. Les ornements des fenêtres, comme ceux des portes, se trouvent variés à l'infini.

CHAP. VI. — MONUMENTS CELTIQUES OU GAULOIS.

Une partie considérable de notre pays fut habitée autrefois par les Celtes, Galls ou Gaulois, qui ont laissé eur nom à cette contrée. C'est à ces peuples qu'on attribue une grande quantité de monuments, connus sous le nom de *pierres druidiques*. Elles se rencontrent surtout dans les campagnes de la Normandie, du Maine, de l'Anjou, de la Touraine, du Poitou, de la Saintonge, et particulièrement en Bretagne. On a formé bien des conjectures pour expliquer leur destination, sans pouvoir parvenir à donner une explication satisfaisante; mais on pense le plus généralement que c'étaient des monuments religieux, servant d'autels pour les sacrifices, de temples ou enceintes sacrés, de tombeaux, d'objets particuliers de superstition. On ne remarque aucun art dans ces monuments produits d'une civilisation barbare, mais ils offrent tous un caractère de spécialité tel, qu'il est très-facile de les distinguer.

Ils se composent en général d'énormes pierres brutes, affectant certaines formes ou certaines dispositions; elles sout tantôt isolées, tantôt réunies en groupes d'après des lois invariables; d'autres fois ce sont des espèces de tombeaux, de tertres factices, de chemins couverts et mystérieux. La superstition les a élevés, la superstition les a conservés à travers une longue suite de siècles, puisque les Celtes habitaient nos contrées plusieurs siècles avant l'ère chrétienne.

Peulvans (1) *ou Men-hirs* (2) (pl. 2, fig. 14).

Le peulvan, appelé aussi *men-hir, pierre fiche, pierre-levée*, est le plus simple et le plus inexplicable des monuments celtiques. Il se compose d'une pierre longue, brute, plantée verticalement en terre, comme une borne. Quelquefois le haut présente un volume beaucoup plus fort que la base, et ressemble à un obélisque renversé. On en rencontre depuis trois pieds de haut jusqu'à quarante et cinquante, et d'un poids de quarante mille kilogr.

---

(1) Du celtique *peul*, pilier, et *man*, en construction, ou *vau*, pierre.
(2) Du celtique *men*, pierre, et *hir*, longue.

On les appelle *pavé des géants* lorsqu'elles sont en certain nombre et groupées sans ordre, et *palet de Gargantua* lorsqu'elles se réduisent à un bloc isolé, arrondi et poli comme les cailloux d'un torrent.

Quelques peulvans sont ornés de dessins gravés et d'inscriptions, d'autres offrent quelques essais grossiers de représentation humaine; on cite en particulier un men-hir des environs de Loudun, département de la Vienne, et celui de Tredion, en basse Bretagne. On remarque aussi *la pierre écrite* de Saulieu, *la pierre Saint-Julien* du Mans. On a beaucoup disserté sur la destination de ces peulvans, sans arriver à une solution satisfaisante. On pourrait croire cependant qu'elle se rattachait à une idée religieuse. Des fouilles faites au pied de quelques-uns ont fait découvrir des ossements humains, parfois accompagnés de restes de charbons, ce qui pourrait les faire regarder comme des pierres tumulaires. Quelques savants les ont regardés comme des idoles, ou comme des trophées de victoire; et les restes d'ossements humains ne seraient pas une preuve du contraire, puisque les anciens peuples de la Gaule immolaient des victimes humaines à leur dieu Teutatès. Je pourrais donner pour exemple presque certain de monument de victoire, trois pierres de ce genre, de neuf à dix pieds de haut sur un peu moins de large, et de quinze pouces d'épaisseur, qu'on rencontre sur les bords du canal du Loing, près Moret et dans les plaines de Dormel, Seine-et-Marne. Comme elles se trouvent seules dans ces contrées, qu'on y découvre fréquemment des tombeaux bien moins anciens que le peuple celtique, on ne peut guère les regarder comme des men-hirs. Quelques men-hirs sont considérés comme *pierres limitantes*; mais il est à croire que si elles ont porté ce nom, ce n'est qu'après avoir perdu leur caractère sacré primitif, comme le peulvan appelé *haute-borne*, dans le département de la Haute-Marne, qui porte une inscription latine indiquant les anciennes limites des Leuci, habitants du Barrois.

Enceintes druidiques ou Kromlechs (1)
(pl. 2, fig. 15).

On appelle kromlechs une réunion de menhirs, placés à une certaine distance les uns des autres, et formant un cercle, ou un demi-cercle, ou une ellipse. Quelquefois un dolmen occupe le centre, ou comme autel, ou comme simulacre de la Divinité. On en voit qui sont formés par un double rang de pierres, d'autres de pierres moindres entremêlées aux pierres principales, pour donner une clôture plus exacte. Le nombre des pierres formant ces enceintes est sacré : le moindre est de douze, et il varie ensuite entre dix-neuf, trente ou soixante. Quelques kromlechs sont assez petits pour qu'ils puissent être couverts par des pierres, en forme de toit. On peut les regarder comme des imitations des enceintes sacrées, ou *temenos*, qui environnaient

(1) Du celtique *cromm*, courbe, et *lec'h*, pierre.

ou précédaient autrefois les temples des anciens Orientaux. Les Celtes, originaires de l'Asie, en auront conservé en partie les usages.

Ces monuments servaient, à ce qu'on croit, de temples, de lieu d'assemblées pour les élections des chefs de la nation ou de l'armée, de cours de justice; peut-être même de lieu de sépulture. Des fouilles pourraient sans doute, en certains endroits, donner des résultats très-intéressants. Quelques-uns très-rares, se repliant sur eux-mêmes en forme de labyrinthe, deviennent impropres aux réunions, ne peuvent pas même recevoir un men-hir dans leur enceinte, et forment un monument assez compacte, dont on n'a pu encore deviner la destination.

On connaît en particulier les kromlechs de Saint-Hilaire-sur-Rille, près Frontevrault; de Menec, près de Gellainville. On en trouve surtout beaucoup en Bretagne et dans la presqu'île de Kermervan.

Alignements.

Ces monuments sont formés de men-hirs, ou simplement de blocs posés à terre, non pas en cercle comme les kromlechs, mais en ligne droite. Quelquefois il y a plusieurs lignes parallèles, arrangées avec assez de symétrie, comme à peu près des allées d'arbres.

Le plus curieux de ces monuments est celui de de Karnac (Morbihan). Selon M. de Cambry, il reste encore quatre mille de ces pierres, malgré le grand nombre qui ont été cassées pour la construction des villages voisins, et de beaucoup de maisons de Brest. Elles sont isolées dans une plaine immense, où on ne rencontre pas même un caillou, rangées sur onze lignes parallèles, dans un espace de plusieurs lieues.

Comme sur les autres monuments, on a fait beaucoup de dissertations sur la destination de ceux-ci, surtout sur celui de Karnac. On les regarde comme des temples, n'ayant d'autres voûtes que le ciel, à la manière de ceux des Perses adorateurs des astres ; comme des camps, et ce qui porterait à le croire, c'est que quelques-uns sont accompagnés de fossés et de terrasses ; comme des tombelles érigées sur un champ de bataille en l'honneur de ceux qui avaient perdu la vie. On pourrait peut-être regarder celui de Karnac comme les premiers préparatifs d'une construction défensive du pays, qui n'aura pas eu d'exécution, à l'occasion de quelque guerre.

Pierres branlantes (pl. 2, fig. 16).

Les pierres branlantes, auxquelles on donne aussi le nom de *pierres tournantes* ou *croulantes*, *pierres qui dansent*, *pierres folles*, *pierres qui vivent*, sont composées d'une roche énorme superposée à une autre, de manière que la supérieure, soutenue par un seul point, se trouve en équilibre, et peut recevoir un mouvement d'oscillation très-distinct, par le moindre attouchement, même par le vent. Il y en a qui tournent comme sur un pivot. Ces pierres, que le moindre choc semblerait devoir renverser, ont résisté depuis des milliers d'années aux forces puissantes qui auraient dû les détruire, sans les lois de l'équilibre, sur lesquelles repose tout ce phénomène.

Les plus remarquables de notre pays sont celles de Livernon, dans le Quercy, de Lithaire auprès de Thiers, de Fermanville, non loin de Cherbourg. Cette dernière n'a pas moins de cent pieds cubes.

On a assigné à ces pierres divers usages, qui sont tous probables. Elles ont été regardées comme moyen probatoire de reconnaître la culpabilité des accusés : dans ce cas, on était jugé coupable lorsqu'on ne pouvait les faire remuer, et innocent lorsqu'elles obéissaient au mouvement qu'on voulait leur donner. Elles ont dû aussi être regardées comme monuments religieux, servant à transmettre la volonté des dieux par leur mouvement oscillatoire, dont les druides donnaient ensuite l'explication. D'Haucarville (1) prétend qu'il y en a en Phénicie, en Grèce et en Espagne. Ces pierres, fort rares d'ailleurs, doivent raisonnablement être regardées simplement comme des curiosités de la nature, auxquelles les hommes n'ont eu d'autre part que de les consacrer à un culte superstitieux. On rencontre assez souvent dans les pays de roches, des pierres auxquelles il manquerait peu de chose pour obtenir les mêmes conditions que celles dont je viens de parler, et la forêt de Fontainebleau en offre des exemples. Il y en a une assez remarquable très-près de la ville, connue sous

(1) Recherches sur l'origine des arts, préface.

le nom de *pierre branlante*, et que les enfants font mouvoir très-facilement.

Trilithes ou Lichavens (1) (pl. 2, fig. 17).

Le trilithe, comme l'indique son nom, est formé de trois pierres, deux posées verticalement à une petite distance, et une troisième posée dessus en en forme de linteau de porte. On les regarde comme des autels d'oblation. On en trouve plusieurs en Bretagne. On cite surtout celui de Sainte-Radegonde, dans le Rouergue.

Dolmens (2) (pl. 2, fig. 18).

Les dolmens, beaucoup plus nombreux que les précédents, étaient composés d'une pierre brute, aplatie en forme de table, posée horizontalement sur plusieurs autres placées verticalement en terre. Quelquefois la table est soutenue à une extrémité par deux pierres, tandis que l'autre pose à terre; alors on l'appelle *demi-dolmen*. La table est grossièrement creusée de rigoles peu profondes, destinées probablement à l'écoulement du sang des victimes. Il y en a qui sont percées d'un trou, de sorte que le sang des victimes ou les libations pouvaient arroser ceux qui se plaçaient dessous, moyen de purification usité chez quelques peuples anciens.

Il est de toute vraisemblance que les dolmens

(1) Du celtique *lech*, table, et *van*, pierre.
(2) Du celtique *dol*, table, et *maen*, *men*, pierre.

étaient des autels sur lesquels on offrait les sacrifices. Des ossements humains calcinés, mêlés à des ossements d'animaux et accompagnés d'instruments en bronze et en silex, qu'on trouva dans des fouilles pratiquées au pied de quelques-uns, seraient une preuve convaincante de leur destination, puisque les anciens Gaulois faisaient des sacrifices humains. Il ne serait cependant pas sans vraisemblance de les regarder comme des pierres sépulcrales, sur lesquelles on offrait des sacrifices en l'honneur du défunt.

Allées couvertes ou grottes aux fées (pl. 2, fig. 19).

Les allées couvertes sont formées de deux rangs de pierres verticales et contiguës, recouvertes par d'autres roches en forme de toit en terrasse, ou d'un comble. Elles ressemblent à des galeries ou des corridors. Elles sont ordinairement dirigées d'occident en orient, fermées à une de leurs extrémités, et divisées à l'intérieur en compartiments par d'autres pierres.

Il est inutile de dire que ces grottes aux fées sont encore l'objet des superstitions des peuples de la campagne. Les plus remarquables de France sont, 1° la roche aux fées d'Essé, à sept lieues de Rennes, qui a dix-neuf mètres de long sur plus de cinq de large : elle est composée de pierres de grandeur prodigieuse, puisque neuf suffisent pour former le toit; 2° celle de Bagneux, à la porte de Saumur, qui a vingt mètres de longeur, sept de largeur et trois de hauteur; 3° une autre en Bretagne, qui a vingt-un mètres de longueur. Il a fallu assurément, pour leur construction, des forces locomotives très-considérables, puisées sans doute dans le grand nombre d'ouvriers et dans la puissance du levier : il n'est pas probable que ces peuples ignorants connussent d'autres moyens mécaniques.

On a toujours ignoré la véritable destination de ces monuments singuliers; cependant je ne crois pas qu'on puisse être taxé d'imprudence en les regardant comme de véritables monuments funèbres, d'autant plus considérables que les personnages qu'ils recouvraient étaient plus importants dans la nation. Ceci ne peut paraître plus extraordinaire que les nombreux tombeaux d'Égypte taillés dans le roc, ou les pyramides sans nombre qui nous étonnent. Des fouilles exécutées avec intelligence donneraient probablement des preuves certaines de ce que je viens d'avancer.

Barrows et Galgals ou Tumulus (pl. 2, fig. 20).

Les tumulus sont des monticules élevés au-dessus de la dépouille des morts; leur forme est ordinairement conique. Ils sont faits de cailloux et de terre et recouverts de gazon. On les appelle alors *tumulus* ou *tombelles;* quand ils sont composés d'un amas de pierres, ils prennent le nom de *galgals*. Les petits tumulus ont environ quatre pieds d'élévation, et quinze à vingt de diamètre à leur base. Il y en a de toutes dimensions, jusqu'à la hauteur de soixante et même cent pieds : celui de Cumiac a cette élévation. Ceux d'une grande étendue ont ordinairement la forme elliptique, et servent de sépulture à une famille entière, ou à un grand nombre de guerriers morts glorieusement dans une bataille, sur lesquels on les a élevés par honneur. Dans ce cas l'intérieur présente plusieurs chambres sépulcrales, communiquant entre elles, formées, comme les allées couvertes, de grosses pierres plantées verticalement, et couvertes de larges quartiers de roches en forme de plafond. Ces chambres renferment des squelettes, des urnes funéraires, des armes et des ornements guerriers. Quand un seul corps a été inhumé dans un tumulus, il en occupe ordinairement le centre. On rencontre des tumulus dans les environs d'Abbeville, à Courcel près Montereau, et dans plusieurs endroits de la France; mais les plus intéressants sont ceux qu'on voit à Tirlemont. Lorsqu'on rencontre dans le tumulus une maçonnerie faite avec du ciment, on peut l'attribuer à l'époque romaine.

Il est à remarquer que ce mode d'inhumation n'était pas particulier aux Gaulois, mais était en usage chez tous les peuples de l'antiquité. Ces dispositions des tumulus, cette construction intérieure semblable aux allées couvertes, est un fort appui à l'opinion que j'ai émise, et porterait à faire regarder les allées couvertes comme des mausolées qu'on voulait laisser à découvert, ou comme des tumulus commencés par des individus qui n'ont pu y être inhumés pour quelque cause forcée, comme une émigration après une guerre.

DEUXIÈME PARTIE.

MOYEN AGE.

CHAPITRE PREMIER. — CLASSIFICATION ET DÉFINITION DES STYLES ARCHITECTONIQUES DU MOYEN AGE.

J'ai fait voir dans un chapitre précédent comment Rome et tout l'Occident, après avoir monté l'art de l'architecture au plus haut degré de beauté et de gloire, se laissèrent insensiblement entraîner au mauvais goût, oublièrent la belle simplicité grecque et la majesté romaine. La dégradation était déjà assez avancée, lorsque l'établissement du christianisme, protégé par Constantin, fit élever à Rome et dans les provinces de l'empire un grand nombre d'églises, dont quelques-unes ont subsisté jusqu'à nous (1). J'ai dit aussi que cet affaiblissement devint encore plus grand dans les quatrième et cinquième siècles, par l'envahissement des barbares dans tout l'empire, qui entraîna avec lui dans sa chute les beaux-arts et les sciences.

C'est à cette architecture romaine dégradée et abâtardie, ou mêlée plus ou moins au style byzantin, et en usage dans les premiers siècles du moyen âge, qu'on a donné longtemps, et que j'ai donné moi-même, dans ma première édition, le nom de *romane*.

(1) M. de Caumont.

Cependant, comme les expressions n'ont de valeur que celle qu'on leur donne, et pour être sur ce point entièrement d'accord avec les instructions du comité historique, j'adopterai sa division, et je nommerai *latine* l'architecture du cinquième siècle au onzième, et *romano-byzantine* celle qui suivit jusqu'au style ogival. Cette division paraîtra aussi plus rationnelle. En effet, le plan et les détails de la construction des églises furent presque constamment la copie servile de l'architecture romaine dans nos contrées depuis Constantin; mais vers le onzième siècle, l'architecture byzantine, qui est le même style latin perfectionné par le bon goût oriental, riche en inventions nouvelles, et introduite en France par de fréquentes relations avec Byzance, donna ses ornements au style latin, et forma un style mixte, qui se perfectionna pendant deux siècles jusqu'à la révolution produite par le style ogival, qui enfanta tant de merveilles. Cette division sera particulièrement pour la France et les autres contrées septentrionales de l'Europe.

L'architecture byzantine, appartenant plus spécialement et presque exclusivement à l'Orient et à l'Italie, doit avoir un chapitre séparé, et c'est par elle que je commencerai, après avoir dit un mot des autres styles, qui en dérivent plus ou moins, et après mes divisions.

Les divers styles connus sous les noms de lombard, carlovingien, saxon, teutonique, normand, peu différents entre eux, tiennent tous de l'architecture latine plus ou moins altérée, plus ou moins mêlée de byzantin. L'arabe, le mauresque, le sarrasin rentrent davantage dans le byzantin. Comme cependant quelques-uns de ces styles ont des nuances particulières, je ne crois pas inutile de les faire connaître. Cette connaissance aidera les archéologues à déterminer plus facilement l'âge des monuments.

Le style *lombard* tira son origine de la partie de l'Italie appelée Lombardie, lorsque Théodoric, roi des Ostrogoths, régna sur cette contrée, et y favorisa les arts, au sixième siècle. Mais ce fut surtout sous le règne de Charlemagne que ce style se répandit le plus dans les Gaules, par le grand nombre d'ouvriers qui s'y rendirent; et il prévalut à mesure qu'on avançait dans les neuvième, dixième et onzième siècles. Ce style est surtout remarquable par sa pesanteur, ses lourds piliers carrés, ses colonnes rondes, courtes et massives, ses chapiteaux pleins de figures fantastiques et grimacières. Ses bas-reliefs sont sans goût, sans proportion et sans perspective; les fenêtres sont longues et étroites, les voûtes peu élevées. Ces caractères ont cependant varié, selon les diverses époques, ou selon que le goût byzantin y était plus ou moins mêlé. Les Bénédictins employèrent surtout ce style dans leurs nombreuses constructions.

Le style *carlovingien* a les mêmes caractères que le lombard; on en peut dire autant des styles *teutonique*, *saxon* et *normand*. Le caractère principal de tous ces divers styles, c'est surtout le plein-cintre.

On peut dire à peu près la même chose des styles *arabe*, *mauresque* et *sarrasin*. On remarque cependant deux différences caractéristiques : la première, qu'il est important d'observer, c'est que les arcs ne sont pas entièrement à plein-cintre : mais ils forment une petite pointe vers le milieu, et se rapprochent en retombant sur les colonnes ou sur les piliers. Ce rapprochement se remarque surtout dans le style arabe. Cette pointe est quelquefois remplacée par un lobe, c'est-à-dire une petite figure ronde, qui a la forme d'un *oméga* ou d'une feuille de trèfle. Au lieu d'un lobe, il y en a quelquefois trois, qu'on appelle trilobe ou trèfle. On remarque souvent ces lobes dans les fenêtres, et de temps en temps au-dessus des portes. La seconde différence, plus caractéristique, ce sont les arabesques, ou ornements formés des diverses manières de multiplier les feuilles et les fleurs. D'où est venu sans doute l'usage d'appeler arabesques les peintures de ce genre où sont imités les dessins de ces belles étoffes d'Orient. Souvent ces ornements sont multipliés avec une sorte de profusion. Il faut se rappeler que les mahométans n'admettent dans leurs mosquées aucune espèce de figures d'hommes ou d'animaux.

On donne donc à ces divers styles le nom générique d'architecture latine, applicable à tous les édifices qui ont été construits depuis Constantin, au commencement du quatrième siècle, jusqu'au onzième siècle, et qui ont conservé le plein-cintre entre les colonnes, sur les portes et les fenêtres.

Mais le quatrième siècle, après Constantin, et le cinquième ayant été à peu près nuls pour l'architecture, comme nous l'avons vu, à cause des malheurset des désordres de l'empire, nos recherches archéologiques ne peuvent guère remonter qu'à la fin du cinquième siècle. Je donne donc le nom de style latin à la première période, du cinquième siècle au onzième. Je donnerai à la seconde le nom de style romano-byzantin primaire, pour le onzième siecle, et de romano-byzantin secondaire pour la fin du onzième et le douzième.

Vers le milieu du douzième siècle, une grande révolution s'opéra dans l'architecture, et la changea entièrement. Le plein-cintre romain fit place au cintre à tiers-point, appelé *ogive*. C'est ce style qu'on a appelé improprement *architecture gothique*, et auquel on peut donner à plus juste titre le nom d'*architecture ogivale*, parce que l'ogive en est un des caractères les plus essentiels, et qu'il est prouvé aujourd'hui que les Goths, les Vandales et les autres peuples du nord n'ont jamais eu d'architecture à eux, et ont constamment imité l'architecture romaine. En effet, si les Goths avaient été les inventeurs d'une architecture, ils en auraient laissé des traces dans la Suède, leur patrie, ou dans les pays qu'ils avaient conquis ou occupés, tels que l'Italie et l'Espagne. Or, on ne trouve aucune construction ogivale faite par eux dans ces pays. De plus, au temps des croisades, où l'architecture gothique s'est répandue en Europe, les Goths avaient été chassés de tous les pays qu'ils avaient occupés, et n'existaient plus en corps de nation depuis plusieurs siècles. On peut donc penser que l'architecture ogivale a reçu le nom de gothique lorsque, au temps de la Renaissance, temps aussi d'erreur et de vertige, on chercha à faire prévaloir les styles grec et romain, et qu'on donna par mépris le nom de gothique à tout ce qui s'éloignait de ces styles, afin de faire concevoir de la pitié pour des monuments qu'on voulait faire passer pour barbares, en les attribuant à ces peuples dont le souvenir des désastres excite encore l'horreur.

Il est impossible de décider dans quelle contrée le *style ogival* a pris naissance, et à quelle époque; ceux qui lui donnent le nord pour origine ne peuvent prouver leur assertion : car rien ne constate que les plus anciens monuments gothiques soient dans le nord de l'Europe, il existe même des preuves du contraire.

Il est plus vraisemblable, et assez bien prouvé, par le savant M. Haggit, que ce style nous vient directement de l'Orient, qui a été son berceau; et les assertions de ce savant paraissent confirmées par des observations plus récentes faites dans ces contrées par des architectes français.

Il paraît que c'est en Orient, dans la Perse, dans l'Égypte, dans la Syrie, que se trouvent les constructions ogivales les plus anciennes et les plus nombreuses. On assure que le palais de Sapor III, roi de Perse, qui vivait en 384, et généralement tous les monuments publics de Bagdad, de Damas, et des contrées environnantes, sont en ogive. Le Nilomètre, en Égypte, bâtiment construit au neuvième siècle, pour mesurer la hauteur des eaux du Nil, a un arc en ogive sur chacun de ses côtés. Nous avons vu, en parlant de l'architecture cyclopéenne, que l'ogive se trouve dans des monuments de la Grèce construits, environ quinze siècles avant l'ère chrétienne, par les Pélasges, et en Italie dans des constructions attribuées avec certitude à des colonies du même peuple. Il y a plusieurs mosquées fort anciennes où règne l'ogive, et la plus remarquable à cet égard est la mosquée d'Omar, le second successeur de Mahomet, vers l'an 634, qui fut construite sur les ruines du temple de Jérusalem, et qui est tout en ogive.

Les Arabes, dont la première architecture a été byzantine, après qu'ils se furent rendus maîtres de la Grèce, ayant conquis le second empire de Perse, au commencement du septième siècle, sous la conduite d'Omar, firent leur architecture favorite de celle des Sassanides, chez lesquels l'ogive nous apparaît comme règle, habitude et principe de bon goût ; et c'est ce qui explique pourquoi leurs mosquées et leurs autres édifices en Égypte, en Syrie, en Sicile, en Espagne, participaient du style ogival.

On peut conclure avec toute vraisemblance que les premières idées du style ogival ont été données à l'Europe par les pèlerins qui, au septième siècle et dans les suivants, allaient en grand nombre à Jérusalem, et par les Sarrasins qui inondèrent la France au huitième siècle, et dont un grand nombre, vaincus par Charles Martel, et devenus prisonniers, y demeurèrent longtemps. Dans le neuvième, le dixième et le onzième siècle, le style ogival se mêle quelquefois avec le byzantin et le lombard.

Ce style fut surtout introduit par les croisades, qui mirent en mouvement toute l'Europe. Les croisés de toutes les classes, les seigneurs, les architectes, les ouvriers, partis de tous les points de l'Europe, avaient la tête pleine de tout ce qu'ils avaient vu en Palestine, en rapportèrent les idées dans leurs patries respectives, voulurent en retracer l'image, et tournèrent toute leur activité et toutes leurs richesses vers la construction des églises, dont plusieurs avaient été ruinées par les barbares.

Ceci explique les progrès rapides que firent en même temps, dans l'architecture ogivale, les peuples qui prirent le plus de part aux croisades, comme la France, la Belgique, l'Angleterre, tandis que l'Espagne et l'Italie, qui s'en occupèrent peu, ont peu de monuments gothiques.

Il ne faut pas croire pourtant que le style ogival d'Orient ait été le même que celui qui régnait chez nous au treizième siècle : il n'en avait ni la légèreté, ni tous les ornements, ni le fini d'exécution ; c'était à peu près notre architecture de transition avec nos premières ogives du douzième siècle, comme le prouvent les dessins qui ont été faits de quelques monuments orientaux à ogives, réputés anciens.

Il est donc évident que le style ogival a subi dans le nord de l'Europe une sorte de métamorphose, et qu'il y a développé dès le treizième siècle ces moyens d'exécution vraiment merveilleux qui excitent notre admiration, et n'ont d'autre source que l'esprit vraiment religieux qui régnait alors, et qui, ne pouvant s'attacher à la terre, tant la foi était vive, tendait sans cesse à s'élever vers la céleste patrie.

On peut donc regarder le style ogival comme une plante dont le germe nous est venu de l'étranger, et qui, ayant changé de nature par son développement extraordinaire sur notre sol, est devenue toute nationale.

Le style ogival a régné presque exclusivement en France depuis le douzième siècle jusqu'au seizième, époque à laquelle une grande révolution dans le goût et dans les idées ramena les artistes à l'imitation de l'architecture grecque et romaine. Cette période, qui fut de trois siècles et demi, peut se diviser en trois époques, eu égard aux variations qu'a subies l'architecture ogivale dans les treizième, quatorzième, quinzième et seizième siècles. La première comprend la fin du douzième siècle et le treizième; la deuxième, le quatorzième. C'est dans ces deux siècles et demi que le style ogival atteint sa perfection. La troisième comprend le quinzième siècle et la première moitié du seizième. Dès le quinzième il commença à dégénérer, devint moins fécond, plus mesquin, plus maniéré, et finit au seizième siècle par se rapprocher des formes grecques et romaines, qui l'abâtardirent sans lui donner leur grâce, parce qu'elles étaient disproportionnées.

TABLEAU CHRONOLOGIQUE

DES PRINCIPAUX STYLES D'ARCHITECTURE QUI ONT RÉGNÉ DEPUIS LE Ve SIÈCLE JUSQU'A LA FIN DU XVIe.

Style latin............		depuis la fin du ve siècle jusqu'au xie.
Style romano-byzantin	primaire....	xie siècle.
	secondaire..	Fin du xie siècle et xiie.
Style ogival.........	à lancettes..	Fin du xiie siècle et xiiie.
	rayonnant...	xive siècle.
	flamboyant .	xve siècle et première moitié du xvie.

Si les monuments romains sont rares sur notre sol, il n'en est pas de même des constructions élevées dans le moyen âge; elles sont très-nombreuses, au moins depuis le dixième siècle, dans toutes les parties de la France. Ces monuments sont surtout de trois espèces : 1° les monuments religieux, c'est-à-dire les églises et les chapelles; 2° les monuments civils, qui comprennent les hôtels de ville, les hôpitaux, les monastères, tous les monuments publics élevés pour divers services de l'État, et les maisons particulières; et 3° les monuments militaires, par lesquels on entend les châteaux-forts et tout ce qui est élevé pour la défense du pays. Pour ôter toute confusion produite par la nécessité de porter son esprit en même temps sur les monuments de la même époque, qui souvent n'ont rien de commun entre eux, j'appliquerai séparément les diverses époques du moyen âge à chaque espèce de constructions. Je commencerai par l'architecture religieuse, comme la plus répandue et la plus intéressante, parce qu'elle est celle qui renferme le plus de marques architectoniques, et dans laquelle les architectes se sont le plus appliqués à exercer leurs talents et à répandre les richesses de l'art. Je traiterai ensuite de l'architecture civile, comme ayant plus de rapports de ressemblance avec l'architecture religieuse, au moins dans certaines parties ; et en dernier lieu de l'architecture militaire, dont tant de restes et de ruines magnifiques excitent si souvent l'admiration de l'amateur, et même des moins connaisseurs.

Je ferai ici une remarque qui n'est pas sans importance, c'est que, en analysant les caractères architectoniques des monuments, dans la recherche de leur âge, il ne faut pas oublier que l'ensemble doit guider pour la détermination des époques, et que l'examen le plus minutieux ne doit pas toujours paraître indifférent, parce que les révolutions dans les arts ne s'opèrent que lentement et comme par degrés, de sorte qu'il n'est pas rare de trouver dans un siècle des caractères appartenant au siècle précédent ou au suivant, et que souvent aussi, dans le même monument, il peut se rencontrer des constructions de diverses époques, ou retouchées, ou refaites plus récemment avec d'anciens matériaux. D'autresfois, certaines parties d'un monument portent les caractères d'un style éloigné du siècle dans lequel il a été construit. C'est ainsi que j'ai vu, entre autres, une église construite au quatorzième siècle, dont la tour, portant certainement cette date d'après des titres authentiques, avait tous les caractères du style lombard. Or souvent l'observateur à besoin d'un œil exercé, et de la mémoire des caractères qui paraissent quelquefois ne mériter aucune attention.

Une autre observation, bien importante à faire, regarde les variations que les divers styles éprouvèrent dans divers pays, aux mêmes époques, ou leur plus ou moins longue durée dans des contrées différentes : car, suivant les diverses contrées où on l'observe, l'architecture du même type présente des traits particuliers qu'il est bon d'examiner attentivement, quoiqu'on ne puisse les regarder que comme de simples variations d'un type général ; ces variations proviennent de l'influence exercée par le goût qui a prévalu suivant les lieux, et elles méritent un examen sérieux.

Tous les styles que j'ai énumérés furent employés généralement partout; mais ce fut surtout en Italie, dans les pays les plus voisins, et dans le midi de la France, entre la Loire et la Méditerranée, que prévalut le style byzantin. Il semble même que la plupart des églises d'Italie ont conservé ce style. La Sicile surtout renferme beaucoup de constructions byzantines.

Au sixième siècle, le style lombard, qui fut fort employé, ôta ses grâces au style byzantin, jusqu'au temps de Charlemagne, et forma un style lourd et pesant. Ce prince imprima le caractère de son génie à l'architecture ainsi qu'aux autres arts;

mais le style varia à cause du mélange d'ouvriers byzantins et lombards qu'il employa en divers lieux. C'est ainsi que les travaux architectoniques exécutés au delà de la Loire et du Rhin furent assez différents de ceux de la Normandie. L'architecture romaine d'outre-Loire est généralement plus ornée qu'elle ne l'était en Normandie aux mêmes époques. L'influence du goût oriental est souvent visible dans les monuments d'outre-Loire, tandis que ceux de la Normandie conservent en général un style plus sévère jusqu'à la naissance du style ogival.

Dans la Normandie, on employa le plus ordinairement comme ornements les zigzags et les figures angulaires de la planche 4, tandis qu'au delà de la Loire et du Rhin ce sont les rinceaux et les broderies de la planche 5 qui furent d'un usage plus habituel. D'un autre côté, on évita encore dans l'Est de masquer la forme gracieuse des façades par les grosses tours qui, dans le Nord et l'Ouest, écrasent et rétrécissent les frontispices des églises du onzième et du douzième siècle. Cependant, une fois que le style ogival fut généralement admis, ce fut peut-être le nord qui se distingua davantage et le plus longtemps par sa délicatesse, ses formes gracieuses et hardies, et sa pureté de style.

CHAP. 2. — ARCHITECTURE RELIGIEUSE.

ART. 1er. — *Style byzantin.*

Le style *byzantin* tire son nom de Byzance, aujourd'hui Constantinople, où il prit naissance. Constantin, ayant quitté Rome pour établir le siége de sa puissance à Byzance, à laquelle il donna son nom, n'épargna rien pour la magnificence de cette ville, y éleva partout des édifices imposants et somptueux, et la décora des chefs-d'œuvre des arts dont il dépouilla l'Italie, la Grèce et l'Asie. Le style romain, transporté sur la terre d'Orient, y prit une nouvelle figure, se para de la riche ornementation de ce pays à imaginations vives, et forma un style d'un type tout spécial. L'église de Sainte-Sophie de Constantinople peut être regardée comme la base de l'architecture byzantine, qui se répandit dans toute l'étendue de l'empire oriental, pénétra en Italie, en Allemagne et en France.

On peut assigner trois phases à l'architecture byzantine : la première du quatrième siècle au neuvième exclusivement; la seconde, du commencement du neuvième à la deuxième moitié du onzième; et la troisième, de la deuxième moitié du onzième à la fin du douzième, et quelquefois au milieu du treizième.

Ce style offre donc trois âges bien marqués, ayant pourtant des caractères généraux communs à tous les trois. Charlemagne fit fleurir ce style dans son système primordial au sein de son vaste empire; mais pendant les neuvième et dixième siècles, il tomba en décadence et se barbarisa en Europe, pour se relever plus brillant que jamais au onzième siècle et au douzième. Cette phase est une véritable renaissance, un retour hardi aux traditions de la phase primordiale, mais avec un ordre d'idées génériques qui prédisent et préparent la grande révolution architecturale du treizième siècle.

Si on éleva en France des églises du style byzantin sous les deux premières phases, il est constant qu'il n'en reste plus aujourd'hui, et qu'il faut recourir à l'Italie et à la Sicile, qui sont riches en monuments byzantins des trois phases, surtout Ravenne, Venise, Pistoia, Pise, Milan, Lucques, Arezzo, Bologne, Rome, Terracine, Vérone, Plaisance, Parme, Modène, etc. La France ne compte que six monuments vraiment byzantins, de la troisième phase : l'église de Saint-Front et Saint-Étienne de la cité de Périgueux, la cathédrale de Cahors, les abbayes de Solignac et de Souillac, et la cathédrale d'Angoulême. On pourrait peut-être y joindre la cathédrale du Puy. Les autres églises des onzième et douzième siècles n'ont puisé dans l'art byzantin que quelques détails d'ornementation, que nous signalerons en parlant du style *romano-byzantin*.

Plan byzantin (1). Les églises byzantines sont généralement carrées, en croix grecque, rondes, ou polygonales. Le plan de Sainte-Sophie est carré (pl. 3, n° 12). Deux porches étroits et très-allongés

(1) Instructions du Comité historique.

occupent, l'un devant l'autre, toute la face de l'édifice. La grande nef principale forme une croix grecque en se liant à deux parties latérales, carrées elles-mêmes, et qui en sont séparées par des colonnes; quatre salles irrégulières occupent les angles du plan; d'énormes piliers, destinés à supporter les coupoles, forment les angles rentrants de la croix; de nombreux escaliers, voisins de ces piliers et dont l'accès est extérieur, permettent d'arriver à la galerie du premier étage, consacrée aux femmes. Une large abside occupe le fond de la nef principale pour former le sanctuaire; des portiques et des cours sacrées entourent l'édifice.

Ce plan, qui servit de base au système byzantin, fut imité dans des proportions plus ou moins grandes, avec des modifications en rapport avec les ressources des villes qui élevaient des basiliques. C'est aussi sous cette forme qu'il fut reproduit en France. Presque toutes les églises byzantines de la première phase sont construites sur des cryptes offrant le même plan qu'elles. Ce ne fut que dans les onzième et douzième siècles que les cryptes s'ouvrirent seulement sous le sanctuaire.

Appareil. Les briques placées en lignes horizontales, et employées dans les murailles des premiers âges chrétiens, se reproduisent dans celles qui sont d'origine orientale, et de plus on y trouve l'emploi fréquent de lignes verticales en briques, de sorte que les pierres ou moellons bien appareillés sont encadrés pour la plupart dans de la terre cuite. La décoration se développe plus encore par les combinaisons que peuvent former des tuiles rondes ou légèrement courbées, des angles en forme de gamma, des rosaces, des croix et d'autres figures de ce genre. Les corniches sont en briques.

Toit. Le toit est en terrassé, et par conséquent sans pignons, excepté quelquefois aux extrémités des transepts.

Coupoles. Une coupole centrale surmonte l'édifice; si le temple est vaste, des coupoles plus basses occupent tous les angles à la rencontre des galeries intérieures que forment le porche et les nefs latérales de l'édifice. On en rencontre quelquefois à toutes les travées (n° 13). La coupole est indispensable au style byzantin. L'édifice peut être dépourvu de quelques-unes de ces coupoles; elles sont alors remplacées par des voûtes d'arêtes.

Les coupoles sont supportées par quatre grandes arcades à plein cintre, disposées en carré. Les angles du carré des arcades se rattachent à la base sphérique de la coupole par de petites voûtes en encorbellement, qu'on appelle pendentifs (n° 14). Le pendentif est d'invention byzantine. Dans les églises de petite dimension, les piliers qui soutiennent les coupoles sont remplacés par des colonnes en marbre. Quelquefois les coupoles sont placées simplement sur les terrasses qui surmontent l'édifice; elles sont toujours percées de nombreuses ouvertures cintrées ou petites fenêtres.

Les piliers et les pendentifs sont incrustés de mosaïques ou décorés de peintures, selon l'importance du monument. Des marbres, plaqués ou figurés au pinceau, occupent les parties basses des pieds-droits isolés, ainsi que les murs latéraux de l'édifice.

Le plus souvent les coupoles sont couvertes de lames de plomb. Quand on se sert de tuiles, elles sont plates comme celles des Romains, et liées par des imbrices, et quelquefois creuses, comme celles qu'on fabrique aujourd'hui dans le midi de la France.

Façade (n° 15). Une suite de fenêtres ou de petites arcades indique à l'extérieur la galerie qui est ménagée au premier étage dans la plupart des temples byzantins. Cette disposition a été copiée dans l'architecture romane et dans le style ogival. Les arcs cintrés des fenêtres sont formés de briques seules ou alternées avec du moellon.

Transepts. Les façades latérales offrent une grande analogie avec celles de l'Occident : on y reconnaît quelquefois un pignon indiquant les croisées ou transepts.

Une porte occupe le milieu de ce pignon; elle est simple et cintrée, quelquefois géminée, c'est-à-dire divisée au milieu par une colonnette ou un pilastre. Dans ce cas, il y a deux cintres au lieu d'un; la retombée commune est le chapiteau de la colonnette. Au-dessus de cette porte on voit ordinairement un ou deux étages de fenêtres géminées et cintrées, comme la porte, quelquefois encadrées dans un grand cintre commun qui embrasse toute la largeur du transept, et ne sert que d'ornementation. Ces cintres sont ordinairement en briques.

Abside. La façade postérieure, horizontale au sommet, est décorée d'une ou de trois absides qui sont en tours rondes ou à pans coupés; un ou plusieurs étages de niches les décorent; elles occupent la place des fenêtres, qui dans le style roman s'ouvrirent autour du sanctuaire. Ces niches, semi-circulaires et couronnées par une demi-coupole, sont ornées de compartiments en briques mêlées à la construction. Quelques absides byzantines sont percées de trois fenêtres simples ou géminées; si leur plan est en polygone, les fenêtres peuvent être portées par de petites colonnes placées sur chacun des angles saillants. En général, les formes des édifices sont cubiques; les coupoles et les absides rompent seules la simplicité des formes.

Porche, ou *narthex*. Le porche des basiliques byzantines est toujours voûté à l'intérieur, et quelquefois surmonté de coupoles. Le bois ne paraît jamais dans cette architecture, différente en cela de l'architecture latine. Développé sur un plan étroit et très-allongé, le porche, qui est décoré de peintures ou de mosaïques, occupe toute la largeur de l'édifice; il donne accès au temple par une ou plusieurs portes semblables à celles qui ornent la façade extérieure. Les cintres qui surmontent ces portes sont quelquefois en fer à cheval au lieu de présenter seulement un demi-cercle.

Portes. Les portes sont généralement encadrées

par trois morceaux de marbre ou de pierre faisant un chambranle; un arc en plein cintre le surmonte pour former une décharge au-dessus du linteau.

Les moulures qui accompagnent les portes byzantines ont une physionomie spéciale et différente de celles des Latins; saillantes et arrondies, elles sont séparées par des lignes profondément refouillées. Ces profils très-accentués servirent de base au système d'encadrements épais et riches qui se multiplièrent dans l'architecture romane, et prirent un si beau caractère sous l'influence du système ogival.

Fenêtres. Nous en avons vu la description en parlant de la façade, des transepts et de l'abside.

On voit aussi, dans certains cas, de petites fenêtres carrées destinées à faciliter la circulation de l'air entre le porche et les nefs. Elles ont pour appui une grande tablette de marbre décorée de sculptures.

Autel et *Ciboire* (n° 16). L'autel des Grecs est un cube et quelquefois un cylindre en pierre ou en marbre; il n'est point surmonté d'un gradin comme l'autel des Latins : les flambeaux se placent isolément aux quatre angles. Sur les faces verticales, décorées d'une riche étoffe drapée à larges plis, on figure, par des broderies d'or et d'argent, la croix grecque et les *gammadæ*, emblèmes de la Trinité.

Le ciboire est une espèce de baldaquin qui s'élève au-dessus de l'autel. Le ciboire byzantin, porté par quatre colonnes qui s'élèvent aux angles de l'autel, a quelquefois la forme d'une coupole; il est surmonté d'une portion de sphère, lorsque ses faces, disposées verticalement, sont percées de quatre petits arcs.

Ornements. Les architectes byzantins négligèrent la belle forme du chapiteau antique. Sa corbeille élégante devint une masse presque cubique (n° 17), mais ornée élégamment de fleurs, de rinceaux et de feuillages aigus et peu saillants; les branches de chêne et d'olivier y sont mêlées aux feuilles d'acanthe; ils ornèrent les surfaces planes de mosaïques et de peintures. Ces formes nouvelles pénétrèrent dans tout l'Occident, où elles eurent beaucoup de succès; et telle paraît être l'origine des chapiteaux cubiques si communs au onzième siècle, et qui sont un des éléments byzantins introduits dans l'architecture romane.

Les moulures de couronnement eurent le même sort; elles furent simplifiées dans l'architecture byzantine au point de n'offrir plus que des champs lisses plus ou moins inclinés en biseau; la sculpture, la peinture ou la mosaïque les enrichirent en rappelant en quelque façon les ornements antiques. Les peintures et les petites mosaïques sont ordinairement sur fond d'or.

La sculpture d'ornement des Byzantins est large et pesante, riche en perles, en galons contournés et décorés de pierreries en entrelacs. Les principaux ornements sont ceux représentés dans la seconde partie de la planche 4, tels que les étoiles,

les têtes saillantes, les dents de scie, les zigzags, etc. Les personnages ont une forme orientale, c'est-à-dire que le buste et la figure sont roides, expressifs, un peu longs, et qu'ils sont couverts de grands manteaux ouverts devant, qui laissent apercevoir de riches étoffes. Si le sculpteur a représenté des rinceaux ou des feuillages isolés, les extrémités en sont aiguës, les arêtes vives, les feuilles profondément exprimées par des angles rentrants, les côtés et les branches découpées en chapelets de perles. (Voir quelques ornements de la planche 5.)

Nous verrons, aux onzième et douzième siècles, que ce genre d'ornementation a été très en faveur dans tout l'Occident, surtout sur les bords de la Loire et du Rhin, où le style byzantin eut une grande influence.

ART. 2. — *Style latin, depuis la fin du cinquième siècle jusqu'au onzième.*

Avant de considérer les caractères architectoniques latins des monuments religieux au moyen âge, il ne sera pas inutile de jeter un regard en arrière sur l'origine des premières églises et les lieux de réunion des premiers chrétiens.

La première église des chrétiens fut le cénacle où Jésus-Christ célébra la Pâque avec ses apôtres, et institua le sacrement de l'eucharistie. C'était une salle à manger, qui devait faire partie d'une grande maison, et appartenir à un riche particulier, d'après les expressions elles-mêmes de l'Évangile : *cænaculum grande, stratum*. C'est dans le cénacle que Jésus-Christ lava les pieds à ses apôtres, qu'il leur conféra l'ordination, etc. C'est là que les apôtres et les disciples attendirent et reçurent le Saint-Esprit; c'est là que se fit l'élection de saint Mathias, que se tint le premier concile général, que se réunirent longtemps les fidèles pour la célébration des saints mystères. Sur l'emplacement de ce cénacle, sainte Hélène fit élever une église, pour conserver le souvenir des grands mystères qui s'y étaient opérés. C'est aussi dans un appartement semblable que saint Paul célébra les saints mystères à Troade. On choisissait de préférence ces salles, parce que, chez les anciens, elles étaient très-grandes, et peut-être aussi parce que la communion était suivie d'un repas appelé agape. Dans les premières années du christianisme, les lieux de réunion des chrétiens n'étaient donc pour l'ordinaire que de vastes salles, qui se trouvaient même quelquefois dans le lieu le plus élevé de la maison, comme nous le voyons dans les *Actes des Apôtres* (chap. 20).

Cependant, il est certain que, même avant Constantin, plusieurs églises furent bâties pour la célébration des saints mystères, à Rome et ailleurs. L'empereur Adrien, lui-même, idolâtre et persécuteur, au deuxième siècle, frappé des raisonnements et des faits que renfermaient les *Apologies de saint Quadrat et de saint Aristide*, non-seulement cessa de persécuter les chrétiens, mais encore fit construire pour eux des églises, qu'on appela *Adrianées*.

Alexandre Sévère (au commencement du troisième siècle), encore mieux disposé en faveur des chrétiens, les protégea quelquefois, et leur laissa construire des églises. Sous l'empereur Philippe, qui favorisa beaucoup les chrétiens, le nombre des églises augmenta encore, et on en comptait plus de quarante dans Rome à la fin du troisième siècle.

Les saints évêques, profitant du calme dans lequel les laissaient les empereurs, se hâtèrent de donner des églises aux fidèles : telles furent, entre autres, celle de Néocésarée, construite par saint Grégoire Thaumaturge, en 240; de Bourges, par saint Ursin, en 250; de Toulouse, par saint Saturnin, la même année.

Sous les successeurs des empereurs que je viens de nommer, les chrétiens furent persécutés, arrêtés, mis à mort, sans forme de procès et sans autres motifs que leur qualité de chrétien. Au milieu de ces cruelles persécutions, les chrétiens cherchèrent un asile dans les catacombes.

Les catacombes étaient des carrières de pierre ou de plâtre qu'on avait exploitées pour la construction des maisons particulières ou des édifices publics, à Rome et ailleurs. Ces excavations souterraines forment des espèces de rues, qui prennent diverses directions, et se prolongent dans certains endroits à la distance de plusieurs lieues.

On y voit des autels dressés, qui remontent à la plus haute antiquité. On les appelait catacombes, parce qu'elles étaient pleines de tombeaux et de sarcophages, qui étaient placés dans des niches pratiquées dans les parois.

On trouve dans les environs de Paris, et même sous les maisons de cette ville, des carrières de plâtre exploitées de la même manière, qui forment une espèce de ville souterraine, même à deux étages dans certains endroits. On voit aussi des catacombes à Florence, à Nole, à Naples, à Syracuse et ailleurs ; ces dernières sont plus larges et plus élevées que celles de Rome. On trouve sur ce sujet des choses très-intéressantes dans le *Dictionnaire* de Bergier, art. *Catacombes*, et dans Godescard, *Vie de saint Calixte*, le 14 octobre, note (*a*), qui, en 231, fit construire à Rome des catacombes près la voie Appienne.

Les chrétiens de Rome, surtout, ne manquaient pas d'y mettre les restes des martyrs qu'ils pouvaient recueillir ; mais, pour éviter toute méprise, ils gravaient sur la pierre tumulaire le nom du martyre, le supplice qu'il avait enduré, la figure de l'instrument de son martyre, des palmes ou d'autres signes caractéristiques.

Deux motifs engageaient les premiers chrétiens à se réunir dans les catacombes pendant les persécutions : le premier était pour se mettre à l'abri de la surveillance des ennemis de la religion, et le second, parce que l'usage fut établi, dès les premiers temps, de célébrer les saints mystères sur les tombeaux des martyrs. Ce dernier motif les engageait à visiter les catacombes, et à s'y réunir, même quand la persécution avait cessé ; mais les ennemis de la religion s'étant aperçus de ces réunions souterraines, les défendirent avec menace ; il fallut alors chercher d'autres lieux moins connus, et on se retirait dans les *cryptes*, dont j'aurai quelquefois occasion de parler.

On appelait et on appelle encore *cryptes*, *lieux cachés*, des églises ou chapelles souterraines, différentes des catacombes, où les premiers chrétiens célébraient les saints mystères pendant les persécutions. Quelquefois elles étaient construites exprès dans des cimetières, en forme de tombeaux (1); d'autres fois, on faisait servir pour cela des lieux souterrains destinés à d'autres usages ; comme des caves, des *crypto-portiques* (2). On les appelle

(1) Dans l'ancien cimetière de Jouarre (Seine-et-Marne), est un antique monument de ce genre, et fort curieux, connu sous le nom d'église Saint-Paul : c'est un petit édifice en forme de crypte, auquel on descend par un escalier de quatorze marches. Il a été évidemment construit à deux époques différentes : dans la première partie, qui est la plus ancienne, on remarque six colonnes, dont quatre sont en pierre, avec des chapiteaux assez grossièrement travaillés, et deux en marbre avec des chapiteaux composites très-élégants. La deuxième partie a été construite à la fin du septième siècle, ou au plus tard au commencement du huitième. La voûte est supportée par six colonnes, en marbres précieux de trois espèces différentes ; toutes sont surmontées de chapiteaux composites en marbre blanc, de dessins différents.

(2) Les *cryto-portiques* étaient des galeries souterraines qui étaient ménagées dans toutes les grandes maisons, pour y jouir de la fraîcheur pendant l'été, et d'une température plus douce pendant l'hiver.

aussi *confessions*, en mémoire des confesseurs de la foi, c'est-à-dire des martyrs, dont on y plaçait les reliques. On donne aussi le nom de cryptes aux chapelles souterraines qu'on construisit dans beaucoup d'églises, surtout sous l'autel, pendant le moyen âge.

C'était donc dans les maisons particulières, dans des cryptes, dans les catacombes, et dans quelques églises destinées à cet usage, que s'exerçait le culte catholique pendant les trois premiers siècles. Nous n'avons aucune idée précise de l'architecture de ces églises, Dioclétien ayant donné les ordres les plus sévères, en 303, pour qu'elles fussent toutes démolies. Mais cet état de choses n'ayant duré que dix ans, après lesquels Constantin, qui prit les rênes du gouvernement, ordonna de rétablir les églises, on peut supposer que les nouvelles furent construites sur le même plan que les anciennes, dont on n'avait pu perdre le souvenir, et dont quelques-unes, échappées à la fureur de Dioclétien, avaient pu servir de modèle.

Nous avons vu des églises construites en Italie dès les premiers temps du christianisme ; mais, quoique la religion chrétienne se fût introduite dans la Gaule, dès la fin du deuxième siècle, et qu'elle y fût déjà très-répandue au troisième, il n'y eut point dans cette contrée d'églises proprement dites, et l'on célébrait les mystères dans les maisons des nouveaux convertis, dans des cryptes et des lieux retirés. Il ne nous reste aucun monument de cette époque reculée, si ce n'est peut-être la crypte de Saint-Irénée à Lyon, qui remonte à la plus haute antiquité; celle de Saint-Gervais de Rouen, où fut enterré saint Melon, premier évêque de cette ville, vers l'an 200; celle d'Agen; celle de Saint-Laurent, à Grenoble, et peut-être celle de Jouarre, appelée église Saint-Paul, pour la partie sud, dont on ignore l'origine, ainsi que de quelques caveaux curieux qui existent encore dans le pays. Mais après l'avénement de ce prince, le christianisme prit un accroissement prodigieux dans les provinces comme dans l'Italie, et les églises s'y multiplièrent.

Nous avons vu, en parlant de l'architecture romaine, ce qu'étaient les basiliques, et quelle était leur destination. Lorsque la religion fut protégée par les princes, elles parurent aux premiers évêques de Rome tout à fait convenables pour la célébration des saints mystères, et préférables aux temples païens, qu'ils auraient pu facilement s'approprier, mais qui étaient généralement peu spacieux, comme je l'ai dit, parce que le peuple n'y entrait pas, et pour lesquels ils avaient de la répugnance, à cause du souvenir des sacrifices dont ils étaient souillés.

Les basiliques adaptées au culte chrétien devinrent le type de presque toutes les églises qui furent construites en Occident au quatrième siècle, et l'on s'écarta peu de cette forme dans celles qui furent élevées jusqu'au onzième siècle.

Voici quelle était la distribution intérieure des basiliques chrétiennes : l'évêque était au milieu de l'abside, sur un siége plus élevé, qu'on appelait trône ou chaire; le clergé (c'est-à-dire les prêtres et les diacres), placé à sa droite et à sa gauche, sur un hémicycle attenant à la muraille (pl. 3, fig. 4), entourait l'autel, c'est-à-dire une table de bois ou de pierre, ou même quelquefois d'argent ou d'or, soutenue par quatre colonnes, sur laquelle on célébrait les saints mystères. Cet autel était au milieu ou en avant de l'abside. Il y a cependant des absides fort anciennes, dans lesquelles l'autel primitif doit également avoir toujours été adossé à la muraille. Sous l'autel était une crypte, ou chapelle souterraine, dans laquelle on conservait les reliques d'un martyr, et qu'on avait creusée pour rappeler les temps de persécution. L'autel était entouré d'une balustrade appelée *cancel*; il y avait aussi très-souvent un rideau, *velum*; ce rideau était destiné à cacher l'autel au moment de la consécration et de la consommation des mystères sacrés. Au delà et en face de l'autel, entre l'abside et le peuple, était le chœur, destiné à recevoir les chantres et les officiers inférieurs du culte. Derrière les chantres, était l'ambon ou jubé, c'est-à-dire une tribune dans laquelle on montait de deux côtés différents, pour lire l'Épître et l'Évangile. Les fidèles étaient dans la nef, les hommes du côté de l'Épître, les femmes du côté de l'Évangile.

On ajouta à quelques églises et à quelques basiliques une cour carrée entourée de portiques, nommée *atrium*, dans laquelle les catéchumènes se retiraient pendant la célébration des cérémonies, auxquelles il ne leur était pas encore permis d'assister; il y avait au milieu de cette cour un réservoir, ordinairement octogone, et entouré parfois de colonnes supportant un toit de même forme. C'était dans cette piscine que les néophytes recevaient le baptême, d'où lui est venu le nom de baptistère.

Quelquefois le baptistère était adossé à l'église avec les sacristies; d'autres fois, il était entièrement séparé de l'église, et faisait un corps de bâtiment à part, comme celui de Constantin, près de l'église de Latran, celui de Florence, et celui d'Aix en Provence, qui sont de superbes édifices. Le baptistère de Pise est aussi hors de l'église, et très-remarquable.

Les petites églises de la campagne n'étaient pas précédées par une cour; mais elles étaient construites au milieu des cimetières, qui servaient de cour, et donnaient aux vivants de touchantes leçons sur la fragilité humaine et sur la nécessité de penser à l'avenir.

Dans la deuxième moitié du cinquième siècle, les édifices religieux commencèrent à devenir plus vastes, et quelques-uns furent bâtis avec une certaine magnificence, et toujours sur le même plan.

Plan des églises. Ce plan dut être le même que celui dont saint Grégoire de Tours nous a laissé la description, c'est-à-dire qu'elles étaient oblongues, terminées circulairement à l'est. Leurs fenêtres étaient cintrées. On imitait en tout l'architecture romaine ; mais ; dans quelques-unes ; on pouvait déjà remarquer l'influence du style oriental. Il apparaît surtout dans l'ancienne église de Saint-Germain-l'Auxerrois, à Paris, bâtie sur un plan circulaire; et dans la belle église érigée par saint Perpet sur le tombeau de saint Martin, à Tours, dont on possède les plans.

Les églises, qui se multiplièrent depuis le cinquième siècle jusqu'au dixième, n'eurent pas un type différent; aussi les caractères architectoniques sont-ils les mêmes pour tous les édifices religieux élevés en France pendant toute cette période, comme on en peut juger par quelques édifices remarquables qui sont parvenus jusqu'à nous depuis le septième siècle. Je citerai, comme une des plus anciennes constructions, la façade de l'église de Savenières, près d'Angers, qui remonte au sixième ou au septième siècle. Le dessin (pl. 3, fig. 11) donnera une idée du mode de construction à cette époque. Le parement des murs est en marbre et en silex. La façade est coupée par plusieurs rangs de briques posées à plat, et par six bandeaux de briques disposées en arêtes de poisson. On remarquera facilement que la porte a été refaite au seizième siècle. Il faut pourtant convenir qu'il est impossible de tracer un tableau complet de l'architecture de cette première époque, les monuments qui nous restent étant trop rares.

Cependant quelques églises reçurent des innovations partielles, dont la plus notable peut-être fut l'apparition des transepts, c'est-à-dire l'élargissement en forme de nef transversale que prit le vaisseau entre l'abside et les nefs, de manière à donner au plan de l'édifice la forme d'une croix (pl. 3, fig. 6). Dans beaucoup de grandes églises, cette croix ne forme aucun avancement au dehors, et n'est apparente qu'à l'intérieur par la disposition particulière des piliers (pl. 3; fig. 9 et 10). C'est cette disposition en croix qui a fait donner à cette portion des églises le nom de *croisée*.

Après les collatéraux, ce sont les transepts qui ont reçu les premiers autels secondaires introduits dans nos temples, dont la disposition et le rit primitifs n'en comportaient qu'un. Souvent même leurs absides sont mieux caractérisées et de plus grande dimension que celles des collatéraux, destinées, dans l'origine, à la sacristie et au trésor de l'église.

Les transepts manquent dans les chapelles et souvent dans les petites églises. Cependant quelquefois leur place est marquée par des verrières plus élégantes; quelquefois, au lieu d'une seule abside, on en fit trois de proportions différentes, et en rapport avec la largeur des nefs vis-à-vis desquelles elles étaient placées (pl. 3, fig. 5). Enfin, dans quelques églises on doubla les rangs des colonnes de manière à produire cinq nefs au lieu de trois (fig. 6).

Les églises à une seule nef, avec ou sans transept, telles qu'on en voit beaucoup dans les campagnes, ont toujours été fort nombreuses.

Dans les grands monuments, les cryptes prirent un accroissement considérable. Comme je l'ai dit, ce n'étaient d'abord que des cavités étroites, destinées à recevoir les restes des saints et des martyrs, avec un seul autel; plus tard, ce furent des chapelles qui s'étendaient sous le chœur, et parfois sous les nefs. Quelques-unes eurent plusieurs autels, et présentèrent en petit l'image de l'église supérieure.

A partir du sixième siècle, le chœur s'allongea progressivement, et les autels se multiplièrent autour de l'autel principal. Je parle ici, comme je ferai ordinairement, des grandes églises qui furent très-soignées. Dans les autres, si on ne reconnaît pas autant de signes architectoniques, il s'en trouve cependant ordinairement assez pour pouvoir facilement reconnaître leur âge.

Appareils. Le mode de construction de cette époque a une très-grande ressemblance avec les constructions romaines de petit appareil, c'est-à-dire, formé de petites pierres à peu près cubiques, et parfois cunéiformes, environ de trois à quatre pouces, et liées ensemble par une couche épaisse de ciment.

Ce système de construction est à remarquer comme caractère distinctif, parce qu'il fut très-rare après le dixième siècle.

On rencontre plus rarement des pierres de sept à huit pouces de surface, carrées et aplaties, et presque uniquement dans le midi de la France, où les matériaux sont abondants et d'un emploi facile, et presque jamais des pierres de plus grande dimension.

On a souvent employé la brique, et même pendant plusieurs siècles du moyen âge, soit dans les cintres, soit dans les murs, où on la disposait par bancs horizontaux pour la solidité, et aussi pour l'ornement extérieur des édifices, sur lesquels un ou plusieurs rangs de briques remplaçaient les moulures et les corniches, et formaient un cordon rouge qui se détachait agréablement sur le fond grisâtre de la pierre, comme à l'église de Savenières.

Ce fut même un usage assez fréquent, d'employer des briques de différentes formes, comme moyen de décoration, en les incrustant dans les murs avec symétrie.

Colonnes. Vers la fin du quatrième siècle, on oublia trop souvent, sans les abandonner entièrement, les belles colonnes cylindriques de l'architecture grecque et romaine, pour les remplacer par de massifs piliers carrés, ornés seulement de leurs corniches ou de quelques sculptures grossières, au lieu du chapiteau élégant des âges suivants (pl. 6, fig. 1re); dans la suite l'usage devint presque général de les couvrir de demi-colonnes engagées, qui les rendaient plus gracieux, en leur faisant perdre leur rudesse et leur pesanteur (pl. 6, fig. 3). On voit de ces piliers carrés dans plusieurs églises antérieures au dixième siècle, principalement dans celles de Saint-Martin d'Angers, la basse œuvre de Beauvais, la nef de la cathédrale d'Aix-la-Chapelle, bâtie par Charlemagne, au huitième siècle, etc. Quand on emploie les colonnes et les chapiteaux cylindriques, ceux-ci sont ornés de feuilles et de moulures antiques grossièrement travaillées. Quelquefois, mais rarement, on voit les chapiteaux ioniques et corinthiens exécutés avec assez d'art, et très-souvent avec des modifications.

On vit augmenter, dans les premiers siècles du moyen âge, les altérations qui s'étaient introduites au quatrième siècle dans l'entablement des édifices. Partout on vit les arceaux des voûtes reposer immédiatement sur les chapiteaux des colonnes.

Corniches. De tout l'entablement on ne conserva souvent que la corniche même dans le pourtour de l'édifice, et elle reposait sur des modillons de formes très-variées, et souvent d'une bizarrerie extraordinaire. Dans bien des monuments, ces modillons étaient de la plus grande simplicité, sans aucun ornement, et figuraient simplement l'extrémité d'une poutre taillée en biseau.

Dans quelques autres, ils figuraient des volutes, des feuilles, des fruits, des masques humains ou même des têtes d'animaux. Ces figures bizarres se remarquent pourtant plus fréquemment et avec plus de variété dans le style romano-byzantin (pl. 6, n°ˢ 43 et 44).

Fenêtres. Les fenêtres à plein cintre étaient d'une petite dimension, ayant ordinairement en hauteur le double de leur largeur (3 ou 4 pieds de hauteur sur 1 pied 1/2 ou 2 pieds de largeur), quelquefois ressemblant à de véritables meurtrières. Elles n'étaient pas ornées de colonnes à l'extérieur; et le cintre, d'une grande simplicité, et ordinairement sans moulures, reposait presque toujours sur des pieds droits ou des pilastres larges et écrasés (pl. 9, fig. 2).

Le cintre était ordinairement formé par un rang de pierres rangées symétriquement; quelquefois ces pierres étaient séparées les unes des autres par des briques (pl. 9, fig. 1).

Souvent cette archivolte était encadrée dans une bordure, tantôt simple, tantôt double, de briques disposées en demi-cercle. Lorsque cet encadrement était double, un rang de pierres rectangles de petit appareil remplissait l'intervalle compris entre les deux cordons semi-circulaires (pl. 9, fig. 2).

Lorsque la brique n'a pas été employée, ces cordons sont formés de pierres saillantes (fig. 1).

Dans les contrées méridionales, ces fenêtres étaient closes avec des tablettes de marbre, percées de trous circulaires, ou en losanges, assez rapprochés pour former un treillis solide. Des morceaux de verre ou d'albâtre étaient fixés à ces ouvertures.

Portes. Les portes étaient cintrées comme les fenêtres. Ordinairement le cintre reposait sur des pieds-droits ou pilastres, rarement sur des colonnes. Il était formé de pierres rangées symétriquement, et quelquefois alternées par des briques, et surmontées d'un cordon en saillie, comme dans les fenêtres, ou orné de moulures et d'incrustations. Toujours on ouvrait une porte carrée au milieu de l'arcade. Le tympan était rempli tantôt en pierres de petit appareil unies ou rangées en forme de réseau, tantôt par une croix ou quelque autre bas-relief (pl. 8, fig. 12 et 13).

Quelquefois la porte est sans cintre et simplement carrée, composée de trois pièces de marbre qui font chambranle, souvent ornées de sculptures. On rencontre parfois des inscriptions gravées sur le linteau en pierre ou en marbre des portes, sur les murailles, ou sur le tailloir des chapiteaux. Lorsque ces inscriptions sont en lettres majuscules romaines, elles indiquent une époque antérieure au onzième siècle.

En avant de la porte principale on voit fréquemment deux lions en marbre, entre lesquels on rendait la justice, *inter leones*. Les premiers chrétiens ont souvent incrusté dans les murs de la façade, auprès des portes, des fragments de sarcophages romains; les têtes de lion qui s'y trouvent figurées tiennent lieu de celles qu'ils ne pouvaient exécuter eux-mêmes, à cause de leur peu de ressources dans certaines localités, et surtout de l'ignorance des temps (1).

Dans les grands édifices, les portes principales étaient placées dans la façade de l'ouest, et dans les murs latéraux, au nord ou au midi, ou des deux côtés à la fois; il y en avait ordinairement trois à la façade principale, et elles s'ouvraient sous le porche.

Porche. Le porche des églises latines est un espace couvert par une charpente, le plus souvent apparente et appuyée sur la façade de l'édifice; il se compose d'une rangée de colonnes, ordinairement

---

(1) Instructions du comité.

de marbre, établie parallèlement au mur de face, à une distance plus ou moins grande, déterminée par l'étendue et le service du temple.

Sous le porche, auprès de la porte principale, étaient placées deux fontaines ou bassins destinés aux purifications extérieures ; introduits plus tard dans le temple, ils reçurent l'eau bénite. Le fond du porche est orné de peintures ; au-dessus des portes se placèrent les premières mosaïques destinées à orner les portiques : elles représentaient les apôtres auxquels étaient dédiés les édifices.

Arcades. Les arcades, qui mettaient la nef en communication avec les ailes, ou bas-côtés, étaient à plein cintre, comme les portes et les fenêtres ; elles n'avaient ordinairement d'autre décoration que la symétrie régulière de leurs pierres, quelquefois séparées par des briques, selon l'usage ; mais la grande arcade qui séparait le chœur de la nef était souvent ornée d'incrustations, de mosaïques, de moulures, de sculptures où de peintures symboliques, représentant la mort de Notre Seigneur Jésus-Christ. Cette arcade était appelée *arc triomphal* dans les basiliques latines, parce qu'elle ressemblait à un arc de triomphe, et ce nom lui fut respectueusement conservé pendant la première moitié du moyen âge, en mémoire du triomphe de Jésus-Christ sur l'enfer. C'est pour conserver les vestiges de cette pensée, vraiment chrétienne, que dans un grand nombre d'églises on plaça et on rencontre encore aujourd'hui un crucifix à cette arcade mystérieuse, qui nous ouvre le sanctuaire où s'immole l'agneau qui, par sa mort et son triomphe sur l'enfer, nous ouvrit le sanctuaire éternel.

Voûtes. La charpente des églises qui supportait le toit demeurait souvent à nu et apparente, comme dans les basiliques romaines; et les plafonds, qui étaient rares, se faisaient presque toujours en planches. Il n'y eût pas de voûtes en pierres jusqu'au onzième siècle, époque de l'apparition de l'ogive, à cause de la largeur des édifices, qui offrait de grandes difficultés aux architectes. Celles qui existent, en petit nombre, sont faites, comme les monuments romains, et comme aux onzième, douzième et treizième siècles, de petites pierres irrégulières mêlées de beaucoup de mortier. On ne trouve guère de voûtées, du cinquième au dixième siècle, que les absides, quelques petites chapelles ou des bas-côtés. Les absides sont en cul de four : il est rare qu'elles soient percées de fenêtres. Des mosaïques, exécutées sur fond d'or, à la manière orientale, en décorent la voûte. Ces riches peintures s'étendent sur toutes les parois intérieures des basiliques, pour y représenter les principaux faits de l'histoire sacrée.

Tours. Les tours et clochers s'élevèrent sans doute à l'époque où les cloches de grande dimension ont été en usage. Mais à quelle époque le furent-elles généralement dans les églises? C'est une chose qu'il est impossible de fixer précisément. Les Romains se servaient de cloches (sans doute de petite dimension), et les introduisirent dans les Gaules.

On fixe communément au cinquième siècle l'usage des grandes cloches dans les églises, pour appeler les fidèles à la prière. On rapporte que saint Paulin, évêque de Nole en Campanie, fut le premier qui imagina de se servir de clochettes pour annoncer les offices. Mais on pense généralement que ce ne fut guère qu'en 605, sous le pape Sabinien, que s'introduisit l'usage des cloches. D'abord peu volumineuses, elles ne nécessitèrent pas un bâtiment particulier. Nous apprenons d'Anastase le Bibliothécaire, dans la vie du pape Étienne III, que ce pontife fit élever, en 770, une tour sur l'église de Saint-Pierre de Rome, et qu'il y plaça trois cloches (1). On ne connaît pas en France de tours élevées avant cette époque. Au neuvième siècle, beaucoup d'églises furent surmontées de tours, et il paraît qu'on trouvait déjà des ouvriers habiles à fondre des cloches d'une dimension considérable, puisque saint Aldric, évêque du Mans, vers 832, en fit placer douze dans les clochers de son église.

On est porté à croire, d'après cela, que ce ne fut guère qu'au huitième ou neuvième siècle, qu'on commença à construire des tours; et s'il en exista auparavant, elles furent peu nombreuses. Quoi qu'il en soit, les tours de cette époque étaient peu élevées, carrées, terminées par un toit à double égout ou à quatre pans, en forme de pyramide très-obtuse, et sans élégance. Les faces étaient percées de fenêtres à plein cintre et sans ornements.

On fut dans les commencements assez embarrassé

(1) Anast. Biblioth., in vitâ Steph., III.

pour son emplacement. On l'éleva d'abord sur le point central du transept, ensuite sur le portail occidental; quelquefois on la sépara entièrement de l'édifice : cette dernière disposition se rencontre même quelquefois dans la première époque du style romano-byzantin.

Autel et *ciboire*. L'autel des basiliques latines est ordinairement un tombeau en marbre, en granit, ou en porphyre, en forme de cuve ou d'un sarcophage carré. Sur la table sont gravés l'alpha et l'oméga, le labarum, la palme, etc. Les sculptures chrétiennes qui en décorent les côtés sont souvent ajoutées après coup.

Au-dessous de l'autel est une petite case voûtée; c'est le *martyrium* ou confession, destiné à contenir les reliques des martyrs. Ce lieu est décoré avec beaucoup de luxe, et est quelquefois si étendu, qu'on y descend par un grand nombre de marches, disposées en avant ou sur les côtés de l'autel : il devient alors une crypte.

Aux quatre angles de l'autel principal s'élèvent des colonnes précieuses, surmontées de chapiteaux et d'un entablement en marbre formant un dais au-dessus, appelé *ciborium*. On y prodigua, dans les premiers siècles, tout le luxe des métaux et des pierreries; les plus anciens étaient surmontés d'un fronton, quelques-uns étaient couronnés par de petits arcs (1).

Dans la suite ce ciborium, reculé derrière l'autel et modifié, a formé cette colonnade avec fronton

(1) Instructions du comité.

qu'on voit dans la plupart de nos églises. Souvent on suspendait sous le ciborium une colombe d'or ou d'argent, dans laquelle on conservait la sainte eucharistie. Cet usage s'est conservé dans quelques églises jusqu'à la fin du siècle dernier; peut-être existe-t-il encore aujourd'hui dans quelques endroits. Ce qui est certain, c'est qu'on rencontre encore le ciboire en quelques endroits très-rares : je citerai celui d'Estrée en Santerre, département de la Somme.

Ornements. Il reste trop peu de monuments anciens, pour qu'il soit possible de donner la nomenclature exacte des moulures et des dessins employés à l'ornement des églises de la première époque. Il est cependant certain qu'on mit en usage les sculptures que l'on voit dans les mosaïques de l'époque gallo-romaine : je citerai entre autres les *billettes* et les *frettes* (pl. 4, fig. 27 et 33).

On employa aussi fréquemment, tant à l'intérieur qu'à l'extérieur, les incrustations en pierre de couleur et en terre cuite, les arcades sans ouvertures, à plein cintre, les niches et les fausses fenêtres surmontées d'un fronton triangulaire, simples ou ornées de fleurons, de croix grecques, les modillons. La première partie de la planche 4 représente des fragments de sculpture antérieure au dixième siècle; et s'ils semblent en général assez élégants, il ne faut pas en conclure toujours la magnificence des monuments, dans lesquels, au contraire, ces diverses décorations se trouvaient trop souvent rangées sans art et d'une manière incohérente, et gravées en très-bas relief. Dans la crypte de Jouarre (Seine-et-Marne), qui peut remonter à la fin du septième siècle, on remarque surtout les ornements des n°ˢ 16, 17, 18, 19, 20, 21 et 22. On peut consulter, sur ceci comme sur tout le reste, le savant *Cours d'Antiquités* de M. de Caumont, qui entre dans de grands détails que ne comporte pas ce Manuel.

Quoiqu'il n'y ait pas grande différence dans l'architecture des cinq ou six siècles qui forment l'époque du style latin, il est probable cependant qu'elle éprouva quelques variations ; et, s'il est impossible de les connaître exactement, il est cependant certain que depuis le cinquième siècle jusqu'au huitième l'architecture alla en déclinant. Au huitième, Charlemagne donnant l'impulsion de son génie aux arts et aux sciences, les monuments acquirent plus de grandeur et d'élégance. A la fin du neuvième siècle et dans le dixième, cet état prospère où les arts étaient parvenus ne put tenir contre les dissensions intestines et les malheurs sans nombre qui résultèrent de l'invasion des Normands. Ce furent là des temps d'ignorance et de barbarie.

Les monuments les plus remarquables du style latin sont : la basse-œuvre de Beauvais ;

Extérieur de l'abside de Nantes ;

Une partie de l'ancienne église Saint-Étienne de Périgueux ;

L'église de Savenières ;

La cathédrale de Belley ;

La cathédrale d'Aix-la-Chapelle, du huitième siècle ;

Quelques piliers de Saint-Martin d'Angers ;

Crypte de Jouarre ;

Peut-être le portail de l'ouest et nef nord de Château-Landon.

ART. 3. — *Style romano-byzantin primaire*
(*de 1000 à 1090 environ.*)

Au onzième siècle, s'établit une sorte de renaissance dans les arts et l'architecture ; partout un changement notable et un progrès visible se manifestèrent dans l'art de construire, en même temps qu'une activité prodigieuse prenait la place de l'apathie et de l'abattement qui étaient devenus généraux dans le siècle précédent.

Le zèle se manifesta surtout avec enthousiasme en Normandie, chez ce peuple naguère si féroce, et qui, adouci par le christianisme, qu'il avait embrassé, à mesure qu'il en reconnut les charmes, s'efforçait de réparer ses ravages en élevant de nouveaux temples, et en rétablissant ceux qu'il avait ruinés. « À cette époque, dit Guillaume de Jumiè-
« ges, la Normandie jouissait d'une paix profonde ;
« le clergé était souverainement respecté de tout
« le monde ; les personnes riches rivalisaient de
« zèle à bâtir des églises et à doter des moines qui
« priassent pour leur salut. »

Le même changement dans l'architecture se montra aussi en Angleterre, lors de la conquête par les Normands, et ses progrès ne furent pas moins rapides qu'en France.

Il faut remarquer deux éléments dans l'architecture romano-byzantine primaire : 1.° le perfectionnement de l'architecture latine, et 2° une imitation plus sensible de l'architecture byzantine.

Dès le sixième siècle, des architectes grecs avaient construit plusieurs édifices de ce style dans l'exarchat de Ravennes : l'église octogone de Saint-Vital, imitation de Sainte-Sophie à Constantinople, est un monument de cette époque.

Charlemagne imita en partie ce style dans les édifices qu'il éleva sur les bords du Rhin, et surtout dans l'église d'Aix-la-Chapelle; mais ce ne fut qu'au onzième siècle que l'architecture byzantine se maria assez généralement à la latine en France.

Forme des églises. Le plan principal des églises du onzième siècle fut le même que dans les siècles précédents, c'est-à-dire, presque généralement celui de la basilique latine avec ses modifications. Cependant on vit des transepts plus fréquents et mieux marqués, de sorte que les églises pouvaient figurer une croix grecque, dont les bras s'étendaient du nord au midi, et la tête était figurée par le chœur tourné vers l'est; l'entrée principale était à l'ouest. Cette orientation des églises eut toujours lieu, autant que possible, même longtemps avant le onzième siècle. Le chœur, toujours plus court que la nef, ne formait souvent que le tiers de la longueur totale de l'édifice. Il est aussi à remarquer que le transept s'éloigne de l'abside de manière à allonger la tête de la croix.

On remarque assez souvent un décroissement dans l'élévation des voûtes des trois parties principales des églises; ainsi, le chœur est plus bas que la nef, et l'abside moins élevée que le chœur. Nous verrons tout l'opposé dans les siècles suivants; mais, dès celui-ci, l'aire du chœur et du sanctuaire est au contraire toujours plus élevée que celle de la nef. Le chœur et l'abside sont ordinairement les parties les plus soignées, même à l'extérieur.

J'ai dit que le plan de l'abside était semi-circulaire; néanmoins on en connaît de fort anciennes dans lesquelles il est triangulaire, au moins à l'extérieur, carré, ou formé de plusieurs pans coupés. La forme carrée ou à pans coupés se rencontre même assez souvent dans les siècles suivants, surtout dans les petites églises. Plusieurs même n'ont pas d'abside, et forment un carré long.

Originairement, cette partie de l'édifice n'était percée d'aucune fenêtre; mais, depuis une époque fort reculée, l'usage s'était introduit d'y en pratiquer une ou plusieurs (ordinairement en nombre impair).

Le plus souvent, les bas-côtés ne faisaient pas complétement le tour du chœur; mais ils s'arrêtaient brusquement à la courbure de l'abside, en se prolongeant, parallèlement au chœur, au-delà des transepts. Cette disposition, qui n'est pas étrangère aux siècles suivants, se rencontre surtout en Normandie. Hors de ce pays, on trouve des églises dont les ailes se prolongent autour de l'abside, et c'est une modification bien importante dans le plan des églises de l'époque. Telles sont les églises de Cunault (Maine-et-Loire) (pl. 3, fig. 7); de Saint-Hilaire; de Notre-Dame, à Poitiers; de la Couture, au Mans; de Sainte-Croix, à Bordeaux; de Saint-Germain-des-Prés, à Paris.

On commença encore, à cette époque, à garnir les bas-côtés du chœur de chapelles qui produisirent un très-bel effet; mais cet usage fut particulièrement l'ouvrage du douzième siècle. On en voit trois dans l'église de Cunault (pl. 3, fig. 7), et un plus grand nombre à Saint-Germain-des-Prés. Ce fut là une différence assez notable entre ces églises et les anciennes basiliques, et les exemples en furent très-fréquents. Dès lors l'abside devint une grande chapelle dédiée à la sainte Vierge.

Cryptes. J'ai déjà dit que les grandes églises romano-byzantines ont souvent été élevées sur des cryptes. La plupart des cryptes du onzième siècle sont placées sous le chœur; leur voûte est ordinairement soutenue par des colonnes cylindriques disposées sur deux ou quatre rangs. Telles sont les cryptes des églises de Bayeux, de Notre-Dame de Poitiers, de Médoc, de Nantes, etc., etc. Mais ces cryptes ne peuvent se comparer avec celles des cathédrales de Chartres, et de Saint-Eutrope, à Saintes, qui s'étendent sous presque toute l'étendue de ces églises.

Appareils. Dans les onzième et douzième siècles, l'habileté des ouvriers était devenue plus grande; les ressources furent plus abondantes : aussi rencontre-t-on plus rarement le petit appareil de l'architecture romaine et du style latin. Le moyen appareil (pierres de 217 millimètres carrés sur 135) devient le plus fréquent; et dans le centre de la France, où les matériaux sont abondants, on le rencontre seul, et joint souvent au grand appareil. Au nombre des matériaux les plus caractéristiques, je citerai la brique et le tuf, employés avec prédilection depuis les Romains jusqu'au treizième siècle, surtout pour les revêtements extérieurs et les voûtes.

Les églises construites en moellons, comme celles de la campagne, ont souvent leurs murs en blocage. Les pierres plates, lorsqu'on les a employées, sont souvent rangées de côté, et inclinées alternativement à droite et à gauche; c'est ce qu'on appelle maçonnerie en feuilles de fougères ou en arête de poisson.

On voit aussi dans quelques parties, surtout dans les frontons, l'appareil réticulé, dont la régularité produit un effet si agréable. Cette disposition ne se rencontre ordinairement au moyen âge que dans des frises, des arcades, des tympans de portes, et autres parties décorées, de peu d'importance, surtout dans les façades occidentales.

On s'est servi avec le plus grand succès de ce genre d'appareil pour l'ornement extérieur des édifices.

L'appareil réticulé, composé de pièces hexagones, et celui dont les pièces sont en forme de losange, ont été employés dans les murs extérieurs du chœur de l'ancienne abbaye du Ronceray, à Angers. Ces pièces sont toutes séparées les unes des autres par une couche de ciment coloré en rouge, au moyen de brique pilée.

Une coupe de pierre non moins gracieuse est celle qu'on remarque dans le fronton de l'église Notre-Dame, à Poitiers : ce sont des pièces circulaires rangées côte à côte; les vides qui existent entre elles sont remplis par un ciment rougeâtre qui fait ressortir la rondeur de ces pièces.

On rencontre assez souvent en Poitou, en Touraine et dans beaucoup d'autres contrées, un autre appareil, composé de pierres arrondies par le haut, carrées par le bas, et séparées par du ciment coloré. Ces pièces rangées symétriquement ressemblent à des écailles imbriquées.

On trouve quelquefois un autre appareil, composé de pierres carrées, au centre et aux angles desquelles on a pratiqué des entailles, ordinairement peu profondes, qui ont été remplies avec du ciment, tantôt rouge, tantôt noir, quelquefois bleu. Des incrustations rouges et noires ont été dans quelques endroits disposées alternativement, comme les cases d'un damier (pl. 4, fig. 39)(1).

Comme toutes ces diverses découpures ne sont pas la vraie coupe des pierres de l'appareil, mais des dessins de peu de profondeur, dans le seul but de l'ornementation, on peut les ranger au nombre des ornements en usage dans ce temps.

(1) M. de Caumont, *Cours d'Antiquités monumentales.*

Contreforts. On ne voit point de contreforts proprement dits dans l'architecture latine, parce que les Romains ne les employaient pas dans leurs constructions. Ceux que l'on rencontre quelquefois ne sont que de simples pilastres de quelques pouces d'épaisseur, ou des colonnes plus ou moins complétement engagées, souvent même de simples ressauts interrompant de distance en distance le plein de la muraille comme des chaînes de pierres; ils s'élèvent d'ordinaire jusqu'au couronnement, qu'ils semblent supporter (pl. 8, fig. 1re). Il y en a cependant qui se terminent par une retraite en larmier (fig. 2), d'autres en cône ou en pignon.

Le onzième siècle présente les contreforts plus fréquents et plus considérables, mais cependant d'une saillie encore bien faible, comparée à ce qu'elle fut dans la suite : encore est-elle souvent dissimulée et comme divisée par un retrait.

Ornements. Les ornements du onzième siècle sont tantôt byzantins, tantôt rustiques, mais employés habilement à produire de grands effets par des procédés peu compliqués, et par l'opposition des parties lisses avec les parties décorées. Quoiqu'on rencontre quelquefois des ornements très-délicats dans les monuments antérieurs à ce siècle, cependant ce n'est guère qu'à la fin du onzième siècle et au douzième que la sculpture commença à s'approprier non-seulement les rinceaux, les entrelacs, et quelques autres des motifs courants les plus gracieux de l'art antique, mais encore l'imitation des produits d'une nature végétale et animale, fantastique ou étrangère, et jusqu'à des zodiaques et des calendriers.

Les ornements et les moulures des onzième et douzième siècles sont placés sur les archivoltes des portes, des arcades et des fenêtres, sur les corniches ; et quelquefois, mais rarement, sur le plein des murs, surtout à l'intérieur.

Voici quelques-uns des ornements qui se rencontrent le plus souvent :

Les étoiles, pl. 4, fig. 23 et 24 ;
Les zigzags, fig. 32 et 37 ;
Les frettes, fig. 30, 33 et 34 ;
La chaîne en losange, fig. 29 ;
Le labyrinthe, fig. 31 ;
Les billettes, fig. 27 ;
Les nébules, fig. 28 ;
Les figures prismatiques, fig. 25 ;
Les hachures losangées, fig. 26 ;
Les têtes de clou, fig. 36 ;
Les câbles, fig. 40 ;
Les torsades, fig. 35 ;
Le damier, fig. 39 ;
Les têtes saillantes, pl. 5, fig. 6, 8 et 10 ;
Les têtes plates, pl. 4, fig. 38 ;

Le labyrinthe, encore en usage aujourd'hui, se rencontre rarement, et seulement sur les monuments de la fin du onzième siècle ou du douzième dans lesquels on remarque des ornements du style byzantin (1).

(1) M. de Caumont.

Les têtes saillantes ornent le plus souvent les modillons, et supportent quelquefois les cordons des archivoltes.

Les têtes plates offrent des figures grimaçantes comme celles des modillons, mais extrêmement plates, et décorent l'archivolte des portes et des fenêtres. Ces figures bizarres sont assez ordinairement terminées par des prolongements ou langues qui s'appliquent sur le contour du cordon ou de la plate-bande formant l'encadrement inférieur de l'archivolte; elles sont très-variées et souvent munies d'oreilles et de cornes (1).

Tels sont les principaux ornements qui décorent les églises romanes si nombreuses dans le nord-ouest de la France.

Dans la Saintonge, le Poitou, le Périgord et même la Touraine et l'Anjou, on voit plus rarement les figures angulaires, telles que les zigzags, les frettes; elles sont remplacées par des sculptures plus élégantes, dans lesquelles dominent les feuillages, les rinceaux, les gracieux enlacements, différentes broderies d'une délicatesse remarquable et diverses figures en demi-relief (2). J'ai rencontré quelques fragments de rinceaux parfaitement exécutés dans la Brie.

La première partie de la planche 5 réunit quelques fragments d'architecture qui font connaître le style de ces divers ornements. Il est facile de voir combien ils diffèrent des précédents.

(1) M. de Caumont.
(2) M. de Caumont.

Toutes ces moulures sont employées non-seulement dans les archivoltes, les corniches, etc., mais aussi dans les chapiteaux des piliers, des colonnes et des pilastres, où dominent surtout les figures grotesques (pl. 5, fig. 6, 8 et 10).

Il y a d'autres moulures qui ornent particulièrement les murs, et qui montrent quelle profusion de détails et d'ornements a enfantée quelquefois l'imagination des architectes et des ouvriers pour la décoration des églises à l'intérieur et à l'extérieur. On remarque surtout les moulures nattées, les demi-cercles imbriqués et le dessin réticulé. On en voit de ce genre dans la partie ancienne de la nef de la cathédrale de Bayeux (1).

Arcades bouchées. Dans le onzième siècle, on rencontre très-souvent les arcades et les colonnes en demi-relief appliquées sur les murs, comme dans l'architecture romane primordiale.

Modillons et corniches. Un des ornements les plus remarquables de l'architecture romano-byzantine ordinaire, ce sont les corbeaux ou modillons; ils se placent ordinairement sous la corniche des murs extérieurs, et quelquefois on les emploie à l'intérieur dans le même dessein. Au commencement du onzième siècle, ils sont très-saillants, tantôt simples comme ceux des églises latines (pl. 6, n. 43 et 45), mais le plus souvent ils figurent des têtes d'hommes grotesques et grimaçantes, plates ou arrondies (fig. 44), des têtes d'animaux, des monstres, des griffons, des volutes, des sautoirs,

(1) M. de Caumont.

des angles de corniche, des extrémités de solives taillées en biseau et ornées de feuillages, de fruits, d'étoiles, de pointes de diamant, et on rencontre quelquefois des obscénités.

Les modillons qui supportent des arcades demi-circulaires sont généralement moins anciens que les précédents, et les remplacent quelquefois dans la deuxième moitié du onzième siècle et au douzième (pl. 6, n. 46).

Après celui-ci, et plus tard, viennent les modillons séparés les uns des autres par de petits arcs trilobés, ou des arcs en ogive (n. 48 et 49), comme on en voit au douzième siècle. Cette corniche servit souvent d'ornement aux pignons ou aux frontons, en suivant l'inclinaison des rampants des toits, où elle fait un très-bon effet.

La corniche qui surmonte les modillons est quelquefois toute simple, d'autres fois elle est ornée de zigzags, de billettes, de moulures hachées, de dessins en échiquier, de torsades, etc. Elles furent d'abord très-saillantes, comme les plus anciens modillons, et diminuèrent graduellement comme eux vers la fin du onzième siècle (1). Quelquefois les modillons ornent les pignons, et sont parfois supportés par de petites colonnettes.

Colonnes. Au onzième siècle on rencontre encore fort souvent les piliers massifs, presque seuls en usage dans les siècles précédents (pl. 6, fig. 1). Ces piliers ont rarement un chapiteau. Un autre support très-fréquent est la colonne-pilier, tou-

(1) M. de Caumont.

jours droite entre la base et le chapiteau, qui quelquefois lui manque, et alors elle n'est ornée que d'un cordon et d'un tailloir. Elle est presque toujours lourde et pesante, formée d'un gros fût cylindrique (n. 2).

Dès le commencement du onzième siècle, une innovation bien remarquable, et une des plus notables parce qu'elle est un acheminement au style ogival, ce sont les demi-colonnes réunies en faisceau (pl. 6, n. 4), autour des piliers carrés, dont elles masquent la pesanteur, en leur donnant plus de grâce; elles furent d'un usage assez commun au onzième siècle, et depuis cette époque le génie des architectes s'appliqua à leur donner plus d'élancement et à en varier la forme à l'infini.

On remarque différentes formes données aux colonnes : elles sont fuselées (fig. 5), renflées (fig. 6), en balustre (fig. 7), cylindriques (fig. 8), coniques (fig. 9). Leur disposition n'est pas non plus à négliger : elles sont simples (fig. 10), croisées (fig. 11), entrelacées (fig. 12), brisées (fig. 13), nouées (fig. 14), annelées à divers points de leur hauteur (fig. 15). Sous le rapport de sa surface la colonne se rencontre lisse, cannelée verticalement (fig. 16), horizontalement ou en spirale (fig. 17), losangée (fig. 18) et gaufrée, chevronnée (fig. 19), torse, rubannée, imbriquée (fig. 20), nattée, goudronnée, quelquefois affaissée sur elle-même. On y voit encore une foule d'autres ornements qui n'appartiennent guère qu'à cette époque, et au douzième siècle, comme des feuilles, des entrelacs, des figures humaines ou d'animaux. Quelquefois le fût est remplacé par une cariatide (fig. 21).

Souvent, aux onzième et douzième siècles, la colonne est suspendue à une certaine hauteur du mur où elle est adossée, quelquefois seulement coupée en biseau, d'autres fois portée par une console formée de feuilles, d'entrelacs, d'animaux, etc.

Les piliers carrés, le plus ordinairement, reposent immédiatement sur le sol ; quelquefois ils ont un socle peu élevé. Les colonnes ont ordinairement une base unie, et quelquefois décorée, soit de figures humaines accroupies, portant le fût sur leur dos, soit de représentations d'animaux, surtout de lions, soit de feuilles recourbées sortant du dessous des moulures, surtout aux angles. (n° 33). On rencontre la même chose au douzième siècle. Les moulures de la base ne sont qu'une imitation grossière de la base attique, dont elles s'éloignent d'autant plus qu'on avance vers les siècles suivants (fig. 31).

Chapiteaux. Jusqu'au onzième siècle, les chapiteaux avaient été ornés de feuilles assez grossièrement travaillées, et imitées des chapiteaux antiques, et quelques-uns présentaient la forme désagréable d'un cône renversé et sans ornements. Les commencements du onzième siècle en offrent encore quelques-uns de ce genre, ou garnis seulement de quelques légères cannelures, ou de quelques feuilles (pl. 6, n. 2 et 4). Mais on vit bientôt paraître de nouveaux dessins très-remarquables, et qui sont un signe bien distinctif de l'époque, particulièrement au centre et dans le midi de la France. Quelques-uns sont garnis de volutes, et offrent la forme corinthienne ou composite. La corbeille du chapiteau est cylindrique, cubique, conique, en pyramide renversée en forme de cloche (pl. 6, fig. 37, 38); mais sur le plus grand nombre on rencontre des feuilles entremêlées de têtes grotesques, de serpents enlacés, de chimères, d'oiseaux, et de mille autres figures (pl. 5, n. 6, 8 et 10); on y voit aussi des démons, des personnages ou des groupes souvent destinés à montrer les vices et les crimes dans toute la difformité de leur physionomie et de leurs actes, ou déjà soumis aux châtiments qu'ils méritent. On y rencontre aussi des scènes tirées de la Bible ou de la Vie des Saints. Le chapiteau de petite dimension conserve ordinairement sa forme carrée par en haut et ses quatre cornes très-visibles jusqu'à la fin du treizième siècle.

Arcades. Les cintres des arcades, et tous ceux qui se rencontrent dans les édifices du onzième siècle, ont les mêmes dispositions qu'auparavant.

Les arcades qui mettent la nef principale en communication avec les bas côtés sont portées sur de grosses colonnes cylindriques ou sur des piliers garnis de colonnes à demi saillantes; on trouve quelquefois ces deux genres de supports placés alternativement, comme une marque de l'oscillation dans la marche de l'art architectural, et de sa tendance à un style plus hardi et plus gracieux

Les arcades sont assez communément enrichies d'ornements comme les portes vers la fin du onzième siècle, et déploient une grâce nouvelle. Le grand arc triomphal est souvent plus orné que les autres, et couvert de nombreuses moulures.

Les arcades des étages supérieurs partagent les ornements des fenêtres, avec lesquelles elles ont beaucoup d'analogie.

Il y a cinq espèces d'arcades appartenant à l'architecture romane :

1º L'arcade surbaissée, c'est-à-dire formée d'un arc moindre que le demi-cercle ;

2º L'arcade semi-circulaire ou à plein cintre ;

3º L'arcade en fer-à-cheval, formée d'un arc dont la courbure se prolonge au-delà du demi-cercle (pl. 8, fig. 21) ;

4º L'arcade romane surhaussée, formée d'un arc semi-circulaire, dont les côtés se prolongent parallèlement au-dessous de son centre ;

5º L'arcade trilobée (pl. 8, fig. 22).

Les trois premières de ces arcades et la cinquième sont antérieures au onzième siècle, et étaient employées indifféremment ; la quatrième appartient plus particulièrement au douzième siècle.

Voûtes. Avant et même pendant le onzième siècle, les architectes éprouvèrent de grandes difficultés à construire des voûtes d'une certaine étendue ; aussi voit-on beaucoup d'églises anciennes qui n'ont été voûtées en pierres que dans les treizième, quatorzième et quinzième siècles. Un petit nombre, pourtant, d'architectes habiles surmontèrent hardiment ces difficultés, en élevant des voûtes aiguës ou en dôme, ou bien en les divisant par parties carrées, et croisant les arcades, de manière à neutraliser la pression latérale, en la dirigeant sur quatre points opposés et toujours correspondant à des piliers ou à des colonnes réunies en faisceaux comme dans les voûtes gothiques, avec cette différence que l'intervalle des arcs était à plein cintre, et non à tiers-point. L'arête résultant de ce croisement des arcs fut appuyée sur des arceaux en pierres de taille, comme les arcs doubleaux eux-mêmes.

Dans quelques églises, pour éviter la poussée, les voûtes sont en fer-à-cheval; dans d'autres, la voûte des ailes ne forme qu'un quart de cercle qui vient s'appuyer en arc-boutant sur les murs de la nef, un peu au-dessus du niveau des impostes, de manière à soutenir les murs de la nef centrale.

Portes. Les portes, au commencement de cette première époque du style romano-byzantin, conservaient encore une grande simplicité. L'archivolte, unie ou ornée de quelques moulures de l'époque, reposait ordinairement sur de simples pilastres, rarement sur des colonnes, qui alors ne se trouvaient qu'au nombre d'une ou de deux de chaque côté. Mais à dater du milieu de ce siècle, on s'appliqua particulièrement à orner cette partie des édifices; on multiplia les colonnes et les archivoltes, sur lesquelles on prodigua les ornements (pl. 8, fig. 14 et 15). Quelques-unes, surtout vers le douzième siècle, n'offrent point de colonnes ni de pilastres, et sont ornées depuis le haut jusqu'en bas d'une garniture plus ou moins large de moulures, surtout d'arabesques (pl. 8, fig. 16). Généralement, ce sont les portes qui sont le plus richement décorées, même dans les édifices les plus modestes. Ordinairement, au-dessus de cette porte, se trouve une fenêtre, ronde ou en œil-de-bœuf (pl. 9, fig. 7), simple ou ornée de zigzags, etc., comme les archivoltes. Cette fenêtre prit graduellement de l'accroissement, et fut dès lors le prélude de ces roses magnifiques que nous verrons orner si majestueusement les monuments du style ogival. L'ornementation du tympan des portes ne fut pas négligée. Les représentations d'hommes et d'animaux en ronde bosse ou en bas-relief y sont très-fréquentes. On y rencontre surtout, dans ce siècle comme dans le suivant, la figure de Jésus-Christ, entouré des apôtres, le Jugement dernier, la Nativité, les vierges sages et les vierges folles, le pesement des âmes, les sept péchés capitaux, sous la forme d'animaux horribles, quelquefois l'illustration de la légende retraçant la vie du patron de l'église. Le caractère de ces sculptures est développé à l'article de la statuaire de cette époque.

Fenêtres. Vers la fin du onzième siècle, les fenêtres devinrent en général fort élégantes. Au commencement de ce siècle, les fenêtres à plein cintre sont assez ordinairement surmontées d'une archivolte, soit simple, soit ornée de moulures, et supportée par des pieds droits ou deux colonnes, qui ne furent cependant pas d'un usage général (pl. 9, fig. 5 et 6). Elles sont toujours d'une grandeur moyenne. Celles des étages supérieurs étaient quelquefois géminées, c'est-à-dire disposées deux à deux (pl. 9, fig. 10), et quelquefois encadrées dans un cintre d'un plus grand diamètre (fig. 8). On voit aussi des fenêtres réunies trois à trois, ou triples, celle du milieu plus haute que les deux autres (fig. 9). La voussure des fenêtres est ordinairement semi-circulaire, quelquefois surbaissée ou trilobée, rarement en fer-à-cheval. On rencontre aussi, mais très-rarement, à la fin du onzième siècle, les cintres géminés des fenêtres surmontés d'une ouverture ronde en œil-de-bœuf (pl. 9, fig. 11).

Tours et clochers. Au commencement du onzième siècle, les tours étaient encore, comme aux neuvième et dixième siècles, carrées, écrasées, peu élevées au-dessus du toit, et très-simples; mais elles s'élevèrent dans le courant de ce siècle. Les tours, dont la destination primitive était de recevoir les cloches, furent, dans le onzième siècle, multipliées pour le seul coup d'œil; quelques églises en reçurent jusqu'à trois, une de chaque côté du portail de l'ouest, comme l'usage s'en est conservé depuis, et la troisième sur le transept, mais moins haute et plus légère que les deux autres. Dans les églises épiscopales ou abbatiales, on en compte jusqu'à sept ou huit.

Très-souvent au onzième siècle, et plus encore dans les suivants, le clocher unique, ou le clocher principal, quand il y en avait plusieurs, fut placé au centre de l'église, au point de jonction de la nef, des transepts et du chœur.

Quelques tours étaient terminées par une plate-forme; mais un grand nombre étaient surmontées d'une espèce d'obélisque carré, ordinairement obtus; d'autres, de pyramides très-élevées et carrées (pl. 9, fig. 29), qu'on peut regarder comme l'origine de ces tours élancées qu'on nomme flèches, et qui ne prirent qu'au douzième siècle la forme octogone (pl. 9, fig. 32 et 33).

Quelquefois cependant, dès le onzième siècle, l'obélisque obtus qui surmonte la tour a ses pans coupés, et offre une forme octogone; alors l'espace laissé libre par les quatre angles abattus est garni de clochetons (pl. 9, fig. 33).

L'église saint-Étienne de Caen, construite vers 1064, a sa façade ornée de deux tours carrées, surmontées de flèches très-élancées et garnies de clochetons aux angles.

Souvent, dans les campagnes, la tour fut terminée par deux ou quatre pignons, peu aigus (fig. 31 et 34), dont la forme est peu agréable, surtout celle de la fig. 34, à laquelle on donne le nom de bâtière.

L'ornementation de la tour se compose, aux onzième et douzième siècles, d'arcades superposées par étages, ordinairement au nombre de deux, dont les inférieures sont figurées, et les supérieures ouvertes. Pour peu que ces baies offrent quelque étendue, une colonne centrale les subdivise en arcades secondaires. La décoration de ces baies et de leurs archivoltes est souvent fort riche.

Clochetons. Quoique les clochetons n'aient été d'un usage fréquent que vers la seconde moitié du douzième siècle, on en trouve cependant quelques-uns, et très-élégants, au onzième, surtout au-delà de la Loire, comme sur l'église Notre-Dame de Poitiers, et dans le Poitou. Ils se plaçaient ordinairement aux angles des grands murs, et surtout des transepts. Les clochetons étaient encore un acheminement à la révolution architectonique du douzième siècle et au style ogival.

Contreforts et arcs-boutants. Nous avons vu que dès l'époque du style latin, surtout vers la fin, et dans les grands édifices, on sentit le besoin de soutenir et de fortifier les murailles par des contreforts; mais ils étaient encore peu sensibles, et assez semblables à des pilastres peu saillants. Dans le onzième siècle, ils deviennent plus fréquents et plus considérables, quoique leur saillie soit encore bien faible, comparée à ce qu'elle fut dans la suite, et encore souvent dissimulée par un retrait. Mais vers le milieu de ce siècle on éleva de véritables contreforts supportant des arcs-boutants destinés à prêter appui aux murailles à l'extérieur, à l'endroit correspondant à la retombée des voûtes intérieures. Ces arcs-boutants primitifs étaient loin de la hardiesse et de l'élégance de ceux des siècles suivants. Ils sont ordinairement pleins, ou percés seulement, soit d'un œil-de-bœuf pour en alléger la masse, soit d'une baie de communication (pl. 8, fig. 3.)

Statues. La statuaire, aussi ancienne que les autres arts, présente au onzième siècle deux types très-distincts : l'un, court et rond, aussi dépourvu de noblesse que de beauté, est évidemment le travail d'ouvriers ignorants, abandonnés à leur libre arbitre, travaillant sous l'impulsion de l'art romain dégénéré ou de leur grossier instinct personnel; l'autre, apporté de Constantinople, où la statuaire s'était retrempée au onzième siècle, sous la domination de la dynastie macédonienne. Cette influence byzantine continua jusqu'au treizième siècle, par l'envoi non interrompu de reliquaires, de manuscrits, de galons, d'étoffes, de broderies, de peintures, de sculptures, et même d'artistes, d'agir sur l'art occidental en concurrence avec les inspirations indigènes; c'est surtout dans les contrées les plus voisines de la Méditerranée qu'elle prévalut. On la reconnaît aux proportions géométriques des figures, aux plis comptés et parallèles des draperies, aux vêtements, qui sont ordinairement la tunique et le manteau bordés de perles, de galons, et renfermant des pierres précieuses enchâssées; à l'absence de perspective dans les pieds et genoux, qu'on figure très-couverts, pour éviter des raccourcis; aux chaussures quelquefois très-riches, toujours pointues, et suivant souvent le ressaut du support; aux yeux saillants, fendus et retroussés à leur extrémité extérieure; aux sourcils arqués, et enfin au détail minutieux des cheveux.

Vers la fin de ce même siècle, mais surtout au douzième, survint un nouveau type, caractérisé par l'allongement hors de toute proportion des personnages, qui semble avoir eu pour but de leur imprimer un caractère au-dessus de l'humanité, mais qui peut avoir été motivé, quoique ceci paraisse peu vraisemblable, par la forme étroite des emplacements destinés à les recevoir. Le premier motif est plus raisonnable, et est appuyé sur le sentiment éminemment religieux du douzième siècle. L'expression grave et religieuse de ces figures, la beauté, souvent exquise, et la tranquillité des types, le parallélisme exact des plis pressés dans lesquels elles sont comme emmaillottées; la fidélité et le fini consciencieux des moindres détails, attestent qu'une main consacrée a passé par là, qu'elle a suivi des proportions convenues, une sorte de canon dont il semble qu'il ne soit pas permis de s'écarter. Nous verrons plus tard que, dans ces siècles, les arts étaient surtout cultivés par le clergé et les religieux. C'est à la même époque, c'est-à-dire à la fin du onzième siècle, et surtout au douzième, qu'on s'appliqua à reproduire la ressemblance individuelle, ou portrait, sur les tombeaux, et qu'on l'obtint par le procédé sûr et expéditif du moulage (1). Au onzième siècle, comme au douzième, on couvrit souvent les murs des églises de peintures, et il est à remarquer que ces peintures étaient sur fond d'or. On les trouve surtout sur les chapiteaux, les bas-reliefs, le fût des

(1) Instruction du Comité historique des arts et monuments.

colonnes, où se dessinent divers ornements. Sur les murailles, particulièrement aux absides, aux portails et aux chapelles, on représenta des sujets analogues à ceux de la sculpture dont je viens de parler; et on y remarque le même caractère et les mêmes défauts.

Il y aurait beaucoup à ajouter à ces notions élémentaires concernant l'architecture romano-byzantine, mais celles-ci suffisent aux amateurs pour leur faire reconnaître facilement les monuments du onzième siècle, qui sont nombreux en France et remplis d'intérêt.

On remarque surtout la partie inférieure de la nef de Bayeux;

Une tour de Châlons-sur-Marne;
L'ensemble de la cathédrale de Besançon;
Les cryptes et les parties inférieures de la cathédrale de Chartres;
Crypte et chapelle de Sainte-Julitte de Nevers;
Une partie de la tour de Nîmes;
Quelques parties de la cathédrale de Verdun;
L'ensemble de l'église de Valence;
L'ensemble de l'église de Tulle;
L'abside et le chœur de Strasbourg;
Quelques parties voisines du chœur de Sens;
La nef du Mans;
L'ensemble de l'église de Fréjus;
L'ensemble de l'église de Grenoble;
L'ensemble de l'église du Puy;
Vieux Saint-Jean de Perpignan;
La plus grande partie de la nef de Saint-Dié;

Arcades de la nef d'Évreux;
Une partie de la cathédrale de Cahors;
Portail, coupole et piliers d'Angoulême;
Nef collatérale d'Aix.

ART. 4. *Style romano-byzantin secondaire ou de transition.*

DOUZIÈME SIECLE.

« Au douzième siècle, dit M. Ampère, époque
« incomparable, tout naît, tout resplendit à la
« fois dans le monde moderne; chevalerie, croi-
« sades, architecture, langues, littérature, nou-
« velles; tout jaillit ensemble comme par la même
« explosion : c'est là que débute véritablement
« l'histoire de nos arts, de notre littérature, de
« notre civilisation, comme celle des autres arts
« et des autres civilisations de l'Europe; c'est au
« douzième siècle que se termine la transforma-
« tion du monde ancien, impérial, romain, païen,
« qui devient le monde nouveau, féodal et chré-
« tien (1). »

Ce siècle est en effet une des époques les plus intéressantes de l'histoire monumentale. Il nous présente un luxe de moulures inconnu au onzième

---

(1) M. Ampère, *Histoire littéraire de la France.*

siècle, et puisé dans le goût byzantin, favorisé dans nos contrées par les fréquents voyages de l'Italie et de l'Orient. En même temps s'opéra l'adoption d'une forme nouvelle pour les voûtes et les arcades.

C'est, en effet, à partir de la fin du onzième siècle jusqu'à la fin du douzième, que l'ogive a été substituée au cintre.

Forme des églises. Dans la basilique latine les nefs collatérales se terminaient brusquement à leur point de jonction avec la naissance de l'abside, par un mur transversal. Nous avons vu que dans les basiliques chrétiennes cette forme a été assez souvent conservée, et que quelquefois ces deux murs ont fait place à des absides secondaires (pl. 3, fig. 5), destinées primitivement à recevoir, l'une le trésor de l'église, et l'autre la sacristie.

Le onzième siècle, mais surtout le douzième, en les prolongeant au-delà du sanctuaire, où ils prennent le nom de pourtour du chœur, y a ajouté une série de chapelles correspondantes à chacune de ses travées (pl. 3, fig. 9), seul changement important de cette époque, qui fut encore plus général dans les siècles suivants; encore devons nous le regarder plutôt comme un perfectionnement, commencé au onzième, et qui dans celui-ci devint une règle générale. Bien entendu qu'on ne veut parler ici que des grandes églises, les petites et les chapelles conservant presque toujours la forme de l'ancienne basilique. Cependant on trouve, mais en petit nombre, des églises rondes, à l'imitation du Saint-Sépulcre de Jérusalem. De ce nombre sont les églises de Charroux, département de la Vienne (pl. 3, fig. 8), de Rieux-Mérinville, près Carcassonne. On en trouve aussi de forme rectangulaire et sans abside : l'église de Champeaux (Seine-et-Marne), ancienne collégiale, forme un carré long coupé seulement vers le milieu par la croisée, qui est peu sensible à l'extérieur.

Pour détruire la monotonie qui résultait de l'élévation perpendiculaire des grands murs, on multiplia les retraits, qui formèrent plusieurs étages marqués par un plan incliné, quelquefois seul, quelquefois orné d'une moulure ronde ou d'un filet carré à la partie inférieure, d'autres fois par une corniche garnie de modillons, de têtes, de dents de scie. Des frontons coupés ornent plusieurs édifices de ce siècle, dont les façades ont généralement plus d'élégance que dans les siècles précédents.

Colonnes. L'élégance de la fin du onzième siècle se manifesta de plus en plus dans les colonnes du douzième siècle. Très-souvent on les rencontre en faisceaux comme celles de la figure 4, pl. 6, mais plus élégantes et plus sveltes ; on en vit même d'une seule pièce et entièrement détachées des murs ou piliers sur lesquels elles étaient appuyées (Larchaut). Pour dissimuler la longueur ou la nudité des fûts, on figura sur quelques-uns des anneaux qui semblaient les assujettir au mur ou au pilier qui les soutenaient à peu près comme le montrent les figures 15 et 23 ; d'autres, dont le fût était assez considérable, furent ornées d'entrelacs, d'enroulements, d'animaux fantastiques, ou de ciselures en spirale, et de zigzags, etc., comme au onzième siècle (fig. 17 à 20). Leurs bases sont aussi plus chargées de moulures et de sculptures que dans le siècle précédent. Dans l'église de Champeaux, les voûtes de la grande nef sont supportées par des piliers ronds, trapus, mais élégants, alternés par des colonnes jumelles entièrement détachées l'une de l'autre, légères et hardies.

Chapiteaux. La plupart des chapiteaux du douzième siècle ressemblent à ceux du onzième; mais très-souvent ils sont garnis de feuillages d'une élégance remarquable, de feuilles galbées assez grasses, de crochets qui les rapprochent de la forme corinthienne, comme ceux de la pl. 6, n. 40; d'autres sont ornés de bas-reliefs représentant des scènes de l'Ancien et du Nouveau-Testament, quelquefois de têtes grimaçantes ou d'animaux fantastiques. Ces petites figures sont profondément ciselées et ont beaucoup de roideur, comme au siècle précédent, mais pourtant elles sont mieux profilées. La profondeur de la ciselure et l'exécution, mieux conduite, du travail distinguent ces sculptures de celles du onzième siècle, avec lesquelles d'ailleurs elles ont beaucoup d'analogie.

Modillons. Les modillons qui présentent des têtes en consoles surmontées de petites arcades circulaires ou trilobées, et que nous avons vus employés très-fréquemment dans le onzième siècle (pl. 6, fig. 46, 47, 49), ont été en usage jusque fort avant dans le treizième siècle : quelquefois ils ne présentent que des consoles en demi-relief (pl. 6, fig. 49). On trouve aussi très-souvent dans le douzième siècle des moulures en dents de scie (pl. 6, fig. 52), les modillons à figures grimaçantes mélangés avec les modillons aplatis sans figure, et avec les dents de scie (pl. 6, fig. 50 et 51). Quelquefois, surtout autour de l'abside, les modillons sont presque tous de formes diverses, plus singulières les unes que les autres (Grès, département de Seine-et-Marne).

L'élégance et un plus grand nombre d'ornements distinguent aussi les corniches (Moret, Seine-et-Marne).

Portes. Elles furent, au commencement, peu différentes de celles du onzième siècle; beaucoup sont absolument semblables; quelques-unes ne reçurent pas de colonnes, mais les arcs font un tout continu avec les pieds-droits qui les supportent, et elles sont garnies tout autour de plusieurs rangs de moulures, surtout d'arabesques (pl. 8, fig. 16). Lorsqu'elles reçoivent des colonnes, les chapiteaux sont le plus souvent ornés de feuilles en forme de volutes corinthiennes, et presque toujours différents les uns des autres. Les zigzags sont très-fréquents sur les archivoltes, et le tympan est souvent orné de trèfles (fig. 17). L'ogive paraît aussi très-fréquemment dans les portes dès le commencement de ce siècle; les ornements les plus en usage sont les zigzags (fig. 18). On y remarque aussi des coquilles (fig. 18.), des enroulements, des feuillages, qui forment des guirlandes, ou ornent, en forme de bouquets, les angles rentrants des zigzags; les archivoltes sont aussi formées de tores simples ou garnis de feuilles. Ces ornements deviennent plus délicats à mesure qu'on avance vers la fin de ce siècle.

Fenêtres et roses. La richesse des ornements se fait aussi remarquer sur les archivoltes des fenêtres; quelquefois elles présentent des figures en relief. Quelques-unes, surtout celle qui est superposée à la principale porte de l'ouest, et celles qui se trouvent aux extrémités des transepts, reçurent des dimensions plus considérables.

A cette même époque, les roses s'élargirent et prirent de vastes dimensions; on fut alors obligé de les diviser par des meneaux, qui, partant du centre, se réunissaient vers la circonférence. Les places qu'on assigna aux roses furent les extrémités des transepts, le dessus de la porte principale, et quelquefois le centre de l'abside ou chevet. L'église de Champeaux avait dans la grande nef, au-dessus de chaque arcade de communication avec les bas-côtés, de grandes roses qui devaient faire un effet magnifique, et qui sont aujourd'hui bouchées; les bas-côtés ont dû être couverts en plate-forme. La figure 15, pl. 9, représente une rose très-remarquable, percée dans le transept nord de l'église de Beauvais. Les rayons sont réunis par de gracieux trilobes, la bordure extérieure est ornée de figures en bas-relief dans le goût byzantin; mais on ne peut trop admirer celle qui orne la façade de la cathédrale de Chartres. Ce n'était là cependant que l'exquisse des richesses que ces magnifiques roses déployèrent dans la suite (1).

Arcades. Une des innovations les plus importantes de l'architecture du douzième siècle est l'apparition de l'ogive. Déjà très-fréquente au douzième siècle, elle n'y est cependant jamais seule, mais ordinairement combinée avec le plein cintre. Ainsi, dans certaines parties d'un monument, les arcades seront en tiers-point, et dans d'autres, à plein-cintre, ou bien ces deux genres sont alternés (pl. 7, fig. 2 *bis*). Souvent aussi l'ogive emprunte les ornements de l'architecture romane, surtout les zigzags, comme dans les fenêtres (pl. 9, fig. 12). Quand l'arcade n'est pas ogivale, rarement elle est à plein cintre, mais le plus ordinairement à cintre surélevé, surtout dans les chevets et autres portions de l'église où les supports sont accidentellement rapprochés.

Ce cintre surélevé, dont la figure 16, pl. 8, donne une idée, fut l'origine du cintre ogival ou gothique, qui commença dès les dernières années du onzième siècle. En effet, la première forme de l'arcade gothique offre ce qu'on peut appeler un plein cintre brisé, dans lequel l'ogive est très-peu sensible (pl. 7, fig. 2). Immédiatement après, on trouve l'arcade gothique aiguë (pl. 7, fig. 2 *bis*; et pl. 5, fig. 28), puis l'arcade à tiers-point, dont les angles, coupés en droite ligne, forment le triangle parfait (pl. 5, fig. 26); l'arcade lancéolée, dont la

(1) M. de Caumont.

courbure se prolonge jusqu'au-dessous de la ligne des centres (pl. 5, fig. 27), et enfin l'arcade gothique surhaussée, dont les arcs dépassent, comme ceux de la précédente, la ligne des centres, mais en prenant une direction parallèle (pl. 5, fig. 29). Ces cinq formes d'arcades gothiques furent en usage jusqu'au quinzième siècle exclusivement; mais la première est surtout un type du douzième.

Voûtes. L'apparition de l'ogive souleva toutes les difficultés que les architectes avaient rencontrées jusque alors dans la construction des voûtes. Aidés de ce puissant moyen, joint au génie créateur de l'époque, l'élévation et la largeur des édifices ne les effrayèrent plus, et ils construisirent des voûtes dont la solidité ne le cédait pas à la hardiesse et à la beauté. On rencontre peu d'églises du style roman tertiaire qui ne soient voûtées. Elles sont formées de voûtes partielles ogivales. Vis-à-vis chaque pilier s'élance une arcade en ogive formée de pierres de taille, qui coupe la nef en deux, et qu'on appelle arc-doubleau. L'espace qui se trouve entre deux arcades ainsi parallèles est encore coupé par deux autres arcades qui se croisent au point le plus élevé, et dont les extrémités inférieures ont les mêmes points d'appui que celles des précédentes. On appelle ces secondes arcades croisées, arceaux. Chaque intervalle formé par le croisement de ces diverses arcades est rempli par une petite voûte, elle-même en ogive, dont les arêtes viennent reposer sur les arceaux qui leur servent de supports. La figure 30, pl. 5, donne la coupe de ces diverses parties de voûtes. Les points d'intersection des arceaux s'appellent *clefs,* et sont ornés de fleurons, souvent très-élégants, et dont la variété est déjà assez grande dès le douzième siècle. La retombée des arceaux et des arcs-doubleaux repose ordinairement sur le chapiteau des colonnes, et quelquefois seulement sur de simples consoles représentant des figures grimaçantes.

Plusieurs raisons ont dû déterminer les architectes du douzième siècle à adopter la courbe ogivale dans la construction des voûtes : la première, c'est que les voûtes à plein cintre ne leur offraient pas assez de solidité et poussaient trop leurs murs. La voûte formée au contraire par deux arcs de cercle, et formant les deux côtés d'un triangle curviligne convexe, tend beaucoup moins à s'écarter, parce qu'elle repose d'une manière plus perpendiculaire sur son support. Elle permet aussi l'emploi de matériaux moins massifs, et devient par conséquent plus légère. La seconde raison, c'est la nécessité où l'on s'est trouvé de faire l'emploi des voûtes d'arêtes, pour remplacer la voûte plein cintre en berceau continu, qui jetait les murs en dehors. Dans ce genre de construction, la charge de la voûte est partagée sur quatre points, c'est-à-dire sur les arceaux qui forment les arêtes, et ceux-ci ne portent à leur tour que sur un seul point du mur, fortifié à cet endroit par un contrefort qui a réellement toute la charge. De la sorte, les voûtes les plus vastes ne nécessitent pas des murs massifs ; et c'est même le seul moyen qui permette sans inconvénient d'ouvrir ces vastes et magnifiques verrières qui donnent tant de grâce à nos monuments gothiques. Dans les petites nefs, le cintre était encore possible avec des voûtes en arêtes; mais dans les grandes nefs, composées d'une suite de travées plus étroites que la nef elle-même, le plein cintre devenait mathématiquement impossible, et il fallait en venir aux courbes ogivales, qui seules permettent de donner une hauteur égale à des arcs dont les bases, ou les diamètres, sont de longueurs différentes, et cela en éloignant ou rapprochant les centres.

Tours. Comme au siècle précédent, les tours sont encore lourdes et pesantes; mais à leur partie supérieure s'élève souvent une flèche octogone (pl. 9, fig. 32 et 33), et c'est à partir de cette époque que ces pyramides devinrent plus sveltes, plus élevées, plus élégantes, sans perdre de leur solidité. Il ne faut pourtant pas les confondre avec les pyramides légères des siècles suivants, surtout des quatorzième et quinzième. Les angles des tours carrées qui supportent ces pyramides octogones sont toujours garnis de clochetons délicats (fig. 33). On n'abandonna pas cependant tout à fait les pyramides carrées, mais elles devinrent aussi plus élancées.

Contreforts et arcs-boutants. Les contreforts, peu différents de ceux du onzième siècle pendant la première moitié du douzième, prennent cependant un peu plus d'extension, s'élargissent à leur base, et forment des espèces de piliers carrés qui s'élèvent jusqu'au toit, et sont terminés par un petit fronton à double égout, ou par un larmier (pl. 8, fig. 2 et 3).

Les arcs-boutants sont déjà plus multipliés qu'au onzième siècle, et leur ouverture s'élargit pour leur donner plus de légèreté (pl. 8, fig. 4); mais ils étaient encore bien éloignés de ce qu'ils devinrent au treizième siècle.

Clochetons. Les clochetons, espèces de petites tours carrées et sans ouvertures, tantôt couronnées de pyramides à quatre pans, tantôt de pyramides octogones, comme les tours, furent placés aux angles des édifices pour leur ornementation. Nous les verrons plus tard se poser sur chaque contrefort, et former autour des églises une série de petites tourelles élégantes, comme autant de sentinelles préposées à leur garde.

Ornements. C'est surtout dans l'ornementation que devait se distinguer le génie des artistes du douzième siècle. Aussi fit-il beaucoup de progrès dans cette partie de l'architecture : tout prend une forme nouvelle, en même temps que le dessin se perfectionne. Les ornements les plus employés pendant la deuxième époque du style romano-byzantin, sont les rinceaux, les étoiles, les violettes, les arabesques, les entrelacs, et différents genres d'enroulements ressemblant plus ou moins à ceux figurés sur la première partie de la planche 5, les bandelettes, les perles, les dentelles, et certaines ciselures qui imitent le tissu travaillé des étoffes richement ornées, comme on en fabriquait à Constantinople; ce sont en grande partie les ornements du style byzantin. On peut citer encore les festons légers, les moulures nattées, et quelquefois déjà les *trèfles,* les *quatre-feuilles* (pl. 5, fig. 11, 12, 13, 14), et quelques autres dessins d'une élégance et d'une finesse remarquables (1). Ces ornements servaient à la décoration des parties les plus remarquables des édifices, telles que les façades, les angles saillants qui séparent les colonnes les unes des autres. Beaucoup d'églises montrent avec quelle profusion de détails on couvrait les entrecolonnements au douzième siècle. Deux des plus beaux modèles du luxe d'ornementation employé au douzième siècle, sont les portails de Saint-Trophime d'Arles, et de Notre-Dame-la-Grande à Poitiers, décrits par M. de Caumont.

Comme ces moulures furent aussi en usage dans les siècles suivants, elles ne sont pas toujours une preuve de l'ancienneté d'un monument; comme aussi on rencontre assez communément au douzième siècle les zig-zags, les frettes et les ornements de l'architecture romano-byzantine primaire, sans oublier les figures grimaçantes, sur lesquelles souvent, comme sur des consoles, viennent s'appuyer les extrémités des arcs-doubleaux et des arceaux, lorsqu'ils ne reposent pas sur des colonnes. Cette particularité eut lieu aussi dans le treizième siècle, et il y en a des exemples dans l'église de Doue (Seine-et-Marne), qui remonte à cette époque.

(1) M. de Caumont.

Bas-reliefs et statues. Jusqu'à la fin du onzième siècle, les statues n'ornaient guère les églises, et la figure humaine n'y était représentée en bas-relief que de la manière la plus bizarre, la plus incorrecte, et même le plus hideuse. Comme je l'ai fait remarquer en parlant de la statuaire de ce siècle, l'Orient, qui avait mieux cultivé cet art, communiqua ses talents à l'Occident, et changea la décoration des ornements. Aussi les personnages en ronde-bosse et les bas-reliefs prirent-ils dès lors la place des zigzags, des frettes crénelées, des billettes, des figures chimériques, etc., sur les archivoltes, les voussures des portes, les tympans.

L'un des sujets qui se font remarquer le plus ordinairement, depuis la fin du onzième siècle et dans le douzième, sur le tympan des portes, et quelquefois au milieu des frontons, c'est la représentation de Dieu entouré de divers attributs. Tantôt Jésus-Christ est assis sur son trône, vêtu d'une longue tunique enrichie de broderies, et tenant la main droite élevée, comme pour donner la bénédiction; autour de lui sont les symboles des quatre évangélistes désignés dans la vision d'Ézéchiel. D'autres fois, Jésus-Christ est représenté dans la même attitude, ayant à ses côtés deux anges, tantôt debout et tenant en main des encensoirs, tantôt à genoux, ou dans l'attitude de la prière.

Le linteau des portes, au-dessous du tympan, est quelquefois garni de personnages, comme les apôtres ou les prophètes. Voici quelques autres sujets qui sont représentés fréquemment en bas-relief dans le douzième siècle :

La Naissance de Jésus-Christ ;
La visite des Bergers ;
L'Adoration des Mages ;
Le Massacre des Innocents ;
La Fuite en Égypte ;
La Présentation de Jésus-Christ au temple ;
Les principaux miracles de Jésus-Christ ;
L'Annonciation ;
La Visitation ;
Saint Michel pesant les âmes ;
Le Jugement dernier ;
L'Enfer, etc. ; les signes du zodiaque, quelquefois accompagnés de figures représentant les travaux de la campagne pour chaque mois de l'année.

Ce fut aussi à la fin du onzième siècle et au douzième qu'on commença à orner les façades des édifices et les portes de grandes statues, représentant des rois, des reines, des évêques, des bienfaiteurs de l'Église, des personnages de l'Ancien et du Nouveau Testament, surtout les prophètes. Toutes ces statues, à la fin du onzième et au douzième siècle, sont remarquables (comme je l'ai déjà dit à la fin de la première période du style romano-byzantin, qu'on peut relire), par la longueur des bustes, la roideur des membres et de tous les traits, qui les font facilement distinguer de celles des siècles suivants. La même roideur existe dans les bas-reliefs et les peintures.

Une chose digne de remarque, c'est l'uniformité des traits, du visage, du costume, et de la tournure des divers personnages, qui se trouve partout reproduite avec le même scrupule, comme si partout on avait employé les mêmes procédés d'exécution. Ceci paraît même certain; et les ouvriers sculpteurs ont dû avoir pour guide, dans leurs travaux, un code qui leur indiquait, non-seulement les sujets, les personnages qui devaient être sculptés dans telles ou telles parties d'une église, mais encore la manière de représenter les personnages, leur pose, leurs vêtements, leurs attributs, etc., dans le genre du Guide de la peinture que M. Didron a rapporté de Grèce, et que suivent invariablement tous les peintres de ce pays, dans les travaux qu'ils exécutent dans les églises.

Un genre de sculpture avait produit de grands effets dans les beaux temps de la Grèce, c'est la sculpture polychrôme, ainsi appelée parce que ses différentes parties sont peintes de couleurs variées pour leur donner plus d'éclat et de ressemblance avec la nature. Le moyen âge sut en tirer parti pour rehausser la sculpture par l'éclat de la peinture, et détacher les figures des bas-reliefs sur des fonds de couleur différente. On l'employa beaucoup au onzième siècle, comme je l'ai dit. Mais ce fut surtout au douzième siècle que cet usage se répandit; et il n'est pas rare de trouver, parmi les figures de cette époque, des personnages dont les vêtements ont été peints et quelquefois dorés.

La peinture à fresque, comme au onzième, et la peinture sur verre firent aussi de grands progrès au douzième siècle.

Les principaux monuments du douzième siècle sont :

La cathédrale d'Angers ;
Celle d'Autun pour l'ensemble ;
Le portail et une partie de la nef d'Avignon ;
Le portail méridional de Bayeux ;
Saint-Germain-des-Prés à Paris ;
Le narthex de Dijon ;
L'ancienne cathédrale de Digne ;
Le chœur et l'abside de Bayonne ;
Sept travées de la nef de Bordeaux ;
Chœur et abside de Nantes ;
L'ensemble de la cathédrale de Soissons ;
Portail latéral du Mans ;
Cathédrale de Langres ;
Clocher de Limoges ;
Masse de l'église de Lyon ;
Partie supérieure de l'église de Poitiers ;
Ensemble de la cathédrale de Séez, fin du douzième et commencement du treizième siècle ;
L'abside, les trois chapelles du chevet, et les trois piliers du transept d'Agen ;
Chœur et abside de Moret (Seine-et-Marne) ;
Église collégiale de Champeaux ;
Chœur et transept de Larchant (Seine-et-Marne) ;
Charroux (Vienne) ;
Rieux-Mérenville (Aude) ;
Saint-Quiriace de Provins, en partie ;
Chœur et transept de Château-Landon.

TABLEAU SYNOPTIQUE
DES CARACTÈRES ARCHITECTONIQUES DES DIVERSES ÉPOQUES DES STYLES LATIN ET ROMANO-BYZANTIN.

	STYLE LATIN.	STYLE ROMANO-BYZANTIN PRIMAIRE.	STYLE ROMANO-BYZANTIN SECONDAIRE.
FORME DES ÉGLISES.	Basilique romaine; quelquefois des absides terminent les basses nefs.	Transepts rares et peu saillants; à la fin, prolongement des nefs autour du sanctuaire; avec quelques chapelles; chœur un peu plus allongé.	Transepts presque constants; prolongement des nefs autour du sanctuaire; chœur très-allongé; couronnement de chapelles autour du sanctuaire; retraits sur le plein des murs.
APPAREIL.	Petit; briques très-fréquentes.	Petit quelquefois; plus souvent le moyen, surtout dans le midi, où en employa aussi le grand; dessin réticulé. — Incrustations en ciment. — Briques moins fréquentes.	Moyen et grand.
CONTREFORTS ET ARCS-BOUTANTS.	Rares, et ce ne sont que des pilastres peu saillants, des demi-colonnes.	Plus fréquents, un peu plus forts. Quelques arcs-boutants assez massifs.	D'un usage général; déjà très-forts et avec retraits. Plus légers; avec une ouverture très grande.
COLONNES.	Ordinairement carrées et massives; quelquefois cylindriques, mais courtes.	Même forme; colonnes en faisceaux, mais courtes, surtout au commencement; bases peu élevées.	Cylindriques; seules ou en faisceaux; plus sveltes et plus élégantes; anneaux entrelacs et autres dessins.
CHAPITEAUX.	Cône renversé, sans ornements, ou de forme composite bizarre et grossière; cannelures.	Les mêmes, au commencement. Plus feuilles, têtes grotesques, serpents, démons, personnages, etc., dessin plus correct.	Forme corinthienne ou composite; feuilles galbées, ou en crochets; bas-reliefs historiés, figures grimaçantes. — Exécution plus soignée.
ARCADES.	Plein cintre; cintre surbaissé; en fer à cheval; surhaussé.	Les mêmes.	Les mêmes; l'arcade trilobée, l'ogive naissante, le cintre et l'ogive réunis ou alternés.
VOUTES.	Point de voûtes.	Très-peu, et encore de très-petite dimension.	Employées partout, souvent ogivales avec arceaux.
PORTES.	A plein cintre, sans autres ornements qu'une ou plusieurs archivoltes; quelques pilastres.	A plein cintre; simples; pilastres; colonnes rares au commencement, puis fréquentes; très-ornées, bas-reliefs dans le tympan.	A plein cintre ou à ogive; colonnes élégantes; zigzags, enroulements, etc.; bas-reliefs semblables, d'un dessin plus correct; zodiaques.
FENÊTRES.	A plein cintre; avec ou sans archivolte; très-étroites.	A plein cintre; archivoltes ornées comme celles des portes; quelques colonnes; plus grandes; quelquefois géminées.	A plein cintre ou à ogive; mêmes ornements; plus grandes; seules; géminées; ternées.
ROSES.		En forme d'œil-de-bœuf, au-dessus des portes ou des fenêtres géminées.	Plus grandes et plus fréquentes.
ORNEMENTS.	Billettes frettes, incrustations en terre cuite ou en pierre; arcades bouchées, rinceaux, etc. (pl. 4, 1re partie).	Étoiles, zigzags, frettes, chaîne en losanges; labyrinthe, billettes, nébules; figures prismatiques, hachures losangées, têtes de clou, câbles, fronton, damier, têtes saillantes, têtes plates. En Saintonge, Poitou, Périgord, Touraine, ce sont les rinceaux, les entrelacs, broderies, bas-reliefs.	Figures grimaçantes, zigzags, frettes, rinceaux, étoiles, violettes, arabesques, entrelacs, perles, bandelettes, dentelles, festons, nattes, quelquefois déjà les trèfles et quatre-feuilles, pour les tympans, bas-reliefs.
MODILLONS.	Carrés, têtes d'animaux.	Carrés, têtes grimaçantes; portant des petites arcades; têtes d'animaux, de monstres; volutes; feuilles; fruits; diamants.	Les mêmes, de plus les dents de scie.
TOURS ET CLOCHERS.	Aucune tour avant le neuvième siècle; peu fréquentes, carrées, peu élevées.	Multipliées, carrées, peu élevées, quelquefois terminées par une pyramide carrée et obtuse, parfois octogone.	Lourdes, carrées, surmontées de flèches carrées, mais élevées ou octogones, et accompagnées de petits clochetons.
CLOCHETONS.		Rares; carrés.	Assez fréquents, surtout à la fin: carrés, avec pyramides carrées ou octogones.
STATUAIRE.	Grossière et ridicule.	Habillement : tunique, manteau, galons, perles; point de perspective; plis compies, chaussure pointue, yeux saillants, retroussés, sourcils arqués.	Personnages très-allongés, expression grave, religieuse, mais roideur et gêne; plis pressés; fidélité de détails. Sculpture polychrôme.

TABLEAU SYNOPTIQUE
DES CARACTÈRES ARCHITECTONIQUES DES TROIS ÉPOQUES DU STYLE OGIVAL ET DE LA RENAISSANCE.

	STYLE OGIVAL A LANCETTES.	STYLE OGIVAL RAYONNANT.	STYLE OGIVAL FLAMBOYANT.	RENAISSANCE.
FORME DES ÉGLISES.	Prolongement des nefs autour du chœur. Cette partie toujours garnie de chapelles. Chœur très-vaste.	Chapelle de la Sainte-Vierge plus grande. Prolongement des chapelles autour de toute l'église.	La même.	La même.
APPAREIL.	Le moyen et le grand.	Le même.	Le même.	Le même.
CONTREFORTS ET ARCS-BOUTANTS.	Très-étendus, plus élevés que le toit, ornés de clochetons carrés ou octogones; souvent à jour avec statues. D'abord comme les précédents, ensuite très-légers, et comme suspendus; quelquefois doubles.	Même forme, ornements plus compliqués et plus maigres; leurs clochetons ne sont plus ouverts; ce sont des aiguilles garnies de crochets, statues. Arcs-boutants, de même.	Même forme; couverts de ciselures, de dais, de pinacles simulés, de niches et statues; clochetons octogones, terminés par un fronton. Arcs-boutants ornés de festons.	D'abord couverts d'arabesques, etc.; remplacés par des consoles renversées ou des pilastres.
COLONNES.	Très-élancées, cylindriques ou groupées, quelquefois placées par étages; cannelées.	Les mêmes, mais plus maigres.	Baguettes, nervures, prismatiques, verticales ou en spirale; guirlandes; feuilles frisées sortant des nervures.	La colonne reprend peu à peu les proportions antiques; cannelures.
CHAPITEAUX.	Ornés de feuilles d'acanthe, de lierre, de vigne, de quinte-feuilles, de chêne, de nénuphar, de bouton d'or, de fraisier, de roseaux et de roses; renoncules; feuilles galbées; crochets; raisin; pommes de pin; peintures.	Souvent les mêmes, mais plus de maigreur de dessin; feuilles frisées; tailloir octogone; corbeille infundibuliforme.	Chapiteau très-court, orné de deux bouquets, de guirlandes, plus de chapiteau. Au seizième siècle, espèce de chapiteau plat, sans corbeille, orné de figures grotesques.	Orné de feuillages, avec élégance.
ARCADES.	En tiers-point équilatéral, ou surélevées; ornées de tores.	Non surélevées; tores allongés en cœur.	Prolongées ou surbaissées; ornées de guirlandes.	Plein cintre, ordinairement.
VOUTES.	Ogivales; arceaux formés de tores simples ou doubles.	Les mêmes, clefs surchargées de ciselures; tores comme aux arcades.	Tores de forme prismatique croisés en tous sens; écussons pendentifs.	Même forme ogivale et mêmes ornements: les petites à plein cintre, divisées en caissons très-ornés.
PORTES.	Placées aux extrémités des transepts, et à l'ouest; ornées de colonnes fréquentes, statues, bas-reliefs, trèfles; la principale est séparée en deux par un pilier.	Même ornementation, mais plus parfaite; trilobes quelquefois aux tympans; frontons très-aigus, avec bouquets.	Ogive simple; fronton pyramidal, à contre-courbe; bouquets; statues.	Ordinairement à plein cintre, rarement à ogives.
FENÊTRES.	Assez étroites, très-allongées, ogivales; simples; géminées, avec une rose, ensuite plusieurs.	Très-larges, à compartiments nombreux, quatre-feuilles et rosaces.	Presque aussi larges que hautes, en anse de panier, trilobes pointus, figures flamboyantes, en cœur, ovales, carrées.	Ordinairement à plein cintre, rarement à ogives et à compartiments.
ROSES.	Placées aux transepts, au-dessus de la porte de l'ouest; ornées de lancettes, trilobes, rosaces, trèfles, quatre-feuilles.	Plus grandes, plus élégantes; compartiments des fenêtres.	Compartiments flamboyants de tout genre.	Aucune.
GALERIES.	Quelquefois à plein cintre; ogivales simples, géminées, ternées, trilobées, avec colonnes.	Divisées comme les fenêtres, ornées de trilobes; quatre-feuilles, rosaces.	Plein cintre; trilobes, rosaces, ou compartiments flamboyants.	

	STYLE OGIVAL A LANCETTES.	STYLE OGIVAL RAYONNANT.	STYLE OGIVAL FLAMBOYANT.	RENAISSANCE.
ORNEMENTS.	Trèfles, quatre-feuilles, violettes, fleurons, rosaces, bas-reliefs, feuilles entablées, guirlandes, crochets, arcades simulées, pinacles, dais.	Les mêmes, excepté les violettes; plus de maigreur et d'allongements; fleurons à retroussis; trèfles et quatre-feuilles encadrés et garnis de bouquets; dais et pinacles plus élancés et ornés, crochets plus serrés.	Feuilles de choux, de chardon, de vigne, etc., en bouquets ou guirlandes; arcades simulées, frontons en acolade, panneaux, pinacles simulés, dais en pyramide; festons trilobés, trèfles et quatre-feuilles pointus.	Arabesques, rinceaux, fleurs, fruits, emblèmes, dessins fantastiques, médaillons, cartouches.
MODILLONS ET BALUSTRADES.	Modillons 7 et 10 de la pl. 9; feuilles entablées; balustrades pareilles aux galeries.	Balustrades avec trilobes aigus, à angles rentrants, et rosaces ou quatre-feuilles encadrées.	Compartiments flamboyants.	L'entablement se réforme.
TOURS.	Très-élévées, flèches octogones, élancées; leurs baies sont très-allongées, ornées de colonnes et d'archivoltes.	Les mêmes sans colonnes aux baies ou fenêtres; découpées comme les fenêtres de l'édifice en figures rayonnantes; contreforts moins légers, terminés en clochetons.	Carrées, à contreforts très-lourds, assez basses, surchargées d'ornements, souvent sans pyramide; quelquefois octogones; flèches en charpente; coupoles hémisphériques; baies surbaissées ou à plein cintre.	Tours rondes formées quelquefois de plusieurs ordres superposés.
CLOCHETONS.	Carrés, avec ouvertures ogivales, surmontés d'une pyramide carrée ou octogone. Leur place : contreforts, angles des transepts, des grands murs.	Sans ouvertures; en forme d'aiguilles garnies de crochets; bases carrées, octogones. Statues; frontons triangulaires.	Octogones; sans ouvertures; avec panneaux; aiguilles sans cavités intérieures.	Piédestaux carrés ou octogones, pyramides en forme de candélabres.
SCULPTURE.	Exécution parfaite; gravité, verve, grâce, expression de foi.	Moins de noblesse, de sentiments de foi; suivre, négligence; plis tourmentés; moins de figures symboliques et religieuses. Les figures grotesques du onzième siècle reparaissent, surtout à la fin.	Maigreur; manières exagérées et bizarres. Draperies tourmentées, expression vive des différentes passions.	Pureté des proportions; fini du travail.

ARTICLE 4. — *Du style ogival à lancettes.*
(*Depuis 1160 environ jusqu'à 1300.*)

Arrive le treizième siècle, avec son génie créateur, qui s'était déjà signalé au douzième, et son esprit éminemment religieux, qui montre toute sa sublimité dans ces monuments si nombreux, si hardis, si riches de dessin, qui s'élevèrent comme simultanément à cette époque d'abondantes bénédictions, et avec une activité que rien ne semblait pouvoir arrêter. C'est, en effet, à cette époque mémorable que le style ogival triompha entièrement du style roman, et créa ces belles et immenses cathédrales dont la majesté saisit le cœur d'un saint respect et élève l'âme jusqu'à Dieu, au premier pas que l'on fait dans leur enceinte. Cependant on ne peut nier que l'architecture romane ait régné longtemps encore concurremment avec le nouveau style; et même, dans quelques endroits, jusque dans les premières années du treizième siècle. Dans l'église de Saint-Quiriace de Provins (Seine-et-Marne), par exemple, commencée en 1170, le plein cintre est mêlé à l'ogive. Ce que je dirai donc du nouveau style, en s'appliquant principalement aux monuments du treizième siècle, conviendra aussi à une partie de ceux du douzième : les caractères généraux sont les mêmes ; pourtant il y a quelques différences entre les monuments du commencement et ceux de la fin de cette période d'un siècle et demi. Ce n'est guère qu'au milieu du treizième siècle que l'architecture perdit entièrement l'empreinte de l'ancien style, pour acquérir la légèreté, l'élégance et l'heureux ensemble des proportions qui donnent à l'architecture ogivale de cette époque tant de supériorité sur le style des siècles suivants. On trouve néanmoins des monuments des premières années du treizième siècle, qui sont pleins de noblesse, de légèreté et de grâce. Je citerai, parmi les petites églises, celle de Doue, qui est peu spacieuse, mais dont le chœur, construction de cette époque, réunit une noble simplicité à la grâce et à la hardiesse ; et plus avantageusement encore celle de Moret, pour le transept et les nefs, celles de Voulton, de Rampillon, Ville-Neuve-le-Comte, la Chapelle-sous-Crécy, etc. Parmi les cathédrales, il ne faut pas oublier celles de Paris, de Reims, de Chartres, de Rouen, d'Amiens, de Clermont-Ferrand, de Meaux, en partie; de Bourges, de Beauvais; Notre-Dame de Mantes, l'église abbatiale de Saint-Denis, la Sainte-Chapelle de Paris;

Les cathédrales d'Alby,

De Dijon,

De Sens;

L'abside avec ses chapelles et le chœur de Troyes et de Tours;

Une partie de la nef de Toulouse;

Le portail et les principales parties de la nef de Strasbourg;

Les parties supérieures de la cathédrale de Soissons;

Les parties inférieures de la nef de Poitiers;

L'abside de Quimper ;
Le sanctuaire de Saint-Dié ;
La partie inférieure de la nef de Metz ;
L'abside et le chœur du Mans ;
Les fenêtres supérieures du chœur de Lyon ;
La tour et la flèche de Fréjus ;
La nef de Nevers ;
L'abside d'Orléans ;
L'abside et le chœur de Clermont ;
Le chœur, l'abside et le transept de Coutances ;
Une partie de la nef et du chœur de Châlons ;
Le chœur et l'abside de Bayeux.

Forme des églises. Au treizième siècle, les nefs deviennent plus vastes, prennent une étendue inconnue jusqu'alors, les nefs collatérales, dans les grandes églises, se prolongent généralement autour du sanctuaire, où elles se doublent quelquefois, comme à Notre-Dame de Paris, et sont toujours garnies de chapelles, mais dans cette partie seulement. (Voir fig. 9, pl. 3, le plan de la cathédrale de Meaux.) Quelquefois celle qui se trouvait placée au chevet reçut plus d'extension, et fut consacrée à la sainte Vierge (pl. 3, fig. 10). Dans quelques églises on lui donna tant d'étendue qu'elle parut moins une chapelle qu'une église jointe à une autre ; mais c'est au quatorzième siècle que cet usage a été plus général. Ce fut toujours aussi la mieux décorée ; on ne croyait alors pouvoir trop honorer celle qui, après Dieu, mérite toute notre confiance.

On trouve encore au treizième siècle des églises

sans abside, terminées par une muraille plate percée de deux ou trois fenêtres, et quelquefois plus : souvent il n'y a pas de nefs collatérales, et celles-ci, lorsqu'elles existent, se terminent elles-mêmes par un mur droit, des deux côtés du sanctuaire. Ces églises sont assez communes dans les campagnes.

Enfin, un autre caractère du treizième siècle, et qui se rencontre rarement après, ce sont les absides à pans coupés, qui sont assez communes dans celui-ci ; on en rencontre cependant plus tard, au seizième siècle, comme à Fontenay (Seine-et-Marne).

Appareils. Les petits appareils sont tout à fait abandonnés, pour faire place à des pièces beaucoup plus grandes.

Arcs-boutants et contreforts. L'architecture gothique eut besoin d'appuis plus efficaces que celle des siècles précédents, pour comprimer les voûtes élancées de ses nefs principales et de ses chœurs. Aussi se perfectionna alors un moyen ingénieux de consolider le sommet des édifices, peu employé auparavant, c'est l'emploi de ces arcs-boutants, qui s'appuient d'un côté sur les contreforts des nefs collatérales, et qui vont de l'autre soutenir les murs du grand comble (pl. 8, fig. 4). Quelquefois encore ces arcs-boutants primitifs sont pleins ou percés seulement, soit d'un œil-de-bœuf, pour en alléger la masse, soit d'une baie de communication (fig. 3). Mais bientôt la saillie toujours croissante des portions principales de l'édifice, et la forme en ogive de leurs voûtes obligent d'en étendre les soutenements, quelquefois doubles, bien au delà de tout ce qui les entoure. Aussi, est-ce à la fin du douzième siècle, et surtout dans le treizième, que les arcs-boutants deviennent des arcades aériennes qui, se multipliant avec une hardiesse remplie de grâce autour des nefs et des absides, viennent butter sur les contreforts qui séparent les fenêtres les unes des autres, et neutralisent la poussée des voûtes, dont les arceaux se réunissent sur les mêmes massifs (fig. 4). Dans certaines églises fort élevées, on voit jusqu'à trois arcs aériens ainsi projetés les uns au-dessus des autres.

Les contreforts ont la forme de piliers carrés, souvent très-considérables vers la base, diminuant progressivement dans leur hauteur, qui est divisée en plusieurs étages par des retraits ornés de corniches, et quelquefois d'imbrications figurées. Ils s'élèvent comme des tours au-dessus des toits des ailes; souvent ils sont couronnés par de légers clochetons carrés ou octogones, (pl. 8, fig. 5 et 7), quelquefois à jour; d'édicules avec ou sans statues; d'un fronton aigu, orné de crosses ou d'autres expansions végétales, ou d'un toit à double égout (pl. 8, fig. 5 et 6). Sous ces frontons pyramidaux on ménagea parfois des niches garnies de colonnes, dans lesquelles on plaça des statues (pl. 8, fig. 7).

Colonnes et pilastres. Les colonnes prennent dans ce siècle encore plus d'élancement et d'élégance. C'est leur forme ainsi que leur disposition qui fait le plus d'effet dans nos monuments, et qui frappe d'abord la vue et l'imagination. Leur longueur est proportionnée à la hauteur des édifices; il n'y a aussi aucune règle fixe sur leur diamètre. Elles sont ordinairement groupées en faisceaux, et recouvrent les pilastres (pl. 6, fig. 23); quelquefois elles sont isolées et placées à distances égales, pour l'ornement des murs dont elles sont détachées, allant recevoir sur leurs chapiteaux les arceaux des voûtes. Quelle que soit leur position, elles se détachent toujours de manière à laisser voir les trois quarts du cylindre (pl. 5, fig. 24 et 25), quelquefois elles sont entièrement détachées du mur ou du pilier. Les fûts des colonnes sont fréquemment divisés en parties égales par des anneaux (pl. 6, fig. 23).

Dans les grandes nefs, les arceaux des voûtes viennent quelquefois reposer sur des colonnes cylindriques d'un seul jet (pl. 6, fig. 22 et 23), ou en faisceaux; mais, le plus souvent, plusieurs ordres de colonnes sont superposés les uns aux autres, sans entablement intermédiaire, la base des colonnes d'un étage reposant immédiatement sur les chapiteaux des colonnes inférieures (pl. 7, fig. 2 *bis* et 3); dans beaucoup d'églises, ce sont de grosses colonnes cylindriques qui forment le premier ordre (pl. 7, fig. *id.*), et des colonnes groupées forment le second et le troisième.

Le sanctuaire de la cathédrale de Meaux, regardé comme un chef-d'œuvre de hardiesse, de légèreté et d'élégance, et qui date de la fin du treizième siècle, ou au plus tard du commencement du quatorzième, a quelque chose de très-remarquable,

qui ne se trouve nulle part ailleurs. « Il est com-
« posé de sept travées, formées par les deux der-
« niers piliers du chœur et six magnifiques colon-
« nes cylindriques d'environ 40 pieds de haut, à
« chapiteaux ornés de feuilles roulées en volutes, et
« cantonnées d'une grosse moulure un peu angu-
« leuse, qui s'élève d'un seul jet du sol du sanc-
« tuaire à la naissance des voûtes. L'intervalle en-
« tre ces colonnes, plus grand que dans aucune
« autre cathédrale, forme de belles ogives, qui
« s'élèvent à la hauteur des arcades supérieures du
« chœur, et contribue beaucoup à donner de la
« grâce et de la légèreté au sanctuaire de cette
« église (1). »

Chapiteaux. Les chapiteaux de la dernière moitié du douzième et du commencement du treizième
siècle se font remarquer par leur extrême élégance.
On rencontre encore, mais rarement, l'imitation
de la forme corinthienne; mais c'est alors que commence à s'y introduire l'imitation des feuilles indigènes et des fleurs de toutes espèces. Les premières feuilles en date sont souvent digitées, palmées
ou ternées; on rencontre surtout celles de lierre,
de vigne vierge, de vigne cultivée, de quinte-
feuille (pl. 6, fig. 39), de nénuphar, de bouton d'or,
de chêne, de fraisier, de persil, de roseau. Les
feuilles sont plaquées sur le chapiteau, et souvent
n'y semblent que piquées et comme attachées seulement par l'extrémité de leur pédicule, ce qui se

(1) Notice sur la cathédrale de Meaux, par monseigneur Auguste Allou.

rencontre aussi très-fréquemment au quatorzième siècle. Sur un grand nombre, on remarque de longues feuilles galbées, dont les extrémités sont recourbées en volutes (fig. 40); d'autres sont garnies de crochets, terminées aussi en volutes ou par un fleuron (pl. 5, fig. 21 et 22). Un chapiteau très-gracieux, qui se rencontre souvent dans le midi de la France, consiste en une longue feuille repliée à plusieurs reprises en boule sur elle-même.

Parmi les fleurs, je citerai la rose, employée avec prédilection dans les églises placées sous l'invocation de la Vierge; parmi les fruits, les raisins et la pomme de pin; parmi les objets empruntés à la toilette, les perles et les godrons; mais ces deux derniers objets indiquent plutôt le commencement du douzième siècle et la fin du onzième.

Le chapiteau de petite dimension conserva ordinairement ses quatre cornes très-visibles jusqu'à la fin du treizième siècle. Il n'en fut pas toujours de même pour le chapiteau d'un grand volume : car, dans le courant de ce siècle, il y eut déjà un déclin sensible dans la décoration de la corbeille, le plus souvent cylindrique et hérissée de ces développements végétaux en crosse, auxquels on a souvent donné le nom de *crochets*, et figurés par les n°s 21, 22 de la pl. 5.

On rencontre encore au douzième siècle, mais surtout au treizième, des chapiteaux où l'ornementation de sculpture, quelquefois la plus délicate, a été recouverte de plâtre pour faire place à des peintures; on avait sans doute pour but de remplacer l'ancien style de sculpture par l'imitation du nouveau.

Les bases ressemblent presque toutes à celles représentées pl. 6, fig. 27 et 28; celles des grosses colonnes, aux fig. 29, 34, 35 et 36. On en voit quelquefois de forme octogone et richement décorées sur chaque face (fig. 30); quelquefois elles sont surmontées de statues qui sont adossées aux colonnes. Souvent des feuilles galbées et recourbées en volutes semblent sortir de dessous la base de la colonne, et ornent les angles du socle carré qui la supporte : ceci se remarque dès le douzième siècle (Champeaux, etc.).

Arcades. Les grandes arcades reposent sur des colonnes ou des pilastres garnis de colonnettes; à l'intérieur, elles ne reçoivent pas d'ornements en bas-relief, mais seulement des tores séparés par des gorges et des filets (arcades inférieures de la cathédrale de Meaux, fin du douzième siècle. Voyez aussi la pl. 7). Leurs ogives forment quelquefois un triangle parfait de leur sommet à leurs impostes (pl. 5, fig. 26); d'autres fois elles sont surélevées et légèrement rétrécies près des impostes, ce qui leur donne beaucoup de hardiesse et de grâce, en les faisant paraître beaucoup plus élevées qu'elles ne le sont en effet (pl. 5, fig. 27 et 28).

Voûtes. C'est surtout à cette époque, la plus belle du style ogival, que les architectes déployèrent la plus grande hardiesse, réunie à la plus grande élégance dans la construction des voûtes. Elles sont formées de voûtes partielles ogivales; les arêtes formées par la réunion de leurs bases reposent sur des arceaux croisés comme ceux des voûtes à plein cintre, des siècles précédents (pl. 5, fig. 30); quelques-uns sont parallèles entre eux, et traversent les nefs en ligne droite, tout en formant l'ogive (pl. 5, fig. 30, point *a*); on appelle ceux-ci arcs-doubleaux. Tous viennent se reposer sur les piliers ou les colonnes qui séparent les fenêtres; quelquefois, au treizième siècle et même au quatorzième, mais surtout au douzième, ils reposent seulement sur des consoles représentant des figures grimaçantes ou d'autres également grotesques. Les arcs-doubleaux et les arceaux sont quelquefois plats et sans moulures, ou à pans coupés; mais presque toujours ils offrent un tore, ou deux tores parallèles et séparés par une petite bande carrée (pl. 5, fig. 31 et 32). Les points où se croisent les arceaux s'appellent *clefs*, et sont ornés de fleurons d'espèces très-variées, et quelquefois, mais rarement, de violettes ou de fleurs crucifères disposées en guirlande. On remarque, dès le douzième siècle, une très-grande variété dans les dessins qui ornent les clefs des voûtes. Ces voûtes, presque toujours construites en petites pierres mêlées à beaucoup de mortier, et rarement en pierres de taille, réunissent la plus grande grâce à une solidité surprenante (1). C'est le véritable triomphe

(1) Les voûtes de l'église de Larchant (Seine-et-Marne) sont construites en pierres de taille de 10 à 15 centimètres d'épaisseur, sur le double de largeur, avec une parfaite symétrie, et cependant elles sont du douzième siècle.

de l'architecture du treizième siècle. On en voit qui n'ont que 15 à 18 centimètres d'épaisseur, jetées d'un mur à l'autre à plus de 40 mètres d'élévation, d'une hardiesse admirable, et d'une solidité si surprenante, que quelques-unes ont résisté pendant de longues années aux intempéries destructives des saisons, auxquelles elles étaient exposées.

Portes. Dès le douzième siècle et au treizième on ne voit plus les portes latérales des grandes églises pratiquées dans les murs de la nef et du chœur, mais constamment à l'extrémité des bras du transept (pl. 3, fig. 9).

Les façades sont habituellement percées de trois portes, correspondant à la nef du milieu, et à deux nefs latérales; toutes, tant les portes latérales que celles des façades, sont ordinairement ornées avec magnificence. Une quantité prodigieuse d'ornements de tout genre et de petites figures enrichissent le pourtour et les tympans. J'ai dit, en parlant de la statuaire, quels étaient les sujets que l'on traitait le plus habituellement.

Dans quelques églises, mais très-rarement, des festons à jour se détachent et pendent des archivoltes, comme au quinzième siècle (pl. 8, fig. 20); des colonnes, des statues de différentes grandeurs, des dais, des pinacles, des guirlandes et des sculptures, toutes plus magnifiques les unes que les autres, décorent les parois latérales. Toutes les églises ne sont pas si ornées, et alors de simples tores garnissent les voussures, et des colonnes sans statues les parois latérales. Quelques ornements des onzième et douzième siècles paraissent encore au treizième, comme les zigzags, les coquilles, etc.

Quelques églises, comme celle de Chartres, ont leurs portails précédés d'un porche, surmonté de pignons triangulaires et décoré avec magnificence. Je ne dois pas passer sous silence l'usage introduit au treizième siècle de partager l'ouverture de la porte principale par un pilier ordinairement orné d'une statue. Disposition symbolique, qui rappelait aux hommes les deux voies de la justice et du vice qu'ils avaient à choisir dans le cours de la vie, en même temps que, dans le pourtour, on représentait le jugement de Dieu, le ciel, l'enfer, etc. ; leçon imposante qui devait suggérer à l'homme des réflexions salutaires à son entrée dans le temple. Cette disposition fut conservée jusqu'à la renaissance.

Fenêtres. Les fenêtres sont généralement étroites et allongées, avec cependant quelque variation dans la longueur. Leur ressemblance avec le fer d'une lance leur a fait donner le nom de *lancette*. Quelques fenêtres sont sans ornements, d'autres ont pour couronnement un simple cordon garni de dents de scie ou d'un léger zigzag (pl. 9, fig. 16). Mais le plus ordinairement, surtout à partir du treizième siècle, leurs voussures sont ornées de tores ou boudins soutenus par des colonnes de même diamètre, ou un peu plus grosses, selon la disposition, appliquées sur les parois des ouvertures (fig. 17, 18 et 19). Quelquefois deux tores sont réunis par une gorge peu profonde de manière à ne former qu'une seule moulure. Dans les églises de petite dimension, les lancettes sont ordinairement isolées ; mais, dans les cathédrales, ou autres églises d'une certaine étendue, elles sont très-souvent réunies deux à deux et encadrées dans une arcade plus grande (fig. 18), quelquefois à plein cintre au commencement de l'époque, toujours ogivale dans la suite ; on les appelle alors *lancettes géminées*. L'espace qui se trouve entre les sommités des lancettes géminées et celle de la grande arcade, est presque toujours élégamment orné d'une rose (cathédrale de Meaux, fenêtres du midi), d'un trèfle ou d'un quatre-feuilles (fig. 18, 20 et 21); ce qui donne à ces fenêtres une grâce admirable. Dès le commencement du treizième siècle, on rencontre quelquefois les extrémités des transepts percées de grandes fenêtres (ou verrières), divisées en plusieurs lancettes, comme celles des fig. 18, 20 et 21, et dont le tympan est orné de plusieurs rosaces (églises de Doue, de Moret, etc.).

A mesure qu'on avance dans le treizième siècle, les fenêtres s'élargissent, les compartiments de leur sommet se ramifient dans leur intérieur, d'abord en découpures lobées le plus souvent au nombre de six ou de trois et quelquefois quatre, surtout à la fin de ce siècle, puis en une multitude de combinaisons très-variées. L'extrémité des compartiments qui divisent la fenêtre dans le sens de sa largeur, est terminée en ogives ou en trilobes (pl. 9, fig. 19, 20 et 21). Dans ce siècle et jusqu'au quinzième, on rencontre quelquefois la fenêtre rectangulaire (pl. 9, fig. 13); mais seulement au-dessous des autres baies, comme à Saint-Germain-des-Prés, à Paris (pl. 7, fig. 2 *bis*). Elle remplace parfois, surtout du treizième au quinzième siècle, les galeries et les arcatures figurées qui y règnent ordinairement. Assez souvent les façades et les chevets terminés par un mur droit étaient percés de trois lancettes, dont une, celle du milieu, était plus élevée que les autres. Quelquefois on voit deux lancettes surmontées d'une rosace.

Roses. Comme au douzième siècle, les roses se font remarquer dans le treizième aux extrémités des transepts, au-dessus de la porte principale et de l'abside. La rose est celle des ouvertures destinées à éclairer l'intérieur, qui déploie le plus de richesse et d'élégance. Assez souvent elle est formée d'ogives trilobées (pl. 9, fig. 15), ou bien elle offre une suite de figures non moins gracieuses, telles que rosaces, quatre-feuilles encadrés, trèfles (Saint-Denis), etc. Quelquefois aussi elles sont remplacées par des lancettes réunies dans une grande arcade, comme on vient de le voir.

Galeries. Une galerie obscure règne toujours à la partie moyenne intérieure des cathédrales qui offrent trois étages superposés, et même quelquefois dans les églises de moindre dimension. Cette galerie se trouve donc entre les arcades et les fenêtres, dans tout le pourtour des églises, et est formée d'une suite de petits arcs portés par des colonnettes. La cathédrale de Paris en a d'immenses,

qui occupent tout le dessus des nefs collatérales.
Ces arcades sont simples, de forme ogivale (pl. 7,
fig. 3), (on en voit de pareilles dans la nef et le
transept de la cathédrale de Meaux), ou géminées
et encadrées d'une ogive principale (fig. 2 *bis*
et 5); d'autres fois elles sont disposées trois à trois
ou quatre à quatre. C'est surtout le pourtour du
chœur qui offre le plus de complication et d'élégance dans la forme et la composition des galeries. Le chœur de l'église de Chaumes (Seine-et-Marne) est orné d'une galerie formée d'une suite
continue de petites arcades simples et trilobées,
appuyées sur des colonnettes assez trapues, et à
chapiteaux sans ornements.

Ornements. Le treizième siècle fut, pour la sculpture d'ornementation, comme pour la statuaire,
l'époque la plus brillante du moyen âge, celle où,
employant indifféremment dans ses compositions
l'ogive et le plein cintre, l'ornement symbolique,
l'ornement exotique et l'ornement indigène, elle
imprima un relief plus vif. En effet, si dans la première période du règne de l'ogive, on employa la
plupart des moulures du siècle précédent, il est
facile de ne pas les confondre, à cause de la finesse
d'exécution qu'elles acquirent alors. On y en joignit encore beaucoup d'autres, dont voici les principales, et qui se rencontrent le plus souvent et le plus
abondamment sur les monuments de cette époque.

Les trèfles ont quelquefois des feuilles arrondies; d'autres fois elles sont aiguës et lancéolées
(pl. 5, fig. 11 et 12).

AR., 12

Les quatre-feuilles. Ils ne diffèrent des trèfles que par le nombre de leurs lobes (pl. 5, fig. 13, 14 et 15.)

Les violettes. On donne ce nom à plusieurs fleurons de formes différentes, sculptés en relief, dont la figure 16 peut donner une idée. On les voit sur les archivoltes, les pieds-droits des portes et des fenêtres, et très-souvent aux clefs des arceaux des voûtes. Le dessus des arcades inférieures du chœur de la cathédrale de Meaux est orné de fleurs de cette espèce.

Les fleurons réunissent des pétales épanouis, au nombre de cinq au moins, autour d'un centre en saillie (pl. 5, fig. 17).

Rosaces. Les rosaces sont plus larges que les fleurons. Les lobes sont arrondis, et en nombre plus ou moins grand. Elles ne sont pas en saillie, et souvent leur centre est orné de ciselures variées et délicates. Elles prennent mille formes différentes aux clefs des voûtes, ce sont des croix environnées de feuilles épanouies ou roulées (pl. 5, fig. 18), des fleurs en couronne, etc. Quelquefois autour, dans les angles des arceaux, se trouvent des petites têtes grimaçantes, des bustes, des animaux.

Les feuilles entablées (fig. 19 et 20). On donne ce nom à des feuilles imitant souvent la feuille d'acanthe, placées en bordures sur les entablements et les corniches.

Les guirlandes de feuillages, de feuilles de vigne, de chêne, etc., ornent souvent différentes parties des églises, telles que les entrées de chapelles et divers compartiments des murs, les entablements, les chapiteaux. C'est un des ornements les plus riches, les plus heureusement imités de la nature, et dans lesquels se déploie le plus d'habileté et de délicatesse.

Les crochets sont des feuilles recourbées en volutes. Ils ont pris naissance au douzième siècle, et ornent les arêtes des pyramides, les bords supérieurs des frontons, le dessous des corniches, les chapiteaux, etc. Aux douzième et treizième siècles, ces crochets sont allongés, terminés, tantôt par un petit fleuron, tantôt par un enroulement en forme de volute (pl. 5, fig. 21 et 22). A cette époque, on les rencontre quelquefois dans les voussures des portes, sur les colonnes ou le long des pilastres.

Arcades simulées. Dans le douzième et le treizième siècle, on dissimula souvent le nu des murs, tant à l'intérieur qu'à l'extérieur, par des arcades simulées en ogives, semblables aux fenêtres, et ornées comme elles de rosaces, de fleurons, de trèfles ou de quatre-feuilles.

Les pinacles sont de petites pyramides couvertes de bouquets de feuilles ressemblant plus ou moins aux clochetons, mais beaucoup moins élevées. Ils ne sont pas très-fréquents au treizième siècle. On les plaçait surtout autour des galeries de la façade occidentale, et souvent au-dessus des niches, portées sur les dais qui protégent les statues.

Les dais (fig. 23) forment des couronnements

en saillie, élégamment ciselés dans toutes leurs parties, adhérents au mur d'un seul côté, et destinés à abriter les statues qui sont dans des niches. On les remarque surtout dans les voussures des portes, où ils font un effet charmant.

Les dents de scie (pl. 6, fig. 52), qu'on trouve quelquefois au onzième siècle, sont encore assez communes dans le treizième, surtout au commencement, mais bien moins qu'au douzième.

Modillons et balustrades. Les modillons figurés planche 6, n. 49 et 52, ainsi que les feuilles entablées (pl. 5, fig. 19 et 20) et celles représentées planche 6, fig. 55, ont été employés pendant toute la période du style ogival primitif. Mais les entablements subirent un grand changement par l'addition des balustrades (pl. 6, fig. 53 et 54), qui commencèrent, à la fin du douzième siècle, à couronner les murs de nos cathédrales, et furent encore plus en vogue au treizième, où elles devinrent l'accessoire ordinaire des corniches qui terminent les murs principaux à l'extérieur. Elles étaient placées au-dessus des chapelles latérales et du grand comble, et forment des galeries découvertes qui permettent de faire, à cette élévation, le tour de l'édifice. A l'intérieur, on a principalement placé les balustrades au-dessus des grandes arcades du premier ordre de colonnes. Celles qui sont le plus en usage au treizième siècle sont composées d'arcs ogives (pl. 6, fig. 53), d'arcs à plein cintre, ou trilobés, tantôt portés par des colonnes (fig. 54), tantôt sans colonnes

(fig. 56); quelquefois elles furent ornées de trèfles et de quatre-feuilles.

Tours. La fin du douzième siècle et le treizième voient s'élever ces tours élancées en pierres, chargées d'imbrications figurées, et ces pyramides qui vont se perdre dans les nues et nous étonnent par leur hardiesse, en même temps qu'elles donnent tant de charme à l'architecture ogivale.

Leurs arcades ou fenêtres s'allongent en lancettes, n'offrant plus qu'un seul étage; la colonne centrale devient prismatique et annelée à un ou plusieurs points de sa hauteur; elle finit par disparaître de l'arcade, de plus en plus aiguë et allongée, bordée de colonnettes et d'archivoltes en retraite. Elles sont souvent terminées par des flèches octogones; alors les espaces triangulaires qui existent entre les quatre angles de la tour et la base de la pyramide sont garnis de clochetons (pl. 9, fig. 33). Beaucoup ne sont pas surmontées de pyramides, et se terminent par une plateforme.

La place des tours est la même qu'au onzième siècle; mais souvent celle qui s'élève sur le transept devient secondaire, de principale qu'elle avait été jusque-là.

Quelquefois elle n'est pas séparée de l'intérieur de l'édifice par une voûte, et présente un grand vide qui laisse voir tout son intérieur, et par lequel elle communique la lumière à toutes les nefs. C'est là l'origine des dômes du seizième siècle. Outre ces trois tours, quelques églises ont encore les extrémités de leurs transepts flanquées chacune de deux tours carrées, percées de longues ouvertures sans vitres. Quelquefois aussi, mais rarement, il s'élève des tours sur la courbure de l'abside.

Clochetons. Les clochetons sont des espèces de petites tours. Ils sont ordinairement percés sur chacune de leurs faces d'une ouverture en forme de lancette simple ou géminée; quelques-uns sont terminés par une pyramide carrée, mais la plupart par une flèche octogone. Ils occupent, dans presque tous les grands monuments, le haut des contreforts, les angles des transepts, les points de la courbure de l'abside, et en général les angles des grands murs. Leur effet est d'un pittoresque étonnant.

Bas-reliefs et statues. Les bas-reliefs ont au treizième siècle moins de roideur que dans le douzième. C'est aussi dans ce siècle qu'on les rencontre avec une sorte de profusion. Comme dans le précédent, on y représenta ordinairement des scènes du Nouveau ou de l'Ancien Testament, mais avec une plus grande complication de travail.

On ne plaça plus seulement, comme au douzième siècle, les statues sur les parois latérales des portes; mais on les multiplia à l'extérieur, sur les contreforts, dans des niches pratiquées exprès, et dans les nombreuses arcades des galeries qui ornent les façades au-dessus des portails.

C'est le treizième siècle qui est l'époque de la plus grande splendeur de la statuaire du moyen-âge, comme de tous les autres arts. On y remarque l'absence de la gêne et de la roideur du douzième siècle, et le sentiment de la vie, une aisance grave, alliée à une verve admirable d'exécution, qui se manifeste dans le jet heureux, dans les poses naturelles, dans les plis simples et gracieux des figures, dans leur modelé déjà très-bien senti, mais surtout dans l'expression de foi vive, de ferveur religieuse qu'il sut alors leur imprimer et qu'il ne retrouva plus depuis. L'habitude du moulage, récemment introduite, comme je l'ai déjà dit, contribua probablement d'une manière puissante à faire abandonner les types de convention des âges précédents, pour y substituer le type indigène qui règne exclusivement dans les productions de cette époque (1).

Les plus célèbres archéologues regardent le treizième siècle comme la belle époque de l'architecture ogivale, parce qu'elle présente plus de rectitude dans ses lignes, plus d'harmonie dans l'ensemble, plus d'élévation et d'élancement.

ART. 5. — *Style ogival rayonnant.* (*De* 1300 *à* 1400 *environ.*)

L'élan donné à l'architecture se continua pendant la première moitié du quatorzième siècle, qui la vit arriver à son apogée, par des modifications gracieuses qui ajoutèrent à sa beauté, sans nuire à son caractère de grandeur et de gravité.

(1) Instructions du Comité historique des arts et monuments.

Elle pencha ensuite insensiblement vers son déclin jusqu'au quinzième siècle, où elle s'abâtardit. Les caractères de cette époque ne sont pas toujours tranchés comme au treizième siècle et au quinzième, et les modifications sont très-nombreuses. Aussi le style du quatorzième siècle partage-t-il les divers caractères de ces deux siècles, dont il peut être regardé comme un intermédiaire.

Forme des églises. J'ai dit qu'on avait commencé au douzième siècle à donner à la chapelle terminale, dédiée à la Vierge, plus d'étendue qu'aux autres ; mais c'est surtout au quatorzième que cet usage devint général. Comme au treizième, on garnit de chapelles le prolongement des petites nefs autour du chœur ; mais un changement des plus notables s'introduisit dès le commencement de ce siècle : ce fut la continuation de ces chapelles le long de chacun des bas-côtés de la nef, jusqu'à la partie la plus inférieure des églises, près des portes de la façade (pl. 3, fig. 10). A cette époque, on en construisit même en sous-œuvre dans un grand nombre d'églises. Dès lors la cathédrale gothique du moyen âge fut complète, son couronnement fut parfait, et cette addition de chapelles et d'autels ne contribue pas peu à augmenter sa gravité, en faisant remarquer partout sa haute destination dans cette série d'autels sur lesquels s'immole la divine victime.

Contreforts. Les contreforts et les arcs-boutants conservèrent les mêmes formes ; mais en général les ornements s'amaigrissent, et quelquefois les clochetons à jour qui les couronnaient précédemment se ferment, ou cèdent la place à des aiguilles garnies de crochets (pl. 8, fig. 8), à bases carrées, octogones ou triangulaires. Ils sont souvent garnis de statues isolées ou placées dans des niches, et ornés de trilobes et de quatre-feuilles.

Les clochetons détachés n'ont pas non plus leur toit découpé à jour. Quelques-uns, de forme octogone, ont un petit fronton triangulaire au-dessus de chaque face de la tourelle, à la naissance de la pyramide qui la surmonte.

Colonnes et pilastres. On commence à voir plus de maigreur dans les colonnes groupées qui se détachent des piliers, et perdent de leur effet, surtout vers la fin de ce siècle (pl. 6, n. 24).

Chapiteaux. Souvent les chapiteaux sont plus riches en feuillages (pl. 6, fig. 41 et 42); mais les dessins prennent plus de délicatesse, aux dépens de la noblesse qu'ils avaient auparavant. Le chapiteau de petite dimension devient infundibuliforme (en entonnoir) (pl. 6, fig. 42), orné de deux rangs de feuilles, dont l'inférieur se détache quelquefois au point de le faire paraître double. Le tailloir du chapiteau, de grande dimension, perd sa forme carrée pour devenir octogone. On y voit souvent des feuilles frisées, des feuilles de vigne, les crochets figurés (pl. 5, n. 37 et 38), quelquefois des feuilles d'acanthe galbées et des branches de palmier en accolade.

Arcades. Nous les avons vues au treizième siècle s'élancer au-dessus de l'angle ordinaire du tiers-point (pl. 5, n° 28); mais au quatorzième, elles ne présentent plus de surélèvement, et conservent le tiers-point équilatéral (n. 26); elles ont ordinairement la simplicité de celles du treizième siècle, avec cette différence, que les tores dont elles sont garnies perdent de leur forme arrondie, et s'allongent en cœur, ou en dos de carpe. Quelquefois, comme dans le chœur de la cathédrale de Meaux (pl. 7, fig. 5), ces arcades simples sont surmontées d'un second étage d'arcades, formées par des colonnettes élégantes qui partent des chapiteaux des piliers d'où naissent les premières ogives, et se partagent en divers compartiments formant d'autres ogives trilobées, surmontées de rosaces. Les angles formés par la partie rentrante qui sépare les lobes les uns des autres sont souvent ornés de bouquets, d'autres fois de trèfles. A mesure qu'on avance dans le quatorzième siècle, on voit les trilobes quitter leur forme circulaire pour s'allonger en petites ogives. Les fig. 4, pl. 7, et 22 et 23, pl. 9, en offrent des exemples.

Voûtes. Elles offrent toute la hardiesse, l'élégance et la solidité du siècle précédent. Leurs clefs sont quelquefois chargées de plus de ciselures. Leurs nervures, encore peu saillantes, ne sont pas toujours aussi arrondies, et deviennent plus légères, sans perdre de leur solidité, en prenant un peu la forme d'un cœur (pl. 5, fig. 33). Ce fut là l'origine de la forme prismatique qu'elles prirent dans la suite.

Portes. Elles sont à peu près les mêmes qu'au

treizième siècle (pl. 8, fig. 19). La même profusion et la même richesse d'ornements se déploient sur les tympans et les voussures, mais avec plus de perfection et de fini. Les frontons triangulaires qui les couronnent sont quelquefois découpés à jour; ils prennent plus d'élancement qu'au treizième siècle, deviennent aigus et sont garnis de crochets, et à la fin de feuilles recourbées et de fleurons. Sur les tympans de quelques portes, les figures en bas-relief sont remplacées par des trèfles, des quatre-feuilles ou des roses. Vers la fin de ce siècle commencent déjà à paraître, au moins dans les frontons des portails, les compartiments flamboyants; mais ils ne sont pas contournés comme au quinzième siècle (portails ouest et sud-ouest de la cathédrale de Meaux). On voit aussi déjà quelques voussures de portes ornées d'une suite de petites arcades cintrées ou ogivales, à jour et pendantes, comme au quinzième siècle (pl. 8, fig. 20). La porte principale de la cathédrale de Soissons est ainsi ornée d'une double guirlande formée de petits cintres délicatement sculptés à jour.

Les fenêtres s'élargissent de manière à envahir souvent tout l'espace compris entre les contreforts et passent de l'ogive évasée à l'ogive surbaissée, sans jamais s'arrêter à l'ogive à tiers-point. Elles ne sont plus géminées ou trois à trois; mais l'ouverture, devenue plus large, est divisée par plusieurs colonnes ou meneaux, et le tympan est coupé par des meneaux qui se compliquent et s'évident de plus en plus en véritable dentelle, mais sans cesser de conserver le cercle pour courbe génératrice de toutes leurs ramifications qui présentent des trèfles, des quatre-feuilles ou des rosaces; c'est là le règne de toutes ces figures rayonnantes. Quelques fenêtres sont divisées seulement par trois ou quatre meneaux surmontés d'un pareil nombre de rosaces (pl. 9, fig. 22); d'autres ont cinq ou six meneaux et même plus, avec autant de rosaces au sommet (fig. 23). Des trilobes réunissent les meneaux à la hauteur des cintres; mais il est à remarquer qu'ordinairement ces triboles ne sont plus arrondis, mais de forme pointue, surtout vers la fin de ce siècle (fig. 22 et 23).

Dans les deux chapelles de la nef du midi de la cathédrale de Meaux (commencement du quatorzième), les fenêtres sont formées par une belle ogive, divisée en deux autres, avec une rose à sept lobes au tympan; chaque ogive secondaire se subdivise, à son tour, en deux trilobes surmontés d'une rose à cinq lobes (pl. 9, fig. 21). Les grandes et larges fenêtres, divisées en compartiments nombreux, sont ordinairement placées dans les transepts, dont elles font un des plus beaux ornements.

Au quatorzième siècle, comme au treizième, les fenêtres sont souvent ornées de plusieurs archivoltes en retraite, soutenues par un pareil nombre de colonnettes ou pieds-droits, ou bien venant mourir sur les faces des contreforts voisins.

On rencontre quelquefois, comme aux douzième et treizième, la fenêtre rectangulaire, mais seulement au-dessous des autres baies, où elle remplace parfois les galeries ou les arcatures figurées qui y règnent ordinairement; moins apparente et moins ornée que les précédentes, elle n'offre ordinairement que des meneaux perpendiculaires (pl. 9, fig. 14).

Les roses (pl. 9, fig. 24) offrent les mêmes dessins que les fenêtres, avec un plus grand nombre de compartiments. Elles parviennent à cette époque au plus haut degré de richesse, d'élégance, de grandiose et de perfectionnement qu'elles pouvaient atteindre.

Les galeries obscures, et celles qui sont éclairées par les fenêtres qu'elles accompagnent en avant, à l'intérieur, ont la même forme que les grandes arcades, ou que les fenêtres. Au-dessus des grandes arcades qui forment le chœur de la cathédrale de Meaux, règne une élégante galerie pratiquée dans l'épaisseur du mur, et formée dans chaque travée par deux ogives subdivisées en deux trilobes avec de grands trèfles dans le tympan, et des trèfles plus petits sur l'extrados des ogives principales. Les chapiteaux des colonnes qui ornent cette galerie sont très-diversifiés, et offrent des feuilles de lierre, de chêne, des enroulements, etc. (pl. 7, fig. 5). Les arcades qui forment les galeries sont quelquefois surmontées d'un fronton aigu orné de crochets ou de feuilles recourbées sur ses ados, et de trèfles ou quatre-feuilles dans son tympan.

Ornements. Quoiqu'on rencontre en général, surtout au commencement de ce siècle, les mêmes ornements qu'au treizième, sauf les violettes, qui disparaissent, il s'introduit cependant beaucoup de sécheresse et de négligence dans les détails, en même temps que l'art fait un grand pas vers l'unité d'ornement et qu'on remarque plus de fini et de hardiesse. C'est alors qu'arrivent les feuilles détachées, isolées et de plein relief, souvent aiguisées en longues et fines dentelures, et que les dais en saillie commencent à se multiplier. Les fleurons à retroussis sont très-fréquents. Les tores n'ont plus autant de saillie et de rondeur, surtout dans les arceaux, mais ils prennent un peu la forme pointue d'un cœur ou de dos de carpe (pl. 5, fig. 33). Quelquefois un tore figure un retrait à la hauteur de la base des fenêtres dans le pourtour de l'édifice.

Trèfles. Les trèfles sont employés fréquemment sur les murs; mais avec moins de profondeur, lorsqu'ils sont gravés, ou moins de saillie lorsqu'ils sont en relief. Quelquefois leurs angles sont ornés de feuillages trilobés (pl. 5, fig. 34). L'ogive des arcades et surtout des fenêtres, au moins dans les compartiments, quitte sa forme à tiers-point pour affecter celle du trilobe.

Les quatre-feuilles sont aussi employés très-fréquemment et taillés ou gravés de la même manière. Ils sont souvent environnés d'un cercle, soit qu'ils se trouvent dans les compartiments des galeries ou des fenêtres, soit qu'ils servent seulement d'ornement; on les appelle alors *quatre-feuilles encadrés* (pl. 5, fig. 36), et leurs angles rentrants sont garnis quelquefois de trèfles, d'autres fois de bouquets.

Les rosaces sont très-répandues sur les murailles, comme ornement, avec les mêmes dessins, en petit, que dans les grandes rosaces verrières.

Les arcades simulées ressemblent à celles du treizième siècle, avec cette différence, que souvent elles sont couronnées de frontons triangulaires allongés, ou unis, ou garnis de crochets (pl. 5, fig. 35), souvent ornés de trilobes dans leurs tympans, comme les fenêtres et les galeries.

Les pinacles deviennent nombreux et élancés, et représentent des aiguilles garnies de crochets (pl. 5, fig. 40).

Les dais deviennent plus ornés et plus élevés, et sont surmontés de pinacles chargés de ciselures (pl. 5, fig. 39).

Les crochets sont plus multipliés et plus serrés (pl. 5, fig. 37); on en voit quelques-uns terminés par une espèce de feuille recourbée (fig. 38). On trouve déjà quelquefois, même vers la fin de la première moitié de ce siècle, les feuilles de choux (pl. 5, fig. 45) employées sur les ados des cintres, au lieu de crochets, et même sculptées sur les pierres tombales.

Les balustrades présentent encore quelquefois des arcades trilobées, mais aiguës, ou à angles plus rentrants (pl. 6, fig. 56 et 57). Le plus ordinairement elles sont ornées de rosaces ou de quatre-feuilles encadrés (pl. 6, fig. 58 et 59).

Tours et clochers. Les baies des tours perdent leurs colonnes et leur ornementation fine et délicate; mais elles sont découpées, comme les fenêtres, de trèfles, quatre-feuilles, rosaces, et les angles sont ornés de crosses. Plusieurs ressauts, larmiers où abat-sons viennent les diviser de nouveau à l'intérieur. Les contreforts des quatre angles se renflent et se prolongent en clochetons arrondis. Une balustrade en pierre environne la base de la pyramide qui les surmonte, et qui est elle-même percée de figures rayonnantes, ayant ses angles garnis de crochets. Quelquefois des créneaux et machicoulis, plus ou moins ornés, signalent la tour comme poste militaire dans la tactique de l'époque.

Sculpture. Avec les sentiments religieux du treizième siècle, la sculpture et la statuaire perdirent leur noblesse et leur beauté, tant il est vrai que la religion seule peut inspirer le véritable sentiment du beau. Dès le quatorzième siècle, les plis des draperies commencent à se tourmenter; le grotesque, la satire anti-monacale et anti-cléricale, à faire invasion dans le domaine de la statuaire, qui a passé des inspirations purement religieuses et personnellement désintéressées du cloître à l'impulsion des intérêts et des passions terrestres de l'ouvrier laïque, non encore digne du nom d'artiste. Il règne une grande inégalité dans les ouvrages de ce siècle de transition : les uns présentent toute la verve et tout le charme de l'âge précédent; dans quelques autres on voit poindre déjà les défauts et les qualités de celui qui suivra, et en certaines contrées l'influence du goût germanique aux plis collés, aux poses maniérées, aux étoffes amples sur des figures maigres; mais là où il se montre avec son caractère propre, ce caractère n'est plus inspiré et n'est pas encore exact ni spirituel; les figures présentent dans leurs surfaces plates peu de sentiment du modelé, mais au contraire les traces d'un travail expéditif, plutôt que le fouillé délicat du ciseau. Les sujets changent en même temps : ce ne sont plus ces compositions symboliques et symétriques, remarquables par l'harmonie des pleins et des vides, qui occupaient les tympans et les parties lisses des portails, ni ces saints personnages inscrits dans des arcatures, à l'imitation de celles qui existent sur certains tombeaux antiques, ni ces nimbes de diverses formes, caractérisques des siècles précédents, offrant l'image du Christ ou de Dieu le père entourés d'anges adorateurs, des quatre évangélistes, ou des vieillards de l'Apocalypse. Au lieu de toutes ces physionomies constamment ferventes et sérieuses, l'art, redescendu sur la terre, y groupe de nombreux personnages appartenant à la nature vulgaire et n'exprimant désormais que ses passions. Un autre caractère de ces compositions est qu'elles ne représentent plus que des événements positifs, soit qu'elles en prennent le sujet dans les récits de la Bible, dans le rapprochement de l'ancienne et de la nouvelle loi, dans les traditions de la légende dorée, dans la vie du patron de l'église ou dans les croyances consacrées relativement à la résurrection des morts et au jugement dernier. Sans doute tous ces sujets s'y étaient déjà montrés; mais ils n'y dominaient pas exclusivement, et ils y étaient considérés d'un point de vue plus élevé.

C'est encore à cette époque que les figures grotesques ou monstrueuses, offrant quelque rapport avec celles que les ouvriers du onzième siècle avaient souvent placées autour des églises comme type d'une nature abâtardie par le vice et le péché, et qu'un goût plus épuré en avait ensuite bannies, reviennent s'y montrer, non plus cette fois dans un but moral ou purement plaisant, mais dans une intention railleuse et satirique, dirigée contre le culte lui-même, et surtout contre ses ministres.

Il n'est pas inutile de remarquer que ces caractères du style ogival du quatorzième siècle se rencontrent plutôt sur des parties d'édifices, que l'on achevait ou continuait alors, que sur des monuments entiers; car le temps des grandes constructions était passé. On rencontre cependant quelques grands monuments commencés dans ce siècle, et conduits heureusement à leur entier achèvement, avec la même activité et le même déploiement de beautés et de richesses.

On remarque surtout: les cathédrales de Viviers, De Perpignan, de Carcassonne;

La nef principale d'Aix;

Le portail latéral d'Alby;

Les nefs de Clermont;

Les parties supérieures de la nef d'Évreux;

La chapelle de la Vierge et les chapelles collatérales de Coutances;

Trois chapelles de l'abside de Châlons;

Les voûtes de la nef principale et le portail de
Bourges;

La partie orientale de l'église de Bordeaux;

Les bas-côtés du chœur d'Angoulême;

Le portail principal et le transept de Bayeux;

Les nefs et une partie de clocher de Bayonne;

Le chœur et trois chapelles absidales de Nevers;

L'enceinte du chœur, et plusieurs chapelles de
Notre-Dame de Paris;

La partie supérieure de la nef de Metz;

Une grande partie de la cathédrale de Meaux;

Les voûtes et fenêtres de Limoges;

Le transept et quelques piliers de la nef de
Troyes;

Le transept et deux travées de la nef de Tours;

La partie supérieure de l'église de Saint-Brieux;

Les parties secondaires de Strasbourg;

Les chapelles accessoires de Rouen;

Les premières travées du chœur et les chapelles
absidales de Rodez;

Le portail principal de Poitiers.

Les divers styles n'ont pas été non plus toujours
tellement suivis, qu'on ne rencontre quelquefois,
surtout dans les monuments de peu d'importance,

des caractères architectoniques exécutés un siècle ou deux après celui qui leur appartenait. C'est ainsi que j'ai vu des portes de tour construites au quatorzième siècle à plein cintre, comme au douzième, et ornées d'un simple quart-de-rond.

ART. 6. — *Du style ogival flamboyant.*

§ Ier. Première Époque, de 1400 à 1480 environ.

Il est une vérité trop grande, c'est que souvent les extrêmes se touchent, et que le plus haut degré de perfection où soit parvenue une science, est souvent le point le plus proche de sa décadence. C'est ce qui arriva à l'architecture du moyen âge. Il était impossible qu'elle enfantât quelque chose de plus beau, de plus majestueux, de plus parfait que ces productions du quatorzième siècle; mais l'esprit de l'homme ne peut se fixer, et à force de vouloir faire du nouveau, les architectes altérèrent la pureté et la simplicité des formes, qui furent sacrifiées aux caprices d'un goût moins sévère. De plus, l'esprit religieux commençait à s'affaiblir, les architectes et les ouvriers avaient plus en vue la gloire humaine que celle de Dieu, plus l'égoïsme du siècle que la récompense céleste. Ils oublièrent le but de l'édifice pour ne s'occuper que des détails, dans lesquels ils s'appliquèrent sèchement à l'ornementation, sans penser à la faire coïncider avec les idées religieuses qu'elle devait rappeler. Aussi, dès la fin du quatorzième siècle, commencent ces changements qui ont imposé un caractère si marqué au style ogival du quinzième siècle, et lui ont fait donner le nom de *gothique flamboyant*, *style perpendiculaire*, *style prismatique;* genre bâtard, précurseur d'une révolution prochaine.

Forme des églises. La forme générale des églises du quinzième siècle ne présente aucune différence avec celle du siècle précédent, les pratiques du culte étant restées les mêmes, et la plupart de ces églises ayant été élevées sur des plans conçus antérieurement.

Contreforts et arcs-boutants. Le contrefort ne conserve pas sa simplicité première, ni sa noblesse; mais, après s'être pour ainsi dire complétement végétalisé dans sa partie supérieure, hérissée de crosses, de bourgeons, de fleurons, et de tout ce luxe d'une foliation indigène, riche et compliquée, dont j'ai déjà parlé (pl. 8, fig. 9), ses faces sont garnies de dais, de pinacles simulés (pl. 5, fig. 47), de frontons à ogive en accolade sans base (Moret), ou de niches élégamment et richement ornées de statues (pl. 5, fig. 48). Ceux qui supportent les arcs-boutants sont terminés par des clochetons de forme octogone, dont chaque face est couronnée près du toit par un fronton aigu garni de crochets (pl. 8, fig. 8), de feuilles renversées et d'autres ornements de l'époque.

Les arcs-boutants conservent toujours la même

forme et la même légèreté, et sont ornés quelquefois de festons et de découpures.

Colonnes et pilastres. Les colonnes ont perdu leur effet pittoresque si étonnant; elles se changent en colonnettes minces et déliées, comme de simples tores ou baguettes, et bientôt sont remplacées par de simples nervures prismatiques disposées verticalement ou en spirale, qui vont se confondre avec les nervures des arcs; souvent elles suivent les contours de ces arcs, s'élèvent le long des murailles, jusqu'aux voûtes qu'elles traversent, et viennent se réunir à la clef ciselée avec une délicatesse exquise (pl. 6, n. 25 et 26). Tout le mérite de ces piliers ainsi chargés de milliers de nervures, consiste dans de plus grandes difficultés vaincues, et dans le fini des détails, dont la multiplicité fatigue la vue, au lieu de la réjouir agréablement et de l'étonner comme les colonnettes hardies et gracieuses des treizième et quatorzième siècles. Quelques pilastres sont ornés de pinacles et de moulures d'un grand relief et de consoles destinées à supporter des statues. Quelquefois de riches guirlandes de feuillages frisés, déchiquetés, sont placées dans les nervures et en parcourent toute l'étendue.

Chapiteaux. Le plus souvent les chapiteaux, lorsqu'il y en a, sont chargés de deux bouquets de feuilles frisées (pl. 6, fig. 25), ou d'une guirlande de feuilles profondément découpées. Le chapiteau s'accourcit de plus en plus, devient méconnaissable, et son tailloir s'arrondit, jusqu'à ce que l'un et l'autre disparaissent entièrement pendant un certain temps, pour être remplacés au seizième siècle par les figures grotesques du onzième, en bas-relief, et enfin par le retour du type classique.

Arcades. Les deux formes d'arcades particulières au quinzième siècle sont : l'arcade gothique prolongée, dont les arcs s'étendent au delà de la ligne des centres, en prenant une ligne parallèle dans son prolongement (pl. 5, fig. 29), ou une courbe différente et beaucoup plus longue (fig. 28), et l'arcade gothique surbaissée, dont les arcs ne descendent pas jusqu'à la ligne des centres (pl. 7, fig. 7). Sur les saillies que forme l'extrados des arcs, on voit, de distance en distance, des feuillages ou des animaux de tous genres, dans lesquels l'imitation de la nature est poussée aussi loin que possible.

Voûtes. Les arceaux des voûtes, au lieu de tores arrondis, présentent, au quatorzième siècle, la forme d'un cœur (pl. 5, fig. 33), et deviennent plus saillants par cet allongement. Au quinzième siècle, les formes deviennent prismatiques et plus saillantes ; quelques-uns sont formés d'un tore maigre et saillant au-dessous de deux doucines, qui l'accompagnent, ou presque entièrement prismatiques (pl. 5, fig. 49). A mesure qu'on avance dans l'époque, les angles sont plus prononcés ; les arceaux commencent à se ramifier sous les voûtes, et, au seizième siècle, ils se croisent en tous sens comme des branches d'arbre ou comme un réseau.

Chaque point d'intersection est orné d'une figure en grand relief, représentant des armoiries; des emblèmes, des animaux symboliques; souvent la clef s'allonge en cul-de-lampe ou pendentif très-volumineux, recouvert d'innombrables ciselures.

Les portes, toujours de forme ogivale, sont environnées d'un encadrement carré. Le plus souvent, elles sont accompagnées, de chaque côté, de pilastres divisés en plusieurs panneaux, et terminés par des aiguilles ou des pinacles (pl. 8, fig. 20); presque toujours, elles sont couronnées d'un fronton pyramidal formé par une ogive à contre-courbe, ordinairement hérissée de crochets, et dont le sommet est quelquefois terminé par un piédestal surmonté d'une statue (*ib.*), d'autres fois, par un bouquet de feuilles semblables à celles qui ornent les ados. Cette ogive à contre-courbe, ou en accolade (pl. 8, fig. 20, et pl. 5, fig. 52), est l'un des caractères les plus distinctifs du style ogival de la troisième époque; elle s'est rencontrée assez souvent au onzième siècle et dans l'architecture mauresque. Ce mouvement se manifeste partout où la forme ogivale est employée, comme dans les portes, les fenêtres, les arcades simulées, les balustrades, les trèfles, les quatre-feuilles, les rosaces, etc.

Fenêtres et roses. Les fenêtres du quinzième siècle sont ordinairement moins élevées et plus larges qu'au quatorzième siècle, n'ayant pas souvent en hauteur le double de leur largeur. Leur forme n'est plus toujours celle de l'ogive régulière, souvent elles se terminent en anse de panier, quelquefois même par des linteaux ou plates-bandes dont les sommiers sont arrondis.

Elles sont divisées, comme celles du quatorzième siècle, par divers meneaux, réunis à la hauteur du cintre, par des trilobes allongés et pointus (pl. 7, fig. 6). Toutes les combinaisons de l'œil-de-bœuf se trouvent enfin définitivement exclues de leur sommet, pour être remplacées par un autre système, où figurent bien encore quelquefois les projections du cercle, mais qui se distingue du précédent par la direction toujours ascendante de ses parties; au milieu d'une variété infinie de formes, consistant presque toujours, surtout pendant la première moitié du siècle, en un groupe de triangles ou de quadrilatères curvilignes, ou autres courbes composées, comme des cœurs allongés, etc., finissant en pointe, et ressemblant assez à une flamme droite ou renversée (fig. précéd., et pl. 9, fig. 25). C'est ce qui a fait donner à la fenêtre du quinzième siècle le nom de flamboyante, lors même que ses meneaux représentent toute autre chose, par exemple, des fleurs de lis ou des étoiles, ainsi que cela arrive assez souvent en France, surtout dans les fenêtres de grande proportion.

Les moulures qui encadrent les arcs sont profondément refouillées, et décorées de feuillages frisés ou d'animaux taillés et évidés dans la masse avec beaucoup d'art. Des fleurons en forme de choux surmontent les couronnements anguleux qui s'élèvent ordinairement au-dessus.

Ces formes contournées se rencontrent aussi dans les balustrades et les ornements qui garnissent les murs (pl. 6 , fig. 60 et 61).

A une époque avancée du seizième siècle, on trouve des fenêtres dont les compartiments offrent l'ovale, le carré, le plein cintre, la forme d'un cœur, disposition souvent lourde et sans grâce.

Après l'introduction de la fenêtre flamboyante, on ne trouve plus de traces de l'emploi de l'œil-de-bœuf que dans ces grandes roses terminales qui continuent d'occuper le sommet des façades et des pignons. Les meneaux compliqués de ces roses subissent la même révolution que ceux de la fenêtre à arcades, et présentent un champ plus favorable encore aux gracieux et légers épanouissements du système flamboyant. Le quinzième siècle offre une multitude de roses d'un travail admirable (pl. 9, fig. 26).

Les galeries obscures sont formées d'arcades à plein cintre, le plus souvent sans compartiments, surtout à la fin de ce siècle et au seizième. Souvent aussi elles sont ornées à leur partie supérieure de trilobes, de rosaces ou de découpures dans le genre de l'époque; les colonnes qui les supportent sont sans compartiments et d'une délicatesse extrême.

Ornements. L'ornementation s'appesantit sous les lignes contournées et tourmentées du gothique flamboyant, sous le goût des tours de force et l'affectation de science, sous cette profusion de végétation indigène et vulgaire qu'elle fit germer de toutes les saillies, de toutes les arêtes, de toutes les cavités, et à l'ombre de laquelle vinrent s'abriter des légions de statues avec leurs niches et leurs dais. Les ornements formés de moulures se font remarquer par leurs formes anguleuses et prismatiques, qui se voient jusque dans leurs moindres détails, et donnent aux objets un air de maigreur. Les formes végétales dont j'ai parlé, riches et compliquées, se développant par groupes ou isolément, sont ordinairement contournées, tourmentées, et, malgré le fini de leur exécution, ont moins de grâce que les ornements du siècle précédent. Les feuilles que l'on rencontre le plus souvent sont, la mauve frisée, le chou, le chardon, le houx, la chicorée, et toutes les plantes des champs, de forme incisée, lyrée, sinuée, frisée, etc.

Les *trèfles et quatre-feuilles* se terminent par une pointe très-aiguë (pl. 5, fig. 41).

Les feuilles entablées du treizième et du quatorzième siècle sont oubliées pour être remplacées sous les corniches par des feuilles de chou frisé, de chardon, et de quelques autres plantes (pl. 5, fig. 42, 43, 44 et 45). Les sculpteurs ont répandu habituellement dans les différentes parties des édifices ces feuilles frisées, ainsi que les feuilles de vigne, tantôt isolées, tantôt par bouquets ou en guirlandes.

Les crochets ressemblent quelquefois à ceux du quatorzième siècle; mais, le plus ordinairement, ils sont formés de feuilles de chou ou de chardon, ou d'autres feuilles indigènes frisées, contournées, et ressemblant quelquefois à des têtes de dauphins (pl. 5, fig. 43, 44, 45).

Arcades simulées. Presque toutes sont couronnées d'un fronton triangulaire pyramidal, garni ordinairement de crochets, et terminé par un bouquet de feuillages frisés. Ces arcades sont souvent ornées de trilobes (pl. 5, fig. 5o). Au seizième siècle, leurs frontons s'élèvent en accolade très-allongée, et sont garnis de masses de feuilles renversées (haut de la tour de la cathédrale de Meaux). Ces petites arcades s'élèvent quelquefois les unes au-dessus des autres, séparées par des lignes verticales, et ressemblent assez à des panneaux de boiserie, ce qui leur a fait donner le nom de panneaux (pl. 5, fig. 51). Ils sont très-fréquents sur les murs au quinzième siècle, et surtout au seizième.

Les pinacles simulés ornent les murs à l'intérieur et à l'extérieur; ils sont garnis de crochets (pl. 5, fig. 47). C'est un des ornements qui se distingue le plus par sa grâce et sa délicatesse.

Les consoles qui portent les statues sont ordinairement formées de personnages accroupis, d'une exécution bien plus parfaite, et qui les fait facilement distinguer de celles qu'on rencontre dans les siècles précédents. A la fin du quinzième siècle, et surtout au seizième, ces figures gracieuses sont remplacées le plus souvent par des figures grotesques et des animaux fantastiques. On y rencontre assez souvent la salamandre, signe distinctif de l'époque de François Ier.

Dais. Ils prennent une forme pyramidale, et

sont chargés d'ornements d'une grande finesse d'exécution. Ils sont formés d'une suite de petits clochetons, dans le genre des pinacles (n. 47); accolés et par étages souvent à jour. Le retable en pierre de la chapelle de la sainte Vierge de Larchant est admirable en ce genre. On en voit aussi à Saint-Aspais de Melun, à Montereau, à Saint-Germain-l'Auxerrois de Paris, etc. On les emploie fréquemment, et ils produisent un effet charmant. Ordinairement, la partie intérieure figure les arceaux des voûtes et même les pendentifs, à partir de la fin du quinzième siècle.

Les festons trilobés, ornement caractéristique de l'ogive du seizième siècle et de la fin du quinzième, forment d'élégantes garnitures suspendues aux voussures des portes et des fenêtres (pl. 5, fig. 46).

Les balustrades éprouvent les mêmes modifications que les fenêtres, et sont formées de compartiments flamboyants (pl. 6, fig. 60 et suivantes).

Tours. On voit encore, au quinzième siècle, des tours carrées, flanquées de contreforts très-saillants, dont la pesanteur contraste désagréablement avec l'élégance et la légèreté des autres pyramides. En général, elles ne sont pas si élevées qu'au quatorzième, mais plus chargées d'ornements. Beaucoup ne sont pas surmontées de pyramides.

A cette époque, la forme polygonale commence à remplacer la forme carrée des tours plus sévères des siècles précédents. Elles sont terminées par un toit assez élevé ou par une plate-forme, et sont décorées avec une élégance admirable. Leur sommet est souvent orné de pinacles isolés ou de pyramides légères, ou de couronnes découpées à jour.

Les baies sont évasées ou surbaissées, ou à plein cintre, pourvues de meneaux, au moins à leur partie supérieure, et d'abat-sons au-dessous. Elles sont aussi à contre-courbe, surtout dans les tympans; les extrémités des archivoltes sont terminées par des figures grotesques pendantes, des animaux chimériques, ou des feuilles frisées. J'ai aussi remarqué ces figures ainsi disposées, au quatorzième siècle, dans les restes de l'ancienne abbaye Saint-Jean de Soissons. La division des étages est marquée par des larmiers extérieurs; les lignes sont contournées et flamboyantes; on remarque les arcs rampants et les autres ornements de détail de l'époque. Leur exécution, d'abord fine et légère, s'appesantit à mesure qu'elle approche de la renaissance.

C'est encore au quinzième siècle et au seizième qu'appartiennent les clochers de charpente revêtus d'ardoises ou de plomb, hérissés de crosses et autres expansions végétales (pl. 9, fig. 35). Au seizième, apparaissent aussi des pyramides tronquées, ou bien des coupoles en hémisphère.

Les clochetons, au quinzième siècle, sont souvent de forme octogone, sans ouvertures latérales, présentant seulement des panneaux simulés sur les faces. Les aiguilles, ornées de crochets, sont sans aucune cavité intérieure (pl. 8, fig. 8).

Dans les églises de peu d'importance, on voit

aux angles de la façade des tourelles saillantes, divisées dans toute leur hauteur par des contreforts ou pilastres d'une grande finesse, sur lesquels se pourtournent de nombreuses moulures. Ces tourelles sont généralement destinées à renfermer des escaliers; leur couronnement est une reproduction réduite de celui des clochers, et se compose de même d'ornements capricieux, découpés à jour.

Statuaire. Au quinzième siècle, le sculpteur s'élève au rang d'artiste, et l'on sent à la fois l'empreinte des prétentions de l'atelier dans les poses et les physionomies exagérées et bizarres des figures, aussi bien que dans le jeu de plus en plus tourmenté et amaigri des draperies, et le fruit des études de ce même atelier dans l'habileté à rendre les moindres détails du modelé de la chair vivante et morte, et l'expression des passions humaines. C'est surtout dans la représentation en marbre ou en albâtre des têtes et des mains sur les tombeaux, ainsi que dans la composition des petites figures exécutées de même avec des matériaux précieux que se déploie cette habileté du quinzième siècle à faire vivre et surtout à faire pleurer ses personnages. Quant aux nombreuses statues dont il peupla les portails et les piliers butants de ses églises, exécutées à la hâte par des artistes secondaires, elles présentaient, au contraire, peu de relief et de vie. En général, on remarque de la maigreur et quelquefois des attitudes bizarres et forcées. Il faut distinguer dans cette période l'école de Charles VIII et de Louis XII, aux figures de peu de relief, pourvues de détails anatomiques plus marqués dans la sculpture d'ornementation; cette école fleurit particulièrement sur les bords de la Loire.

L'art continua de marcher dans les mêmes voies, pendant les premières années du siècle suivant, jusqu'à l'introduction de l'école milanaise, au travail vulgaire, expéditif et maniéré, particulièrement dans la pose, les cheveux et les draperies de ses personnages; après quoi arriva l'école de Michel-Ange.

Les pavés des églises du quinzième siècle sont souvent composés de pierres sépulcrales richement sculptées. Ces pierres se distinguent par une grande finesse dans la gravure des ornements; l'architecture y est figurée avec beaucoup de soin et de correction.

On rencontre aussi, dans les monuments de cette époque, des terres cuites vernissées et émaillées de diverses couleurs, industrie qui, plus tard, fut portée à une grande perfection. On les employait soit aux pavements, soit aux couvertures; le toit de l'église de Mantes offre un exemple de ce dernier mode de construction.

La peinture d'ornements contribua aussi à enrichir les édifices chrétiens du quinzième siècle : des feuillages, des fleurs, des oiseaux, étaient figurés sur le fût des colonnes et sur les murailles. Les couleurs les plus vives furent aussi appliquées à la sculpture; et de nombreux exemples de bas-reliefs, en pierre ou en bois, peints et dorés, ont survécu à toutes les destructions. J'ai rencontré de ces petites statuettes ainsi peintes et dorées, dans quelques églises de campagne, qui n'ont d'ailleurs rien autre chose de remarquable ; entre autres un grand nombre, du quatorzième siècle, à Recloses (Seine-et-Marne). On verra aussi, avec le plus vif intérêt, les restaurations en peintures du quatorzième siècle, de l'église abbatiale de Saint-Denis.

Deuxième Époque, de 1480 à 1550.

A la fin du quinzième siècle, et au commencement du seizième, les édifices, que l'on restaurait plutôt qu'on n'en élevait de nouveaux, se chargèrent de sculptures multipliées d'une extrême finesse et d'un travail admirable. Les ornements sont les mêmes que ceux du commencement du quinzième, à l'exception d'un bien petit nombre, qui y furent ajoutés, et qu'il est essentiel de ne pas négliger, parce qu'ils sont un type particulier de cette seconde époque du style flamboyant.

Colonnes. C'est surtout à cette époque que les colonnettes cèdent la place à des nervures prismatiques ou à de simples filets, qui s'élèvent verticalement ou en spirale, et souvent se prolongent tout autour des arcades, sans qu'on distingue de chapiteaux. Entre les nervures se développent quelquefois de riches guirlandes de feuillages, souvent découpées à jour, qui se promènent tout le long des pilastres, et tapissent tous les contours des arcs. Les nervures sont souvent séparées les unes des autres par des moulures plus douces, comme des gorges et des doucines.

Voûtes. Beaucoup de voûtes du seizième siècle ressemblent à celles du quinzième; mais elles deviennent, en général, moins élevées que dans les siècles précédents, et paraissent écrasées. Dans d'autres, les arceaux, d'un profil plus recherché qu'aux époques antérieures, se ramifient et se croisent en tous sens comme des branches d'arbre, de manière à donner aux voûtes presque la forme du plein cintre, sillonné de saillies considérables. Tous les points de croisement des arceaux sont souvent couverts de culs-de-lampe ou pendentifs, travaillés avec un art infini, d'écussons, d'armoiries, d'emblèmes, et de diverses figures d'un grand relief; quelquefois, pourtant aussi, de simples rosaces d'une variété étonnante et d'un grand fini. On voit parfois des pendentifs, très-allongés et couverts de broderies, recevoir à leur pointe de petits arceaux suspendus, très-légers, découpés à jour, qui, comme des bras, semblent aller soutenir, en se jouant, les grands arceaux de la voûte.

Fenêtres. Elles sont divisées en compartiments à peu près semblables à ceux des fenêtres du commencement du quinzième siècle (pl. 9, fig. 25). Elles présentent quelquefois des dessins plus réguliers, et sont souvent garnies de festons trilobés, comme les portes du quinzième siècle. Quelques fenêtres sont larges et très-obtuses. C'est surtout aussi vers la fin de cette époque qu'ont paru les fenêtres en accolade de l'architecture mauresque, comme celle représentée pl. 5, fig. 52. Quelquefois elles sont à plein cintre, divisées en plusieurs compartiments cintrés de même, et garnies à leur sommet de rosaces ou de quatre-feuilles encadrés, et de parties flamboyantes (pl. 9, fig. 27).

Portes. Les portes ne diffèrent des fenêtres que par le plus grand nombre d'ornements dont elles sont couvertes. Ces ornements sont les mêmes que ceux du quinzième siècle, auxquels on peut ajouter ceux dont je viens de parler, et que nous verrons plus bas.

Les ornements qui caractérisent particulièrement cette seconde époque du style flamboyant sont surtout les festons trilobés (pl. 8, fig. 20, et pl. 5, fig. 46), suspendus aux voussures des portes, des fenêtres, des arcades, des arcs-boutants, et quelquefois aux arceaux des voûtes; les panneaux tapissant les murs (pl. 5, fig. 51), les broderies (fig. 53 et 55), les pinacles en application, garnis de gros bouquets de feuilles déchiquetées; les dais et les niches en encorbellement, couverts de ciselures; les ceps de vigne découpés à jour; les entrelacs, les arabesques et les rinceaux. On voit aussi fréquemment des quatre-feuilles; mais ils ont plus de hauteur que de largeur (pl. 5, fig. 54), et sont découpés en forme de compartiments flamboyants et pointus.

Des figures d'animaux et de chimères décorent souvent les consoles et les chapiteaux; on y remarque surtout la salamandre, que François 1er avait prise pour emblème, et qui distingue les édifices élevés sous son règne.

Balustrades. On y remarque très-communément des compartiments flamboyants, allongés et serrés (pl. 6, n. 62, 63 et 64), et souvent aussi des figures approchant de la feuille de fougère.

Tours. Au seizième siècle, on construisit quequefois des tours octogones, hardiment jetées sur les transepts, des pyramides d'une hardiesse et d'une légèreté surprenantes. Mais, en général, on trouve des tours et des pyramides tronquées, carrées ou octogones, et quelquefois des coupoles hémisphériques.

Peu d'églises furent construites entièrement dans le genre flamboyant; on rencontre plus fréquemment des parties accessoires remarquables par leur richesse de détails. Les plus remarquables sont :

L'église de Vannes presque tout entière;

L'église de Saint-Flour;

L'église de Moulins;

La partie supérieure des tours d'Amiens;

La tour et le clocher d'Aix;

Deux travées de la nef d'Agen;

Le jubé et l'enceinte du chœur d'Alby;

Le transept, le chœur, l'abside et les chapelles accessoires d'Évreux;

Les chapelles accessoires de Châlons;

Plusieurs voûtes de la nef de Bordeaux;

Les chapelles accessoires et la flèche d'Autun;

Les chapelles collatérales de la nef de Bayeux ;
Le portail latéral sud de Grenoble ;
Le portail et la tour de Saint-Jean de Lyon ;
Le chœur, l'abside et le transept de Metz ;
Les chapelles latérales et la magnifique tour de Nevers ;
La nef, les chapelles accessoires et le portail principal de Troyes ;
Le portail de Toulouse ;
La nef, les chapelles accessoires et le portail de Tours ;
La flèche, la chaire et les fonts baptismaux de Strasbourg ;
Les voûtes de Perpignan ;
Le transept et la nef de Quimper ;
Le portail principal de Rouen ;
La tour de Saint-Barthélemy, à la Rochelle ;
Les dernières travées du chœur, le transept, une partie de la nef, le jubé et la tour de Rodez.

ART. 7. — *Renaissance, vers l'an 1550.*

Comme au douzième siècle, une nouvelle et immense révolution allait s'opérer dans l'architecture : le style ogival avait parcouru ses différentes carrières d'enfance au douzième siècle, de perfectionnement au treizième siècle et au commencement du quatorzième, de dégénération au quinzième et au seizième, et il allait rendre au plein cintre la place qu'il lui avait enlevée.

Un esprit de réforme et d'innovation fermentait dans les esprits depuis longtemps, et il se répandit jusque sur les arts avec d'autant plus de facilité qu'un goût prononcé pour l'antiquité classique se manifestait ouvertement, surtout depuis la découverte des manuscrits de Vitruve, les travaux d'Alberti, de Bruneleschi et de plusieurs autres architectes italiens. Telles furent les causes du changement qui s'introduisit dans l'architecture.

Il se forma dès lors un style mixte; le plein cintre romain se para des riches ornements de l'ogive de la dernière époque; c'est ce style mixte et bâtard qu'on appelle architecture de la renaissance, qui abandonna bientôt ses accessoires d'emprunt pour former un style particulier et neuf. Cependant ce style a été plutôt employé dans les monuments civils que dans les monuments religieux, pour lesquels on n'abandonna pas entièrement l'ogive, qui avait reçu pour ces édifices une sorte de consécration.

Voici les principaux caractères du style de la renaissance.

Les fenêtres (pl. 9, fig. 28), les portes et les arcades sont à plein cintre, sans compartiments; on y trouve cependant encore, mais rarement, l'ogive mêlée au plein cintre, ainsi que les compartiments flamboyants et les quatre-feuilles.

Aux ornements empruntés à la dernière époque du style ogival, se mêlent une multitude d'arabesques, de rinceaux, des moulures imitées de l'architecture antique, des médaillons présentant en demi-relief des têtes de princes romains ou les bustes de personnages distingués de l'époque.

Cette ornementation, d'abord vive, fine et légère, tant qu'elle resta fidèle à la division des parties, devint massive, exagérée et sans esprit, quand elle brisa ses lignes ou força ses proportions. En général, l'alliance avec le gothique abâtardi du quinzième siècle, commencée sous Louis XII., se prolonge pendant les premières années du règne de son successeur; c'est ensuite qu'arrive la jolie colonne de petite proportion, remarquable par la saillie du stylobate, par la coquetterie de son chapiteau et de son entablement, par la variété et la finesse de son ornementation, que rend plus piquante le contraste des surfaces lisses.

Ce brillant rameau de l'art de la renaissance fut bientôt étouffé sous la réunion des parties et les proportions exagérées des objets décorés qui en furent la suite, aussi bien que sous les lourdes et bizarres importations des goûts florentin et vénitien, dont le développement presque parallèle jeta de bien plus profondes racines dans notre sol. En beaucoup d'endroits même, ce fut sans intermédiaire que l'art passa du flamboyant gothique à ce qu'on peut appeler le flamboyant de la renaissance, tant on y retrouve la même pesanteur des masses, le même abus des lignes brisées et contournées, la même profusion d'ornements et la même absence de critique dans leur choix, le même goût pour les porte-à-faux, les culs-de-lampe et les clefs pendantes, qui écrasent et abaissent les voûtes, malgré d'ailleurs la beauté de leur travail.

Contreforts. Leur brillante ornementation des siècles précédents cède la place, d'abord à des arabesques et à tous les caprices de l'époque de transition, puis aux consoles renversées et autres lourds appuis de l'architecture antique (pl. 8, fig. 11); souvent ils se dissimulent et se transforment en chambranles et en pilastres (pl. 8, fig. 10).

Les nervures commencent à être abandonnées, et les colonnes prennent des proportions plus correctes.

L'entablement laisse apercevoir souvent l'architrave, la frise et la corniche de l'architecture grecque et romaine.

Les grandes voûtes conservent toujours la forme ogivale du quinzième siècle, mais elles sont ordinairement surbaissées comme à la fin de l'époque précédente et couvertes de culs-de-lampe et de pendentifs ornés d'un grand nombre de ciselures. Les culs-de-lampe sont cependant de moindre dimension; les voûtes de petite étendue sont ordinairement cintrées, et partagées dans toute leur étendue par des caissons compassés, remplis de sculptures très-variées. Ce sont des fleurs, des fruits, des têtes humaines, des génies ailés, des emblèmes, des dessins fantastiques.

Le seizième siècle substitua au luxe de pointes et d'aiguilles du quinzième, des tours, généralement de forme sphérique. On voit, superposés les uns aux autres, plusieurs ordres, d'abord d'un travail fin et délicat, puis, en moindre nombre, de proportions forcées, qu'on appelle le *flamboyant de la renaissance*, avec ses bossages, ses surfaces rustiquées, et son ornementation incohérente et théâtrale. En général, à mesure qu'on revint plus complétement à l'imitation bien ou mal entendue de l'antique dans l'architecture religieuse, le clocher devint plus embarrassant à placer, à élever à une hauteur considérable et à décorer.

Les clochetons cèdent la place à des pyramides en forme de candélabres (pl. 5, fig. 57) et à des espèces de piédestaux carrés ou octogones (fig. 56).

Les monuments de la renaissance, quoique de petite dimension, et malgré les fréquents défauts que j'ai signalés, se font cependant généralement remarquer par la grâce, l'élégance et la pureté de leurs proportions, la richesse et la délicatesse de leurs ornements.

L'architecture ne tarda pas à abandonner entièrement les formes gothiques, et à adopter les styles grec et romain dont j'ai d'abord parlé, et auxquels on peut se reporter pour connaître le genre qui a suivi la renaissance, sauf quelques modifications au style antique, comme la plus grande profondeur des ciselures, et quelques ornements qui entrent dans les petits détails, et qu'il serait trop long de rapporter dans un manuel.

Voici les constructions de ce style les plus remarquables que l'on trouve en France :

L'église d'Auch ;

Celle d'Ajaccio ;

La flèche centrale d'Amiens;
Une chapelle magnifique de Châlons;
Le clocher de Bayonne;
La partie supérieure des tours de Nantes, et un magnifique tombeau d'Anne de Bretagne;
La chapelle de Charles de Bourbon à Lyon;
Le magnifique jubé de Limoges;
La partie supérieure des tours de Tours;
La chapelle du Dévot-Crucifié à Perpignan;
La tribune et le portail de Rodez.

ART. 8. — *Caractères de l'architecture gothique, et sa comparaison avec les autres architectures.*

En parcourant avec un œil observateur les caractères de l'architecture des peuples anciens les plus connus, et chez lesquels les arts ont été les plus florissants, nous nous sommes arrêtés avec surprise devant les pyramides d'Égypte, ces masses énormes et étonnantes, destinées à publier à tout l'univers, et à perpétuer dans la suite des siècles le souvenir du néant des grandeurs humaines; nous avons suivi avec curiosité les contours multipliés du labyrinthe de Thèbes; nous avons admiré les vastes palais et les temples magnifiques de cette contrée, les constructions immenses de Babylone, de Tyr, de la Palestine, des Pélasgiens, des Celtes, d'après les descriptions que l'histoire nous en a laissées ou les investigations des savants. Nous avons examiné les détails de la brillante architecture de la Grèce, si en harmonie avec son beau ciel et les riantes fictions de sa mythologie, ses formes pures, ses proportions élégantes, ses contours suaves et gracieux que l'on admire dans ses édifices. Rome ensuite nous montra dans ses nombreux monuments, ses voûtes, ses cintres, son caractère de grandeur, d'élévation et de durée qui répondait à la grandeur du peuple romain.

Mais tout cet art des peuples païens, qui fait notre admiration, n'était réellement qu'un art tout terrestre, tout mondain, qui ne quittait pas la terre, en rapport avec les pensées de ces peuples, qui n'avaient d'autre idée de la grandeur que celle qui frappait leurs yeux, la perfection de la matière, et ne s'élevaient jamais au-dessus des idées étroites, les seules que pouvait inspirer une religion toute matérielle. Ce n'était qu'au christianisme qu'il était donné d'imprimer à la pierre un caractère vraiment religieux. Cette noble fonction est surtout remplie par le style gothique, devenu universel lorsque l'Évangile fut porté chez tous les peuples. De là cette unité architecturale que l'on retrouve partout au moyen âge, et ce sentiment religieux, ces détachements de la terre, ces pensées profondes d'éternité que l'on éprouve en franchissant le seuil de nos temples.

J'ai fait connaître l'origine du style gothique, son introduction dans l'Europe, les différentes phases qu'il a parcourues dans l'espace de quatre siècles, jusqu'au moment où il fut abandonné pour laisser la place à l'ancien style. Voyons quels sont ses caractères particuliers, afin de mieux saisir sa supériorité sur toute autre architecture dans son emploi pour les édifices religieux.

Le premier et le principal caractère de l'architecture gothique, ou ogivale, est l'arc allongé et pointu vers le milieu, ou l'arc à tiers-point. Les effets merveilleux que produit la grande ogive et les chefs-d'œuvre qu'elle a créés la justifient assez des reproches d'irrégularité et de style barbare qu'on lui a donnés longtemps avec injustice. Il est certain, en effet, que l'ogive se prête beaucoup au grandiose et à des illusions d'optique dont on ne sait pas toujours se rendre compte, précisément parce qu'elles font des impressions vives en absorbant le sentiment, ce qui est l'effet ordinaire du sublime, qui cesse de l'être ou s'affaiblit quand on veut le raisonner ou l'assujettir à des règles.

Le second caractère de l'architecture ogivale est la solidité, l'arc en ogive ayant moins de poussée que le plein cintre, parce qu'il se rapproche plus de la ligne perpendiculaire, qui ne pousse pas sur les côtés. Aussi les édifices gothiques ont-ils résisté d'une manière étonnante à l'action du temps. On a vu des voûtes, de 15 à 20 centimètres d'épaisseur seulement, résister pendant de longues années à toutes les intempéries de l'air et à la pluie auxquelles elles étaient exposées.

Le troisième caractère est la hardiesse et l'élévation réunies à la solidité. Osera-t-on comparer, par exemple, la grande pyramide d'Égypte, qui a 400 pieds de haut, le monument le plus élevé qu'on ait connu dans l'antiquité, avec les tours et les flèches de plusieurs de nos belles cathédrales, comme la flèche de Strasbourg, qui a aussi 400 pieds d'élévation, qui s'élève d'abord carrée, devient ensuite octogone, puis tourne en colimaçon, comme si l'architecte avait voulu, par cette variété de formes, se jouer des difficultés, ce qui paraît surtout à la vue de la légèreté du travail.

Le quatrième caractère gothique est la légèreté des constructions qui se manifeste dans tous les détails. Les premières églises étaient rarement voûtées; et quand elles le furent, dans les neuvième et dixième siècles, les voûtes étaient basses, pesantes, soutenues de grosses colonnes ou par des piliers massifs. Le style gothique, dans le treizième siècle et les suivants, exécuta des voûtes si élevées, qu'elles paraissaient aériennes. Les piliers sur lesquels elles reposent sont aussi d'une légèreté et d'une hauteur surprenantes; les cannelures forment un faisceau qui s'élance comme des fusées volantes, et va former ces nervures élégantes qui se dispersent en compartiments sous les voûtes. Les flèches de Rouen, de Chartres, de Strasbourg, d'Anvers, etc., paraissent percées à jour. Dans un moment d'orage, il semble qu'on va les voir se balancer dans les airs, comme ces antiques sapins qui se sont accoutumés à braver la tempête. Cette légèreté, qui paraît dans les masses des édifices, se manifeste bien davantage encore dans les ornements de détail : les corniches, les chapiteaux, les frises, les rinceaux, sont sculptés avec une délicatesse dont il semble que la pierre et le marbre ne soient pas susceptibles ; ce sont des feuilles, des fleurs, des rubans, des dentelles, que l'air va, ce semble, agiter, et dont l'œil le plus exercé n'aperçoit les détails et la grâce que successivement et après des observations réitérées.

Le cinquième caractère de l'architecture gothique est pris dans cette variété de formes et de plans généraux des édifices, qui fait qu'aucune ne se ressemble, et que toutes ont leur genre de beauté et leur manière d'exciter l'étonnement et l'admiration, ce qui ne se rencontre pas dans les autres genres d'architecture. Le gothique a aussi quelque chose de religieux et d'approprié au catholicisme : par exemple, on fait des temples grecs, et comme les Grecs n'avaient ni croix, ni clochers, on ne sait plus où mettre ces signes distinctifs du christianisme. On peut aussi changer facilement la destination d'une église en style grec, et lui faire perdre son caractère religieux ; mais on l'entreprendrait vainement à l'égard d'une église gothique : il serait plus aisé de la détruire que de faire oublier sa destination primitive.

Nous voyons donc qu'il y a une différence énorme entre les églises gothiques et celles que l'on construit, depuis la renaissance, dans les styles grec et romain. Le grec et le romain ont leurs beautés, qui sont très-grandes, comme je l'ai fait voir; mais ils n'ont rien qui élève l'âme, et leur peu d'élévation semble nous écraser et nous tenir attachés à la terre. La vue seule d'une église gothique, au contraire, transporte l'âme et la saisit d'un sentiment éminemment religieux, en lui annonçant, par les caractères symboliques de l'ogive, qui se retrouvent partout, jusque dans les ornements, que c'est une maison de prière et la porte du ciel.

« Lorsque, placé sous le portique d'une cathédrale, l'œil saisit tout l'aspect du temple, dans lequel pénètre la clarté mystérieuse du jour assombri par les vitraux peints; qu'il parcourt la nef centrale, glisse avec étonnement sous ces voûtes, à la fois légères et gigantesques, pour venir se perdre dans le lointain, où apparaît le rond-point, on ne peut se défendre d'une vive exaltation, d'une sorte de tressaillement : l'aspect d'une basilique frappe les sens comme le ferait une poésie sublime ou une belle mélodie. Si, de l'intérieur, on passe à l'extérieur, on n'est pas moins charmé des proportions, à la fois vastes et gracieuses, du vaisseau, de l'élégance des tours, de la profusion des clochetons, des arcs-boutants et des contreforts. L'examen le plus superficiel suffit pour convaincre qu'une pensée prédomine dans l'architecture ogivale, savoir, l'élancement et la direction vers le ciel. Cette forme pyramidale, qui se reproduit dans toutes les parties dominantes des édifices, non-seulement dans les frontons, les tours, les clochetons, mais encore dans les fenêtres en lancettes, contribue beaucoup à donner aux basiliques une apparence de hauteur qu'elles n'ont pas toujours en réalité. C'est de cet accord dans les formes que naissent l'harmonie et l'unité qui distinguent si heureusement les monuments gothiques, surtout ceux du treizième siècle, la plus belle époque de ce style.

« Qu'il est faux le jugement que nos artistes modernes ont porté sur l'architecture gothique, qu'ils déprécient avec dédain et traitent de barbare! La fausseté de ce jugement vient sans doute de ce qu'ils se sont acharnés à comparer l'architecture ogivale avec l'architecture antique, sans réfléchir qu'elles n'ont entre elles aucun rapport, et que leurs éléments sont incompatibles.

« Pour comprendre l'architecture du moyen âge, il faut d'abord reconnaître que dans tous les siècles les croyances religieuses ont puissamment influé sur le caractère de l'architecture. Ainsi, chez les Grecs et les Romains la religion, toute matérielle, a produit et devait produire une architecture basée sur des proportions qui ne dépassent pas ce qu'on est convenu d'appeler le bon goût; l'ensemble des parties devait montrer cette grâce, cette élégante simplicité, et en même temps cette richesse que nous admirons dans les édifices anciens, parce que l'imagination était fixée sur des choses naturelles, et que le type du vrai beau, par rapport à eux, ne sortait pas de la nature physique. La pensée, mue par une religion dont tous les dogmes étaient à la portée de l'intelligence humaine, n'avait rien d'inspiré; ainsi, dans l'architecture antique tout était méthodique, simple et raisonné.

« Il n'en est pas de même dans l'architecture ogivale, que l'on pourrait appeler architecture chrétienne. Les modernes ont puisé dans le repentir chrétien l'habitude de se replier continuellement sur eux-mêmes, et dans leurs pieuses méditations une tendance à s'écarter de la nature physique et à tout exalter, principalement au treizième siècle, qui était éminemment religieux, à cette époque où l'enthousiasme religieux a tout embrasé. De ce moment, tout fut hors de proportion avec les idées terrestres; l'esprit de spiritualité parut dans l'architecture au point que les édifices furent à jour, couverts de ciselures et de broderies qui semblaient rivaliser avec les subtilités de la pensée.

« La forme est tout dans l'architecture antique; dans l'architecture ogivale, il y a la forme et la pensée; car, dans cet élancement des parties vers le ciel, et dans la plupart des combinaisons usitées au treizième siècle, on ne peut méconnaître l'expression d'une idée mystique. Qui sait même si la forme triangulaire de l'ogive n'était point un symbole aux yeux des architectes? Mais, sans insister sur ces considérations, qui intéressent à un très-haut degré la philosophie de l'histoire de l'art, je me borne à poser en principes : que si l'architecture des anciens est plus pure comme art, celle des modernes est plus touchante et plus religieuse.

« Il suffit, en effet, d'observer sans prévention l'aspect magnifique des grandes églises élevées par les architectes du moyen âge, pour se convaincre que le style ogival convient plus particulièrement à nos temples, auxquels il imprime un caractère solennel, que n'offrent point en ce genre les imitations plus ou moins heureuses de l'architecture antique. Les basiliques de Saint-Pierre de Rome (la première église du monde), de Saint-Paul de Londres, de Sainte-Geneviève de Paris, chefs-d'œuvre de l'école moderne, sont loin, malgré leur grandiose et leur somptuosité, d'exciter en nous ce sentiment involontaire de vénération et de grandeur, cette émotion indéfinissable qui s'empare de notre âme quand nous contemplons, même avec des dispositions indifférentes, l'intérieur des édifices étonnants bâtis dans les douzième, treizième et quatorzième siècles (1). »

Si les plus beaux monuments modernes sont si éloignés de rivaliser avec nos belles églises gothiques, que peut-on dire de la mesquinerie qui se manifeste dans presque toutes les constructions religieuses de notre époque, qu'on ne peut reconnaître pour une maison de prière qu'en élevant la tête pour voir l'espèce de tour qui les surmonte ou plutôt la croix symbole du christianisme. Et s'il est vrai de dire que les arts, et surtout l'architecture, suivent pas à pas les idées religieuses dans leur agrandissement ou leur affaiblissement dans les esprits, on sera convaincu de cette vérité

(1) De Jolimont, *Description des Cathédrales de France.*

par l'examen des progrès de cet art jusqu'à la renaissance, et comment, depuis cette époque, qui fut si féconde en erreurs, la foi allant toujours en s'affaiblissant, l'architecture ne fut plus aussi religieuse.

Sont venus enfin les dix-huitième et dix-neuvième siècles, temps de philosophie, où toutes les croyances ont été ébranlées ou détruites; toutes les pensées sublimes, qui agissaient d'une manière si puissante sur les esprits, ont été remplacées par un seul sentiment, par un désir qui dévore toutes les classes, celui de l'*argent*.

ART. 9. — *Moyens d'exécution.* — *Confréries de maçons.*

En jetant les yeux sur le nombre et la magnificence des églises et autres monuments religieux construits dans les diverses périodes du moyen âge, on se demande avec étonnement quels sont les moyens qui ont été employés pour enfanter tant de chefs-d'œuvre à une époque appelée *barbare, siècle d'ignorance;* à une époque où l'on se plaît à dire que les arts étaient dans l'enfance; à une époque où la France, l'Angleterre, l'Allemagne, l'Italie, l'Espagne, étaient divisées en petits royaumes dont les chefs n'avaient pas les ressources de l'impôt régulier et ne pouvaient réunir que des sommes peu considérables? Quel est le souverain, dit un auteur moderne, qui oserait entreprendre dans notre siècle la construction d'une église semblable à celle de Chartres, dans un pays surtout qui n'a ni carrière, ni bois?

On pourrait sans doute répondre que la foi était alors plus vive dans les princes et dans le peuple, et que tous se montraient plus généreux et plus empressés à faire des sacrifices à la religion ; mais cette réponse, quoique très-vraie, est encore trop vague, et n'explique pas assez clairement le fait que nous signalons ; il faut donc recourir à l'histoire de l'époque pour trouver la véritable solution de ce problème.

D'abord il est certain que les ecclésiastiques les plus distingués et les plus instruits faisaient de l'architecture l'objet de leurs études. Les anciens écrivains font mention de grand nombre d'évêques et d'abbés qui donnaient les plans de leurs églises, et qui travaillaient eux-mêmes à les construire ; Grégoire de Tours cite plusieurs de ses prédécesseurs comme étant des artistes habiles ; il dit que l'évêque Léo était bon charpentier ; qu'Agricola, évêque de Châlons-sur-Saône, avait dirigé l'érection de plusieurs édifices, notamment celle de sa cathédrale, qui était ornée de mosaïques et de colonnes en marbre.

Il est certain, en outre, que plusieurs couvents, tels que celui de Solognac, aux environs de Limoges, et beaucoup d'autres, étaient remplis de littérateurs et d'artistes, dans les septième, huitième et neuvième siècles. Une multitude de témoignages nous prouvent que les évêques, les moines et les ecclésiastiques en général, étaient souvent architectes, peintres, historiens, etc. Dans les siècles barbares, ravagés par les guerres, les sciences et les arts trouvèrent un asile dans les couvents, où ils furent cultivés avec ardeur. Mais si les abbayes pouvaient en quelque sorte être considérées comme des écoles où se perpétuaient les traditions relatives aux arts et aux sciences, il y avait aussi hors des cloîtres quelques ouvriers habiles qui travaillaient sous la direction des évêques ou des moines architectes. Ces ouvriers étaient même assez nombreux dans la France occidentale, et plusieurs fois les évêques et les abbés d'Angleterre eurent recours à eux lorsqu'ils élevèrent de grandes églises. La France, à son tour, mettait l'Italie à contribution; elle en faisait venir des peintres, des sculpteurs, des architectes. Ils étaient surtout fournis par la Lombardie, qui a toujours été féconde en artistes. Au moyen de ces relations, de ces emprunts entre les peuples voisins, il y eut toujours une école d'architecture, et l'art se maintint à un niveau assez élevé et assez uniforme dans l'Europe occidentale.

Quant aux ressources nécessaires à ces constructions, il faut les trouver dans la munificence des rois, qui en élevèrent beaucoup, surtout Charlemagne, dont la puissance était colossale ainsi que ses richesses : les successeurs de Charlemagne imitèrent son zèle; à l'exemple du souverain, les seigneurs rivalisaient de zèle pour la maison de Dieu et d'attachement à la religion; chacun voulait ériger et fonder une église, et quelquefois un monastère. Le zèle des fidèles ne restait pas non plus en arrière; ils fournissaient aux dépenses nécessaires, se mettaient eux-mêmes à l'ouvrage, et étaient secondés par les divers ordres religieux.

Dès les premiers siècles du christianisme, les fidèles se sont empressés de contribuer par leurs travaux et leurs aumônes à faire construire des églises. Nous lisons dans Tillemont (*Mémoires pour l'Histoire ecclésiastique*, tome IV), que saint Grégoire-Thaumaturge, évêque de Néocésarée, vers l'an 240, ayant voulu construire une église dans sa ville épiscopale, tous les fidèles y contribuèrent de *leur argent* et de *leur travail*. C'est aussi en profitant des libéralités spontanées des fidèles, que saint Paulin, vers l'an 320, fit construire magnifiquement l'église de Tyr, détruite par les païens sous Dioclétien. L'histoire ecclésiastique des siècles passés nous fournirait une foule d'exemples semblables.

Mais c'est surtout aux douzième et treizième siècles qu'il faut nous reporter, où furent construites ces immenses et élégantes basiliques, répandues en si grand nombre dans toutes les parties de la France, qui annoncent de si grands talents architectoniques, et nécessitèrent des dépenses si énormes. Nous allons voir comment était facile alors leur construction, qui serait impossible aujourd'hui.

D'abord, le clergé possédait des richesses considérables, et quelquefois il pouvait entreprendre de grands travaux sans réclamer de secours étrangers. Mais il lui fallait bien souvent recourir à l'assistance des fidèles; alors il trouvait dans le zèle extraordinaire, dans l'enthousiasme invincible qui animait les esprits, de telles ressources de tout genre, qu'au lieu de se borner à construire de nouvelles églises et à réparer les anciennes, on en renversait quelquefois de très-solides pour les réédifier d'après les règles du style ogival. Non contents de contribuer par des offrandes à la construction des basiliques, les fidèles se rendaient en foule dans les lieux où on en élevait, pour prendre part aux travaux les plus pénibles. C'était une sorte de pèlerinage qu'on entreprenait pour racheter ses fautes et pour obtenir des grâces spirituelles.

Au moment des croisades il y eut, comme je l'ai dit, un bouleversement universel dans toute l'Europe; chacun voulait prendre part à cette entreprise et aux faveurs spirituelles qui y étaient attachées; mais tout le monde ne pouvait pas se croiser et quitter ses foyers pour aller combattre les infidèles. Ceux qui restaient crurent pouvoir contribuer aux succès de l'entreprise en construisant des ponts, des chemins, des hôpitaux pour les malades et des hospices où les croisés et les pèlerins étaient reçus; d'autres, surtout après la première croisade, se consacrèrent à bâtir des églises dont plusieurs avaient été ruinées par les barbares, par les guerres des seigneurs et par le laps du temps. Les souverains pontifes attachèrent les mêmes indulgences à ces constructions utiles qu'au pèlerinage de la Terre-Sainte et à la conquête qu'on voulait en faire. Dès lors il se forma des associations d'ouvriers dans tous les genres, qu'on appela *bâtisseurs d'églises*, *pontifes* ou *pontistes*.

Le plus ancien des monuments que nous connaissions de l'existence des bâtisseurs d'églises date de l'année 1145. Voici comme s'exprime à ce sujet Hugues, évêque de Rouen, dans une lettre qu'il écrivait à Thierry, évêque d'Amiens :

« Des habitants de Chartres ont concouru à la construction de leur église en charriant des matériaux ; notre Seigneur a récompensé leur humble zèle par des miracles qui ont excité les Normands à imiter la piété de leurs voisins. Nos diocésains ayant donc reçu notre bénédiction se sont transportés à Chartres, où ils ont accompli leur vœu.

« Depuis lors, les fidèles de notre diocèse et des autres contrées voisines ont formé des associations dans un but semblable ; ils n'admettent personne dans leur compagnie, à moins qu'il ne se soit confessé, qu'il n'ait renoncé aux animosités et aux vengeances, et ne soit réconcilié avec ses ennemis.

« Cela fait, ils élisent un chef, sous la conduite duquel ils tirent leurs chariots en silence et avec humilité. »

Les conditions exigées pour être admis dans ces associations sont très-importantes à remarquer, parce qu'elles contribuaient puissamment à entretenir la paix dans un temps où chaque province et quelquefois chaque commune était en guerre.

Dès que les confrères étaient avertis qu'il y avait quelque part une église à bâtir, ils s'y rendaient en troupe de tous les diocèses voisins, après avoir pris la bénédiction de leur évêque, et ils se mettaient au travail avec une ardeur incroyable. Mais cette foule, qui venait travailler par corvées à la construction des églises, n'avait aucune notion d'architecture; elle agissait évidemment sous la direction des architectes, qui devaient être fort nombreux, puisqu'on bâtissait partout avec tant d'ardeur au douzième et au treizième siècle. Chaque compagnie avait son chef, appelé *maître de l'art*, qui employait chacun selon son talent et ses forces. Les uns taillaient la pierre, sculptaient les chapiteaux des colonnes, les bas-reliefs ou les statues; les autres coupaient et façonnaient le bois, broyaient le ciment; maniaient la truelle ou faisaient fonction de manœuvre en transportant les matériaux ou les provisions de bouche; chacun avait une partie dont il s'occupait exclusivement et dans laquelle il excellait. Du reste, ces associations différaient beaucoup, je crois, de la confrérie des *francs-maçons*, qui se forma plus tard sur les bords du Rhin.

C'était un spectacle inouï de voir des militaires, des nobles, des riches, des hommes de plaisir s'attacher à un char en esprit de pénitence, et voiturer eux-mêmes le sable, la chaux, etc., et se faire les serviteurs et les manœuvres des ouvriers. Mais ce qui était plus étonnant encore, c'était l'harmonie, la subordination et le silence religieux qui régnaient dans ces vastes ateliers où se trouvaient réunies tant de personnes différentes, plus accoutumées à commander qu'à obéir. Les ecclésiastiques donnaient l'exemple, et faisaient de temps en temps des exhortations pour inviter à la pénitence et au souvenir de Dieu, pour la gloire duquel on s'était mis au travail. Ces bons sentiments étaient entretenus par le chant des hymnes et des cantiques en l'honneur de la sainte Vierge et des Saints.

Haimon, abbé de Saint-Pierre de Dives, en Normandie, dans une lettre écrite aussi en 1145, aux religieux de l'abbaye de Tuttebury en Angleterre, peint cet empressement avec lequel on se livrait à ces actes de dévotion.

« C'est un prodige (dit-il), que de voir des hommes puissants, fiers de leur naissance et de leurs richesses, accoutumés à une vie molle et voluptueuse, s'attacher à un char avec des traits, et voiturer les pierres, la chaux, le bois, et tous les matériaux nécessaires pour la construction de l'édifice sacré. Quelquefois mille personnes, hommes et femmes, sont attelées au même char (tant la charge est considérable), et cependant il règne un si grand silence qu'on n'entend pas le moindre murmure. Quand on s'arrête dans les chemins, on parle, mais seulement de ses péchés, dont on fait confession avec des larmes et des prières ; alors les prêtres engagent à étouffer les haines, à remettre les dettes, etc. S'il se trouve quelqu'un assez endurci pour ne pas vouloir pardonner à ses ennemis, et refuser de se soumettre à ces pieuses exhortations, aussitôt il est détaché du char, et chassé de la sainte compagnie. »

Haimon ajoute que pendant la nuit on allumait des cierges sur les chariots qui avaient servi à ces transports, et qu'on veillait en chantant des hymnes et des cantiques. Enfin il dit aussi, ce que nous avons déjà vu plus haut, que cette pieuse association avait commencé à Chartres, à l'occasion des travaux de la cathédrale; que peu de temps après il s'en forma une à Saint-Pierre de Dives pour la construction de cette abbaye où il demeurait; que d'autres se formèrent dans toute la Normandie, et surtout dans les lieux où se construisaient des églises à l'honneur de la sainte Vierge.

Plusieurs chroniques confirment les détails édifiants que je viens de rapporter, et les faveurs spirituelles et temporelles que le Tout-Puissant faisait éclater en faveur de ces associations. Un manuscrit de 1213, qui se trouve dans les archives de Genève, fait mention d'une confrérie du même genre, fondée par un de ses évêques, et qui prenait soin de l'église de Saint-Pierre.

Les travaux de la cathédrale de Strasbourg, et surtout l'érection de sa flèche, donnèrent lieu aussi à plusieurs associations de maçons et de tailleurs de pierres. Dotzinger, architecte de cette église, vers l'an 1450, les réunit en un seul corps, dont les ramifications s'étendaient dans toute l'Allemagne et y formaient des ateliers ou *loges* qui avaient un chef appelé *maître*. Une assemblée générale eut lieu à Ratisbonne en 1459; on y fit des règles pour la réception des apprentis, des compagnons et des maîtres, et on convint de signes secrets par lesquels on pourrait se reconnaître.

Cette association fut confirmée par les empereurs d'Allemagne : elle avait tant de réputation que le duc de Milan demanda, en 1481, un architecte qui en était membre pour diriger la construction de sa magnifique cathédrale. Quelques personnes croient que c'est cette association dégénérée qui a formé plus tard les loges maçonniques connues sous le nom de *francs-maçons*. S'il en est ainsi, il faut convenir qu'elles se sont bien éloignées de ce qu'elles étaient dans leur origine, puisqu'elles sont aujourd'hui anti-religieuses et anti-monarchiques.

C'est par ces sortes de confréries que furent bâties la plupart des belles églises de l'Europe. Plusieurs églises, cependant, au nombre desquelles on peut mettre la cathédrale de Clermont et le dôme de Milan, ne furent pas dues à des associations, mais au désir de gagner des indulgences ou d'autres faveurs qui étaient accordées par les papes ou les évêques. Les religieux de Cîteaux, au nombre de quatre cents, bâtirent entièrement l'église et le monastère des Dunes : maçonnerie, charpente, ferrure, tout fut leur ouvrage. Les mêmes religieux construisirent plusieurs églises dans la France.

Quand on considère la perfection et l'uniformité des monuments du treizième siècle, on ne peut douter qu'il n'existât parmi les architectes une doctrine bien arrêtée, et des connaissances beaucoup plus étendues qu'on ne l'a supposé pendant longtemps. Mais les recherches faites dans les bibliothèques conventuelles n'ont fait découvrir aucun manuscrit, aucun monument sur cette matière, ce qui ferait croire que ces connaissances de cet art, si perfectionné alors, se transmettaient oralement et en pratiquant.

Une chose bien remarquable encore, c'est qu'on ne connaît pas les noms des architectes qui ont élevé la plupart des grands monuments des douzième et treizième siècles, qui portent le cachet du génie le plus relevé. Cela vient sans doute de ce que, durant cette période, éminemment catholique, il n'y eut point d'individus, pour ainsi dire, mais seulement des confréries, des monastères, où l'on mettait en commun, non-seulement sa vie, ses biens, ses espérances, mais encore ses pensées, son âme et son génie. Ceci n'est pas seulement remarquable pour l'architecture, mais pour tous les ouvrages exécutés par les communautés religieuses : c'est ainsi que la plupart des ouvrages remplis d'érudition que nous possédons ne portent aucun nom d'auteur, mais seulement quelquefois celui de la communauté.

CHAP. III. — ARCHITECTURE CIVILE.

Je donne le nom d'architecture civile à tout ce qui n'est ni consacré au culte, ni destiné à la défense, comme les églises et les châteaux. On voit que le champ est vaste, et que pour l'exploiter entièrement il faudrait un autre plan que celui d'un manuel. En voulant être succinct, je m'efforcerai cependant de ne rien omettre de ce qui peut faire distinguer facilement le style et l'âge des divers monuments.

On peut penser avec toute vraisemblance que le mode de construction si longtemps en usage au moyen âge, et qui avait tant de ressemblance avec l'architecture romaine, remontait effectivement au temps de la domination des Romains. C'était une des traditions de l'ère qui avait précédé, tradition qui avait seulement été modifiée suivant les temps et suivant les lieux. Mais si la pénurie des monuments religieux d'une haute antiquité est très-grande, il nous reste encore bien moins de monuments civils, et aujourd'hui que nos villes se sont presque entièrement renouvelées, on trouve à peine, par hasard, quelques débris de constructions civiles remontant aux onzième, douzième et treizième siècles. Ce n'est guère qu'à partir du quatorzième siècle qu'on trouve un certain nombre de maisons anciennes.

Les monuments civils ont subi les mêmes variations de formes et de décorations que l'architecture religieuse, et peuvent être classés d'après les mêmes principes.

Aux premiers siècles du moyen âge, si on construisit quelques monuments publics, on se servit aussi des constructions romaines encore subsistantes; ces monuments durent être appliqués aux besoins des populations; on répara les bains, les aqueducs, les portiques, etc., et l'on fit les nouvelles constructions à l'imitation des anciennes.

ART. Ier. — *Huitième, neuvième et dixième siècles.*

Diverses chroniques nous apprennent que l'architecture, qui, dans les siècles précédents, était restée stationnaire, ou plutôt était tombée dans la décadence, reprit un nouveau lustre sous Charlemagne, qui savait imprimer sa grandeur à tous les arts en les favorisant, et leur donner une noble impulsion par le soin qu'il prit de les encourager. Nous savons du moine de Saint-Gall (1) que ce grand prince, dans les intervalles de ses diverses expéditions, fonda plusieurs villes nouvelles, bâtit des ponts, répara d'anciens édifices. Mais ce fut surtout à Aix-la-Chapelle qu'il déploya sa magnificence royale, dans le palais et la basilique qu'il y fit construire, et dont il ne reste plus rien.

La même chronique nous apprend qu'à cette époque on plaçait des chaînes horizontales de briques dans les murailles, comme on l'avait fait sous la domination romaine, et comme il se pratiqua jusqu'au onzième siècle. Il est certain aussi que sous Charlemagne on ajusta, dans les édifices les plus soignés, des colonnes romaines arrachées à des édifices antiques.

(1) *Vie de Charlemagne,* par le moine de Saint-Gall; *apud* Bouquet, t. V.

Le règne de Louis le Débonnaire (commencement du neuvième siècle) fut aussi assez fécond en constructions civiles, dans lesquelles on déploya souvent une grande élégance. On répara et on construisit grand nombre d'églises et de monastères, auxquels on employa souvent les pierres des enceintes murales ou des monuments romains ; mais la plus grande obscurité règne sur l'état de toutes ces constructions des huitième et neuvième siècles.

La dernière moitié du neuvième siècle vit disparaître toutes ces constructions sous le fer et le feu des Normands, qui désolèrent alors l'empire et portèrent partout le ravage et la désolation. Alors s'arrêta l'impulsion donnée par Charlemagne aux arts, qui retombèrent dans une sorte de barbarie, dont ils ne se relevèrent guère avant le onzième siècle. Il est vrai que l'ordre se rétablit au dixième, et fit renaître la sécurité ; mais ce siècle n'en fut pas moins un des plus pauvres en productions architectoniques : les arts n'avaient pas encore eu le temps de reprendre leur élan ; après de si grands désastres, on dut penser d'abord à relever les édifices les plus nécessaires, qui se ressentirent de l'ignorance et de la pauvreté des temps, et ne furent ni beaux, ni considérables.

ART. 2. — *Onzième siècle.*

On était enfin revenu de l'étonnement et de la

stupeur dans lesquels avaient jeté les irruptions et les horreurs des Normands; l'opulence avait reparu avec la paix, et, comme je l'ai dit en parlant des monuments religieux, les Normands eux-mêmes prirent, avec les lois du christianisme qu'ils embrassèrent, des mœurs plus douces, cultivèrent les arts, et s'efforcèrent de relever les ruines qu'ils avaient faites. L'art de bâtir fit donc de grands progrès dans le onzième siècle.

Il nous reste peu de monuments civils du onzième siècle; mais les débris qui nous ont été conservés suffisent pour nous prouver qu'on peut appliquer entièrement à l'architecture civile ce qui a été dit des ornements usités dans l'architecture religieuse de la même époque; seulement ces ornements sont employés avec plus de sobriété dans les monuments civils que dans les églises. Nous ne devons pas oublier que l'architecture était encore simple et sévère, et qu'on visait plus à la solidité qu'à l'élégance.

Beaucoup d'abbayes furent entourées de murailles comme les villes ou les châteaux, de manière à pouvoir servir de forteresses dans la nécessité, et recevoir des garnisons.

Comme nous le verrons pour les châteaux, les portes étaient au nombre de deux, une pour les voitures et l'autre pour les piétons : on remarque des entrées de cette manière dans presque tous les monastères jusqu'au seizième siècle. Souvent ces entrées extérieures se trouvaient dans des pavillons plus ou moins considérables, offrant des appartements pour le logement ou pour la défense en cas d'attaque.

Les fenêtres à plein cintre, simples ou géminées, comme dans les monuments religieux, avaient souvent une archivolte sans moulures, presque toujours surmontée d'une cymaise qui se prolongeait dans toute l'étendue de l'édifice en formant une ligne horizontale au niveau des impostes des cintres (pl. 9, fig. 5).

Souvent le rez-de-chaussée présentait des petites fenêtres semi-circulaires, très-évasées à l'intérieur.

Dans les constructions civiles d'une certaine importance, le rez-de-chaussée était presque toujours voûté en pierre, et servait habituellement de magasins ou de logements pour les personnes attachées au service de la maison, comme on le remarquera pour les châteaux de la même époque. Au premier se trouvaient les plus beaux appartements. Comme dans les châteaux, les grandes pièces étaient divisées intérieurement par des colonnes et des arcades supportant le plancher. Les cheminées du onzième siècle et du suivant étaient ordinairement de forme cylindrique, quelquefois rétrécies par le haut, ornées parfois de colonnes, et ressemblant assez à de petits clochetons élégants (pl. 10, fig. 1 et 2).

Pour tout ce qui regarde l'ornementation, on peut se rappeler ce que j'ai dit des moulures employées dans les monuments religieux de l'époque.

ART. 3. — *Douzième siècle.*

En parlant de l'architecture religieuse, j'ai fait voir que le douzième siècle avait été une des plus belles époques pour tous les arts, et en particulier pour l'architecture. Si on éleva alors beaucoup d'églises, nous voyons qu'on construisit aussi un très-grand nombre de monuments civils, surtout de monastères, qui se formèrent ou s'agrandirent de toutes parts par les soins des évêques, des abbés, et même des particuliers que la piété, alors fort grande, portait à fonder et à doter ces retraites où tant d'hommes, fatigués du monde, trouvèrent dans l'étude et la prière un délassement salutaire et une douce espérance des biens futurs.

L'opulence étant devenue plus grande, et les ressources plus abondantes, on s'occupa d'allier la solidité des édifices avec l'élégance et la pureté des formes.

Les caractères architectoniques des monuments civils du douzième siècle sont les mêmes que ceux des monuments religieux. Le style roman se montre encore en entier dans la première moitié, pour se marier, dans la seconde, avec le style ogival, auquel il céda bientôt entièrement la place; les contreforts, les colonnes, les chapiteaux, les entablements, les fenêtres à lancettes, simples ou géminées, les arcades et les moulures des églises, se rencontrent dans les constructions civiles. Les fenêtres des habitations particulières étaient quelquefois à plein cintre dans les maisons en pierres, et carrées dans les maisons en bois, très-ordinaires à cette époque; d'autres fois aussi à ogive, comme on le remarque dans la fig. 4, pl. 10, qui représente une partie de la maison des Templiers, à Louviers, construite à la fin du douzième siècle.

On admire encore dans quelques endroits, ces belles et vastes salles du douzième siècle, divisées dans leur étendue par de belles colonnes cylindriques ou groupées, supportant la retombée des arceaux qui partagent leurs voûtes ogivales : salle des chevaliers au Mont-Saint-Michel ; salle de l'ancien hôtel-Dieu de Caen, etc.

On trouve encore quelquefois, au commencement de ce siècle, le rez-de-chaussée occupé par des appartements voûtés, servant de magasins, etc.

Dans ce siècle aussi, et dans les suivants, il est à remarquer que les habitations civiles, comme les particulières, ont habituellement des gables ou pignons sur le bord des rues. Le haut des cheminées était ordinairement de forme conique et assez élevé, comme dans les siècles suivants (pl. 10, fig. 1 et 2). On en voit deux, pareilles au n° 2, en pierre, sur les beaux restes d'une ancienne abbaye, à Château-Landon (Seine-et-Marne).

Lorrez-le-Boccage, joli village du département de Seine-et-Marne, un des pays les plus intéressants pour son ancienneté, outre des restes d'antiquités romaines, possède entre autres choses deux maisons des plus curieuses, qui ne peuvent être postérieures au milieu du douzième siècle. Les pignons sont sur la rue : l'une d'elles, appartenant à M. Piquard et à madame Lebègue, a dans son pignon trois croisées géminées, avec une colonne centrale, ornée d'un chapiteau carré, garni de feuilles galbées, roulées en volutes; et de larges feuilles grasses sans nervures; celle du milieu a un faisceau de quatre colonnes. Les tympans sont formés d'un trilobe, de deux ogives, de deux arcades à plein cintre.

Dans les chambres, se trouvent deux cheminées très-curieuses, hautes de 1 mètre 70 centimètres, dont le manteau est soutenu par deux colonnes à chapiteaux carrés, l'un sans ornements, l'autre orné de feuilles galbées, terminées par une grappe, et d'une feuille de chêne.

Sous la maison, se trouvent trois caves superposées les unes aux autres, à voûtes légèrement ogivales, soutenues par des colonnes trapues, à chapiteaux octogones, ornés seulement de quelques petites feuilles roulées en volutes. Dans l'autre maison, appartenant au père Ravereau, se trouve une cave pareille, ayant sculptés sur ses chapiteaux les mêmes feuilles et des hiboux (pl. 10, fig. 6).

J'ai vu près de là, chez M. le marquis le Charron, habitant le château de Paley, entre autres antiquités, dont il est très-amateur, une tuile qu'il trouva sur une tourelle servant de colombier, et sur laquelle sont gravés la date où elle fut faite, le nom de l'ouvrier, avec son cachet (pl. 10, fig. 3). Elle est de la grandeur de celles qu'on fait aujourd'hui, et faite pour l'endroit qu'elle recouvrait.

art. 4. — *Treizième et quatorzième siècles.*

Aux treizième et quatorzième siècles, l'architecture civile suit encore, comme dans le siècle précédent, la marche de l'architecture religieuse. On remarque la même distribution qu'au douzième : les gables élevés sur les rues, les rez-de-chaussée voûtés et occupés par les gens de service ; les grandes salles voûtées en style ogival, et divisées par plusieurs rangées de colonnes supportant les voûtes ou les arcades. Vers la fin du treizième et au quatorzième, on remarque quelquefois des fenêtres trilobées, des tourillons surmontant les escaliers; quelquefois les escaliers se trouvaient dans de petites tourelles à toits très-allongés, placées aux angles des bâtiments, et qui leur donnaient infiniment de grâce en rompant la monotonie et la rudesse des angles (pl. 10, fig. 8).

Les cloîtres surtout offraient de l'élégance dans leur construction. Les arcades, plus ou moins élevées, remplies de découpures plus ou moins compliquées à leur sommet, offrent à peu près à cette époque les mêmes proportions que les fenêtres des églises; tantôt ce sont des arcades à compartiments au sommet (pl. 10, fig. 7), tantôt des arcades en forme de lancettes simples. Au quatorzième siècle, on commence à substituer aux colonnes fuselées supportant les arcades des cloîtres, des pilastres ornés de frontons aigus ou de pinacles appliqués garnis de crochets. Les retombées des voûtes s'appuient alors assez souvent sur des figures saillantes d'animaux chimériques.

Le treizième siècle et les suivants nous offrent un autre genre de monuments qui n'existaient pas auparavant ; ce sont les *hôtels de ville* et les beffrois, apanages et attributs des communes, dont l'établissement commença dès les premières années du douzième siècle, sous Louis le Gros, qui voulut, par ces priviléges, mettre ses sujets en état de se défendre eux-mêmes contre la tyrannie féodale, et fut général en France un siècle après. Dès lors, chaque ville eut un sceau particulier, une cloche pour assembler les bourgeois ; et une tour ou beffroi, qui renfermait la cloche, servait d'observatoire pour veiller à la sûreté de la ville, et quelquefois de prison.

Les hôtels de ville, dont la destination était de servir aux assemblées des bourgeois, furent assez ordinairement, au treizième siècle et au quatorzième, établis sur les portes de la ville. La cloche du beffroi se trouvait elle-même dans une tour construite à cet effet au-dessus des voûtes du portail, ou dans une des deux tours qui flanquaient cette entrée ; quelquefois il n'y avait pas de tour, et la cloche se trouvait suspendue dans un toit élevé sur le bâtiment qui servait d'hôtel de ville ; mais aussi, dans certains endroits, c'était une belle tour carrée, quelquefois hexagone, percée de fenêtres en ogive, et ornée d'élégantes moulures.

Aux treizième et quatorzième siècles, les maisons particulières, dont on ne voit plus guère de vestiges aujourd'hui, étaient plus fréquemment construites en bois qu'en pierre. Quelquefois la construction en bois commençait dès le rez-de-chaussée, d'autres fois au premier étage seulement, et dans ce cas le rez-de-chaussée était en pierre. Ces maisons en bois étaient construites selon le même système que celles du quinzième siècle, dont quelques-unes, quoique rares, se rencontrent encore dans quelques anciennes villes.

Quelques maisons en pierre subsistent encore aujourd'hui. On y remarque quelquefois des fenêtres fort élégantes garnies de colonnes ou simples ou groupées, dont l'archivolte était ornée de voussures multipliées comme celles des églises, et souvent divisées en deux parties par une colonne en pierre (pl. 10, fig. 5 et 8). Quelques-unes étaient ornées de rosaces et de trèfles, comme celles des églises; d'autres, moins élégantes, avaient une ouverture carrée au milieu d'une arcade en ogive (fig. 5). Les maisons avaient presque toujours leurs pignons sur la rue; on avait adopté ce système sans doute pour imiter les façades des églises, et éviter la monotonie des frontons horizontaux.

Les maisons du quatorzième siècle offrent dans leurs ouvertures moins d'élégance que celles du treizième; les colonnes sont plus maigres, les moulures moins gracieuses.

Les cheminées des treizième et quatorzième siècles sont ordinairement cylindriques ou hexagones très-déliées (pl. 10, fig. 2), quelquefois terminées par une galerie à jour que surmonte un couvercle (fig. 1).

On voyait communément dans les villes, au quatorzième siècle, des portiques ou galeries pratiqués le long des rues, au rez-de-chaussée des maisons, qui offraient de larges trottoirs couverts, très-commodes pour le dehors, mais fort peu agréables pour l'intérieur des appartements, qu'elles rendaient plus sombres. Le premier étage s'avançait au-dessus, porté dans sa partie antérieure par de massifs poteaux en bois ou des colonnes de pierre.

ART. 5. — *Quinzième siècle.*

Il n'y a guère de villes qui ne possèdent quelques monuments civils du quinzième siècle, assez bien conservés, fort curieux, quelquefois très-élégants et ornés de riches sculptures.

Les treizième et quatorzième siècles nous offrent peu d'architecture dans les hôtels de ville, qui étaient peu importants, et ne consistaient le plus souvent que dans une des tours de défense de la ville, ou quelque bâtiment peu spacieux au-dessus des portes. Mais vers la fin du quatorzième siècle, et dans les suivants, nos rois voulant affaiblir de plus en plus la puissance féodale, accordèrent de plus grands priviléges aux villes qui joussaient déjà de quelques-uns, et donnèrent à une multitude d'autres les droits communaux. On sentit alors la nécessité de bâtiments plus vastes pour les affaires communales, qui devinrent plus multipliées et plus importantes. Aussi de tous côtés, vers le milieu du quinzième siècle, s'élevèrent de nouveaux hôtels de ville dans le style le plus brillant de l'époque. Toutes les villes comprenant le bienfait de la liberté qu'elles venaient en quelque sorte de conquérir, et se sentant en possession d'une puissance qui les rendait plus indépendantes des grands feudataires, rivalisèrent entre elles dans l'édification de ces véritables palais communaux, dignes d'admiration, et dont quelques-uns subsistent encore presque entiers.

Le beffroi devint alors une tour élégante chargée de découpures comme celles des églises. Les villes employaient quelquefois des sommes considérables pour construire et orner leur beffroi, afin qu'aperçu de plus loin, il donnât une plus grande idée de leur puissance.

Les caractères architectoniques que l'on remarque sur les monuments civils du quinzième siècle sont, quant aux moulures d'ornement, les mêmes que ceux employés dans l'architecture religieuse de la même époque : de grandes salles voûtées en ogive divisées par des arcades magnifiquement ornées, des portes et des fenêtres en tiers-point, couronnées de bouquets et de guirlandes de feuilles frisées, des pinacles garnis de crochets, des niches, des bas-reliefs, des aiguilles très-élégantes, ornées de plusieurs rangs de frontons tréflés, des tourelles en encorbellement, etc., et tous les autres ornements de l'époque.

Pour donner une idée des hôtels de ville de cette époque, je citerai seulement celui de Bruxelles (pl. 10, fig. 9), un des plus remarquables pour son élévation, son étendue et sa magnificence. L'inimitable tour du beffroi, qui surmonte l'édifice, est de forme octogone à partir du faîte de la toiture : elle est d'une hardiesse et d'une élégance admirables, entièrement percée à jour.

La façade de cet hôtel offre d'abord une galerie de 17 arcades en ogive, supportant une espèce de balcon de la même profondeur que la galerie.

Cette belle façade est percée de 40 fenêtres disposées sur deux rangs; les fenêtres de l'ordre supérieur sont les plus élevées et les plus élégantes; sur l'entablement qui les surmonte s'élève une balustrade à hauteur d'appui formant le couronnement supérieur. Enfin la charpente du toit est couverte en ardoises, et percée d'environ 80 lucarnes, qui produisent le meilleur effet en dissimulant la nudité de cette partie de l'édifice.

Maisons privées. J'ai insinué dans l'article précédent, qu'au quinzième siècle les maisons en bois étaient plus nombreuses que les maisons en pierre, qui étaient assez rares. Celles qui subsistent sont encore assez nombreuses dans les anciennes villes de la France; mais il nous en reste un plus grand nombre construites en pierre.

La disposition des maisons en bois était à peu près la même qu'au quatorzième siècle. Souvent les étages s'avancent en saillie l'un sur l'autre, et les parties rentrantes qui règnent sur la largeur du bâtiment sont ornées de moulures. On voyait moins souvent qu'au quatorzième siècle les pignons sur la rue.

Ces maisons étaient assez souvent décorées de petites statues de saints placées dans des niches le long des principales pièces de bois verticales de la charpente de l'édifice; quelquefois dans les trumeaux des fenêtres. Les simples traverses destinées à maintenir le remplissage de plâtre ou de chaux qui formait le milieu des murs étaient assez souvent ciselées.

Dans quelques maisons, on incrustait dans ce rempli des plaques de terre cuite vernissée, de diverses couleurs, qui donnaient à ces édifices en bois, aujourd'hui si sombres pour la plupart, un brillant d'un effet singulier et agréable.

A partir de la seconde moitié du quinzième siècle, les maisons étalèrent un luxe de ciselures qu'elles n'avaient pas offert précédemment. Dans les maisons en pierre, on remarque les mêmes détails d'ornement que dans les autres édifices du même temps : les chardons rampants, les feuilles de choux frisés, etc., etc., ornaient les portes en ogive et quelquefois les corniches; des panneaux tapissaient quelquefois les murailles.

Les fenêtres étaient presque toujours carrées et subdivisées par des croix de pierre; elles avaient pour encadrement plusieurs rangs de nervures prismatiques; un cordon portant sur des cariatides leur servait de couronnement. Quelques-unes, mais rares, étaient aussi en forme d'accolade par le haut, et garnies de feuillages frisés.

Les fenêtres des combles ou lucarnes étaient couronnées de frontons pyramidaux extrèmement légers, et parfois accompagnés de contreforts ou d'arcs-boutants festonnés et de pinacles couverts de crochets et de ciselures. L'extrémité des frontons triangulaires des combles était assez souvent taillée en gradins, comme on en voit aussi au seizième siècle.

A cette époque, il n'y avait pas, comme aujourd'hui, de numéros au-dessus des portes, mais ils étaient remplacés, dans certaines maisons, par des bas-reliefs propres à les faire reconnaître, et servant d'enseigne; cet usage a subsisté jusqu'au dix-septième siècle.

Souvent on employait la brique conjointement avec la pierre pour la construction, en les disposant par couches alternées plus ou moins épaisses.

Au quinzième siècle, on voyait très-fréquemment des porches ou galeries au moyen desquelles on pouvait marcher à couvert au dehors des maisons, mais qui rendaient fort sombres les appartements du rez-de-chaussée.

ART. VI. — *Seizième siècle.*

Rappelons-nous que le seizième siècle fut celui de la renaissance, et par conséquent d'une grande révolution dans l'architecture; il ne faut donc pas être surpris de voir dans ce siècle des maisons entièrement semblables à celles du quinzième, d'autres réunissant le gothique au gréco-romain, et d'autres enfin, surtout à la fin de ce siècle, de ce dernier style seulement.

On voit encore dans ce dernier siècle une très-grande quantité de maisons en bois, quoique pourtant les constructions en pierre fussent devenues plus fréquentes. Dans ces maisons de bois, les fenêtres continuèrent à être très-rapprochées les unes des autres, et séparées par de petits montants ou pilastres plus ou moins ornés de sculptures. Ces pilastres étaient souvent à renflement par le bas, et assez semblables à un fût de candélabre; la même forme de pilastres se rencontre dans les monuments en pierre. Leurs poteaux corniers portent souvent des statues de saints. On orna les portes et les boiseries intérieures de panneaux richement sculptés et parfois peints et dorés.

Le goût pour les ornements et les ciselures, qui s'était manifesté au quinzième siècle, fit encore des progrès dans le seizième. Les bas-reliefs, les médaillons, les arabesques très-riches, les mascarons, les cartouches (pl. 10, fig. 10), furent employés avec profusion, non-seulement dans les palais, mais même dans les maisons particulières de peu d'importance, ce qui leur donnait un très-grand brillant.

Les plus beaux hôtels, construits en pierre, avaient des portiques ornés de colonnes, ordinairement prismatiques, couvertes de nervures saillantes, quelquefois torses ou rondes. On voyait aussi à l'extérieur des maisons de pierre de petites tourelles peu élevées, en encorbellement, comme des cabinets avancés, qui pouvaient servir de points d'observation.

Les grands édifices publics, comme les hôtels de ville, ne sont plus que rarement surmontés, comme dans le siècle précédent, de beffrois à perte de vue; mais ils sont cependant très-riches d'architecture, et de la plus grande élégance : pour en donner une idée, je citerai ce que dit M. de Jolimont (1) de la belle façade du Palais-de-Justice de Rouen : « Cette façade s'étend sur une longueur de plus de 200 pieds, et est décorée de tout ce que l'architecture de ce temps-là présente de plus délicat et de plus riche. Les piliers angulaires, les trumeaux chargés de dais, de statues et de clochetons, et qui s'élèvent depuis la base jusqu'au faîte; les ornements multipliés qui entourent les fenêtres, ceux qui accompagnent et surmontent celles du toit; la charmante série d'arcades qui règne en forme de galeries sur toute la longueur de l'entablement; enfin l'élégante tourelle octogone qui occupe le milieu et divise la façade en deux parties égales, sont de la plus grande beauté et d'un excellent goût, malgré certaine bizarrerie qui régnait dans le style de cette époque. »

En effet, ce palais, commencé dans les dernières années du quinzième siècle (1493), et terminé dans les premières années du seizième, est digne du protecteur des arts éclairé et libéral sous les auspices duquel il fut entrepris et achevé, et se place au premier rang des monuments dont la ville de Rouen s'enrichit pendant le règne de

(1) De Jolimont, *Monuments de la haute Normandie*, in-f°, 1820.

Louis XII, et l'épiscopat du cardinal Georges d'Amboise. C'est une des dernières et belles créations que l'art gothique, prêt à disparaître devant le génie de la renaissance, ait laissées dans la France.

L'hôtel de ville de Cologne, qui déploie toute la magnificence du style de la renaissance, de proportions élégantes, et nobles, n'a déjà plus le caractère élancé et gracieux du gothique, et montre la révolution commencée depuis un siècle dans l'architecture, et qui s'acheva rapidement dans le seizième.

Henri II, marchant sur les traces de François Ier, donna, comme lui, de notables encouragements aux progrès de l'art. Sous son règne l'architecture et la sculpture furent dans un état prospère; seulement, on employa certaines moulures, comme les arabesques, etc., avec moins de profusion.

Les maisons de la fin du seizième siècle sont encore ornées quelquefois de pilastres à renflement, de mascarons et de cartouches; mais on ne voit pas, au moins habituellement, cette profusion d'arabesques qui avait tapissé les trumeaux des fenêtres et des portes sous François Ier.

Je ne déciderai pas si c'est avec raison que depuis quelques années les artistes se sont épris des monuments de la renaissance, qui ne peuvent assurément rivaliser avec les gothiques. Il est pourtant incontestable que, au moins pour les monuments civils et les châteaux de l'époque, le style de la renaissance est plus commode, plein de richesse, de grâce et d'élégance. Quant aux monuments religieux, j'ai déjà fait voir que le style gothique lui était infiniment préférable, et ne pouvait être bien remplacé par aucun autre.

ART. 7. — *Dix-septième siècle.*

La fin du seizième siècle et le dix-septième ont le même style architectonique, le gréco-romain.

On vit encore à cette époque quelques maisons ayant pignon sur la rue; mais on abandonna le plus souvent cette méthode pour la remplacer par la costière; ou bien il n'y avait pas de pignon, mais une couverture sur les quatre faces : les maisons ainsi construites produisaient un très-bon effet, par la suppression de l'aspérité des pignons. On voit un exemple de cet effet dans les restes précieux du beau monastère de Bosserville, près Nancy, bâti vers le milieu du dix-septième siècle par Charles IV de Lorraine, et qui porte encore le cachet de grandeur qui caractérise toutes les œuvres de ce prince héroïque. On en peut voir encore un effet dans les monuments de notre siècle, qui presque tous sont construits dans ce genre, qui, commençant au dix-septième siècle, n'a fait qu'augmenter jusqu'à ce jour. Au dix-septième siècle aussi, et au dix-huitième, les toits s'abaissent et prennent souvent une forme brisée, surtout dans les grands monuments; exemple qui s'est reproduit dans un grand nombre de constructions de ces deux siècles. Je citerai parmi les monuments de Paris, le château des Tuileries, le Louvre, la Salpétrière, etc., construits au dix-septième siècle.

On voit encore dans ce siècle quelques fenêtres divisées en quatre parties par des croix de pierre, ainsi que des escaliers en saillie formant une espèce de tour.

Dans la plupart des grands monuments, tels que ceux que je viens de nommer, la monotonie d'une façade régulière est souvent coupée, aux extrémités et quelquefois au milieu, par un corps de bâtiment un peu saillant, plus élevé que le reste de l'édifice et formant une espèce de pavillon.

Les cheminées étaient très élevées, et couronnées à leur sommet de frontons triangulaires plus ou moins ornés. Il y en avait aussi de tout unies et semblables à celles de nos maisons actuelles.

Le goût de la multiplicité des moulures était passé; aussi ne voit-on plus à cette époque ni rinceaux ni arabesques sur les murs.

Dans quelques constructions on voit de distance en distance des cordons de briques qui ne sont pas saillants. Quelquefois elles forment seules les entablements, le tour des croisées, et même des espèces de panneaux entre les croisées et les portes, séparés par des chaînes de pierres horizontales et verticales.

Au dix-septième siècle, les grands édifices affectèrent un style beaucoup plus lourd que sous François Ier, Henri II et ses successeurs. On vit paraître sous Henri IV les frontons brisés, et de mauvais goût, les cartouches pesants, des colonnes à renflement, des modillons sous les corniches, etc. Ce genre se perpétua jusqu'à Louis XIV. Sous ce prince, qui donna l'élan de son génie à tous les arts, l'architecture prit le goût le plus pur, qui se conserva jusqu'à nous.

CHAP. IV. — ARCHITECTURE MILITAIRE.

L'architecture militaire comprend les châteaux forts et tous les monuments que l'art et la nécessité ont élevés contre les attaques de l'ennemi. Elle doit avoir subi aussi des modifications plus ou moins grandes, selon les divers besoins des temps, et les diverses variations qu'éprouvèrent les arts, soit en décadence, soit en progrès.

Cependant, comme les monuments militaires sont ordinairement des masses de maçonnerie capables d'une grande résistance, sans aucun ornement, ou faiblement décorées, il est plus difficile de reconnaître l'époque à peu près exacte des monuments de ce genre, et le goût architectonique dominant au temps de leur construction. L'observation minutieuse des diverses parties, tant intérieures qu'extérieures, peut cependant amener à des résultats satisfaisants.

On peut établir pour les monuments militaires à peu près le même mode de classification que pour l'architecture religieuse.

1re Classe, depuis le cinquième siècle jusqu'au dixième;

17.

2ᵉ Classe, dixième et onzième siècles;
3ᵉ Classe, fin du onzième et douzième;
4ᵉ Classe, treizième;
5ᵉ Classe, quatorzième et première moitié du quinzième;
6ᵉ Classe, deuxième moitié du quinzième et seizième.

Depuis le cinquième siècle jusqu'au dixième, il ne nous reste presque pas de monuments attestant le type d'architecture employé alors dans la construction des monuments militaires; de plus, les invasions des barbares avaient divisé les provinces, disséminé les populations, énervé le courage, et causé un grand détriment à tous les arts. Le temps était peu favorable aux travaux, et on oubliait même les plus nécessaires pour la défense du pays : on se contentait ordinairement de se renfermer dans les forteresses qui avaient été construites antérieurement et de les réparer, ainsi que les fortifications des villes; or toutes ces fortifications existantes au cinquième siècle et au sixième étaient des constructions romaines. Nos conjectures ne seront donc pas fautives si nous leur assignons le type de l'architecture romaine.

Au reste, la comparaison n'est pas impossible, car les monuments romains, quelque rares qu'ils soient, ne nous font pas faute; et nous pouvons rapprocher par la pensée ces restes précieux des fortifications, et cette tour encore bien conservée, construite par César pour la défense de Provins (Seine-et-Marne), de cet antique château de Carcassonne (département de l'Aude), inébranlable depuis le sixième siècle. Ce château est un vaste bâtiment carré, couronné de créneaux, flanqué de quatre fortes tourelles rondes, et défendu par une tour carrée très-élevée, qui devait servir de point d'observation. Il est défendu d'un côté par des fossés larges et profonds, et de l'autre par des escarpements très-considérables, qui le rendent inaccessible.

Les châteaux fortifiés construits par les Romains, joints à quelques-uns élevés dans le cinquième siècle, sur le même modèle sans doute, étaient nombreux dans l'Auvergne, au rapport de saint Sidoine-Apollinaire, qui nous apprend que les coteaux de ce pays avaient leur cîme pierreuse couronnée de châteaux fortifiés. Et nous ne pouvons douter qu'ils n'aient été nombreux dans toutes les parties des Gaules que les Romains avaient conquises, et qu'ils avaient toujours besoin de défendre.

Quelquefois ces forteresses étaient considérables, munies d'un grand nombre de tours, et décorées magnifiquement. L'emplacement, comme nous l'avons vu, était ordinairement sur une hauteur, comme moins accessible à l'ennemi, et offrant par l'escarpement des moyens de défense naturels. Lorsqu'on construisait dans la plaine, la tour principale du château était élevée sur un monticule factice souvent assez considérable; un ruisseau, une rivière baignait les murs de tout l'édifice, ou un fossé profond les environnait et était alimenté par une source, pour rendre le manoir d'un plus difficile accès.

Cependant l'architecture avait un sort plus heureux dans l'Orient; elle se maintint et se perfectionna à Byzance, où, surtout depuis le règne de Constantin, les artistes les plus habiles s'étaient réunis, et l'avaient rendue le centre des arts et des lumières. C'est là, comme nous l'avons déjà vu, que plus tard le nord de l'Europe alla puiser ses idées architecturales, qui lui firent enfanter tant de chefs-d'œuvre.

Les siècles suivants n'offrent aucun changement dans l'état des forteresses en Occident, et on y adopta l'ancienne méthode romaine pour tout ce qui a rapport à l'art de la guerre. Les chroniques, en rapportant les réparations faites aux fortifications anciennes des villes, ne nous parlent pas de nouvelles forteresses, ce qui porte à croire qu'on n'en éleva guère jusqu'au dixième siècle. Cependant les frontières, appelées marches, durent être mieux garnies, et le besoin de maisons fortifiées se fit surtout mieux sentir au neuvième siècle, lorsque les Normands se répandirent dans la France, en portant partout le ravage. Quelques-uns entourèrent leurs habitations de palissades; mais ces forteresses, trop peu nombreuses, et probablement mal défendues, ne purent résister aux Normands; on fut même parfois obligé de les détruire, de peur qu'elles ne devinssent des retraites pour les brigands qui désolaient alors la France.

Un tel état de désolation obligea à construire
s châteaux plus formidables vers le milieu du
uvième siècle, et le temps était peu éloigné où le
yaume devait se couvrir de châteaux, en même
mps que la noblesse acquerrait une nouvelle in-
pendance, et qu'une nouvelle ardeur militaire
nimerait la nation française. Aussi est-il constant
'au dixième et au onzième siècles le régime féo-
l parut très-avantageux, et rendit de véritables
rvices au royaume.

T. 1er. — *Châteaux des dixième et onzième
siècles.*

C'est surtout au dixième siècle que se multiplient les châteaux forts. Lorsque Louis le Bègue,
ince aussi faible d'esprit et de santé que dénué
crédit, eut laissé les grands du royaume satis-
ire leur ambition, et étendre leurs usurpations
leur volonté, la noblesse se multiplia ainsi que
s châteaux. Tout homme d'armes qui, du neu-
ème au dixième siècle, reçut en fief tant de par-
lles du domaine d'un comte, sous l'obligation
le servir à la guerre, commença son établisse-
ent dans la campagne par la construction d'une
tite forteresse, ne fût-elle composée que d'une
ule tour.

L'art de construire des forteresses se ressen-
it encore des siècles de barbarie; il fit bien
ielques progrès dans le cours du onzième siècle,

mais ce ne fut guère que vers la fin que s'introduisirent les perfectionnements les plus notables, et surtout au douzième, sous le règne de Henri Ier, roi d'Angleterre, époque de la conquête de l'Angleterre par les Normands, et par conséquent très-remarquable pour l'architecture militaire.

Aux dixième et onzième siècles, les châteaux avaient deux parties principales, une cour basse, et une seconde enceinte renfermant une tour ou donjon.

La première enceinte était plus ou moins grande, selon l'importance de la place. Quelquefois elle occupait une étendue d'environ 30 ares, d'autres fois un espace de 50 ares et même d'un hectare. Souvent on choisit pour emplacement les caps ou promontoires formés par la jonction de deux vallées. Par ces excavations naturelles, l'accès des places était défendu de plusieurs côtés, et il pouvait devenir encore plus difficile par le moyen de digues qui arrêtaient le cours du ruisseau qui arrosait le vallon, et transformaient en lac la vallée entière.

Lorsqu'on construisait au milieu de la plaine, les châteaux étaient environnés d'un fossé large et profond, dont le bord intérieur était fortifié par un rempart en terre, surmonté de palissades en bois. Beaucoup de châteaux étaient aussi environnés de murs en pierre. Ces divers modes de constructions dépendaient, non de la puissance des seigneurs, mais du plus ou moins de facilité à se procurer les divers matériaux.

A l'une des extrémités de la cour, ou au milieu, s'élevait une éminence arrondie, quelquefois naturelle, souvent artificielle et en forme de cône tronqué, à laquelle on a donné le nom de *motte*. C'est sur cette éminence qu'était construite la citadelle ou le donjon.

Ce donjon était une tour carrée ou ronde, assez élevée, construite en bois ou en pierres, divisée en plusieurs étages, et du haut de laquelle la vue parcourait un espace de pays assez considérable. C'était la demeure du commandant. Sous la tour se trouvait une prison impénétrable au jour.

On peut faire remonter jusqu'au temps de la domination romaine, l'origine des monticules en terre appelés *mottes*; et il est probable que les châteaux des siècles antérieurs au dixième siècle, comme du sixième au septième, ou du huitième, devaient peu différer de ceux du dixième, comme on peut s'en convaincre par la vue du château de Carcassonne, dont j'ai parlé.

Ermold le Noir, auteur du neuvième siècle, nous apprend que de son temps les forteresses les plus importantes en Bretagne n'étaient guère entourées que de palissades et de fossés.

Toute la France et les pays voisins avaient adopté le même genre de construction. En Angleterre, avant Guillaume le Conquérant; et dans le pays de Galles, avant Édouard Ier, il y eut peu de forteresses en pierres; presque toutes étaient construites en bois.

On ne peut lire sans le plus grand intérêt les

détails que donne Jean de Colmieu, sur l'architecture des forteresses de l'époque, dans la *Vie de saint Jean*, évêque de Térouane. On croit voir, en les lisant, un des châteaux de la baronnerie du dixième siècle.

« C'est l'usage de nos jours, dit-il, pour les hommes les plus riches et les plus nobles, ou pour ceux qui, par conséquent, consacrent le plus exclusivement leur temps à satisfaire leurs haines privées par le meurtre, de se procurer avant tout une retraite où ils puissent se mettre à l'abri de l'attaque de leurs ennemis, combattre leurs ennemis avec avantage, et retenir dans les fers ceux qui se sont trouvés les plus faibles.

« Ils élèvent aussi haut qu'il leur est possible un monticule de terre transportée ; ils l'entourent d'un fossé d'une largeur considérable et d'une effrayante profondeur. Sur le bord intérieur du fossé, ils plantent une palissade de pièces de bois équarries et fortement liées entre elles, qui équivaut à un mur. S'il leur est possible, ils soutiennent cette palissade par des tours élevées de place en place. Au milieu de ce monticule, ils bâtissent une maison ou plutôt une citadelle, d'où la vue se porte de tous côtés également. On ne peut arriver à la porte de celle-ci que par un pont qui, jeté sur le fossé, et porté sur des piliers accouplés, part du point le plus bas, au-delà du fossé, et s'élève graduellement jusqu'à ce qu'il atteigne le sommet du monticule et la porte de la maison d'où le maître le domine tout entier. »

Dans les contrées abondantes en pierres, on a incontestablement préféré cette matière au bois. Aussi ces châteaux offrent-ils beaucoup plus d'intérêt que les autres. On voit encore les donjons de quelques-uns, qui s'élèvent majestueusement à une grande hauteur. Plusieurs laissent encore reconnaître la distribution intérieure de ces sombres et fortes tours, palais des barons du moyen-âge. Rarement ils sont élevés sur des mottes artificielles; mais le plus ordinairement ils sont construits sur le sommet d'un rocher ou d'une colline, des terres rapportées n'offrant pas assez de résistance pour supporter des masses aussi considérables.

Les châteaux en pierre, comme ceux en bois, étaient environnés de deux et quelquefois trois enceintes, défendues par des fossés profonds et d'une largeur de 8 et même 16 mètres, et des murs épais et élevés parfois de plus de 6 mètres. La première enceinte servait de basse-cour; c'est dans la seconde que se trouvait le donjon, construit de murs d'au moins 2 ou 3 mètres d'épaisseur à la base, diminuant progressivement, pour l'élévation desquels on employait des pierres inégales noyées dans du mortier de chaux, souvent revêtues de pierres de taille généralement plus larges que hautes, régulières et de diverses dimensions. Il s'élevait souvent à une hauteur de 50 mètres; sa forme était ordinairement un carré parfait ou un carré long, d'une assez grande largeur, par exemple de 16, 19 et même 22 ou 25 mètres. Le rez-de-chaussée, voûté à plein cintre, formait des magasins et la prison, et n'était accessible que par des ouvertures pratiquées dans la voûte et communiquant au premier étage, où presque toujours se trouvait seulement l'entrée ordinaire, à laquelle on parvenait par un pont-levis, un escalier mobile, ou une espèce d'échelle. Souvent on voit un escalier ordinairement étroit et rapide percé dans l'épaisseur du mur, et par le moyen duquel tous les étages communiquent ensemble, depuis le rez-de-chaussée jusqu'à la partie la plus élevée.

Lorsque le donjon avait une grande largeur, pour éviter la trop grande portée des poutres soutenant les planchers, ou pour donner plus de solidité aux voûtes en leur donnant moins d'étendue, on établissait au milieu de l'édifice un, deux ou trois rangs d'arcades portées sur des colonnes, et superposées les unes aux autres, qui correspondaient au niveau des étages (pl. 10, fig. 11) : par ce moyen les planchers pouvaient embrasser tout le diamètre de la tour, sans que la solidité fût compromise.

L'extérieur est garni aux angles, et même dans les façades, de contreforts en pierres de taille, plats, carrés, et quelquefois semi-cylindriques. Au onzième siècle on ne connaissait pas les mâchicoulis, mais on voyait quelquefois, à la partie supérieure du donjon, une espèce de balcon en bois, donnant, en cas d'attaque, un moyen commode de jeter des pierres et d'autres projectiles sur les assaillants. Aucun des donjons anciens qui existent encore n'ont conservé de toiture; mais leur forme indique assez que le toit était à quatre pans ou à bouts rabattus lorsqu'il n'y avait pas de plate-forme.

J'ai dit que le rez-de-chaussée servait de magasin ou de prison ; au premier ou au second étage au-dessus se trouvaient l'appartement d'apparat, la grande salle de réception, celle qui offrait le plus de luxe et de décorations ; on y voyait ordinairement une vaste cheminée entre deux fenêtres. Les appartements situés dans les étages supérieurs étaient sans doute destinés au logement du baron et de sa famille. Il y avait probablement aussi des pièces destinées aux soldats qui, en temps de guerre, observaient, du haut du donjon, ce qui se passait dans les campagnes environnantes.

Les portes, ordinairement très-simples et sans sculptures, avaient quelquefois leur archivolte garnie de zigzags ou de frettes crénelées.

Il en était de même des fenêtres. Les plus grandes, divisées en deux par une colonnette, présentaient deux baies réunies dans le même cintre (pl. 10, fig. 11, *b* et *c*). Ces ouvertures étaient presque toutes, percées du côté où la forteresse avait le moins à redouter les attaques, et toujours à une hauteur qui en rendait l'escalade impossible ; aussi le premier étage ne recevait presque jamais la lumière que par d'étroites ouvertures, qui tiraient le jour d'en haut comme nos caves, ou faites en forme de meurtrières, présentant au dehors des ouvertures fort allongées de 81 millimètres au plus de large, et très-évasées à l'intérieur (pl. 10, fig. 11).

Les plus anciennes portes et fenêtres avaient quelquefois leurs archivoltes formées de claveaux alternant avec des briques, comme celles des anciennes églises, et à l'imitation des constructions romaines.

Telle était la forme la plus ordinaire des châteaux du onzième siècle. La tour du donjon, comme on voit, était distincte des autres constructions, dont elle se trouvait même quelquefois séparée par un fossé, et qui n'étaient que des dépendances, qu'on appelait autrefois les communs, et qui étaient occupées par les gens de service.

Mais on trouve aussi des forteresses carrées, dans lesquelles l'habitation principale, adossée aux murs d'enceinte, occupait un ou plusieurs côtés de la cour; à l'extérieur les murs étaient garnis de tours cylindriques ou carrées, principalement aux quatre angles de la place. Si les châteaux n'avaient pas de donjon distinct, les tours des angles en tenaient lieu, et souvent l'une d'elles, plus élevée que les autres, était plus spécialement destinée à la surveillance et au guet. Mais ces tours n'étaient destinées qu'à la défense, et étaient bien moins considérables que celles qui formaient la partie essentielle du château.

La décoration intérieure et extérieure de ces châteaux était conforme à celle des églises de l'époque.

art. 2. — *Châteaux du douzième siècle.*

La fin du onzième siècle et le douzième furent un temps de renaissance et de progrès pour l'architecture religieuse.

L'esprit guerrier qui se manifesta au onzième siècle, et même dès le dixième, et la nécessité où se trouvèrent les comtes et les barons d'élever des forteresses pour conserver leur puissance et leur sécurité furent la cause principale du progrès de l'architecture militaire; mais c'est surtout à la fin du onzième siècle et au douzième que ces progrès devinrent plus rapides et plus marqués.

La conquête de l'Angleterre par Guillaume, duc de Normandie, mit ce conquérant dans la nécessité de construire un grand nombre de places fortes, pour la conservation du royaume dont il venait de se rendre maître. On s'appliqua alors à introduire des améliorations tendant à augmenter la force, la commodité et la beauté des châteaux. L'élan que l'architecture militaire venait de recevoir en Angleterre, se propagea en France, et surtout en Normandie, où beaucoup de barons et de chevaliers firent construire grand nombre de châteaux. Beaucoup s'élevèrent aussi au douzième siècle, dans d'autres contrées, surtout sous Henri Ier, qui, ami des arts et des sciences, vit l'architecture militaire faire des progrès sensibles et très-remarquables. Aussi ce commencement du douzième siècle doit-il être signalé comme époque dans l'architecture militaire.

Les châteaux du douzième siècle ne différaient

guère de ceux du onzième, quant à leurs formes ; la disposition générale était la même, mais ils étaient plus grands ; entourés de fossés plus profonds, ils offraient des logements plus commodes, mieux disposés, et surtout des murailles mieux construites et plus élevées.

Les châteaux offraient une première enceinte garnie de murs, dans lesquels on voyait, à certaines distances, des tours carrées ou rondes qui servaient tant à loger quelques-uns des officiers du château, qu'à d'autres usages ; et le long de ces murs, à l'extérieur de la cour, étaient des bâtiments pour les domestiques ou gens de la suite du baron, pour les greniers, les magasins, etc. Au sommet du mur d'enceinte, et sur les toits plats de ces bâtiments, se tenaient ceux qui défendaient la place lorsqu'elle était assiégée ; et c'est de là qu'ils jetaient des flèches, des dards et des pierres sur les assaillants. La grande porte d'entrée du château, qui était parfois défendue, de chaque côté, par une tour, était fermée avec d'épaisses portes battantes en chêne, bardées de fer, et avec des herses ou grilles en fer qu'on descendait d'en haut. L'enceinte de ce mur extérieur renfermait un large espace découvert, ou une grande cour, appelée, dans les châteaux les plus vastes et les plus complets, le *bayle* ou *ballium* extérieur, et dans lequel il y avait ordinairement une église ou chapelle. Après la première cour venait la seconde enceinte, ou bayle intérieur, renfermant le donjon et les maisons du baron.

La herse dont je viens de parler, et dont on trouve la trace dans presque tous les châteaux du douzième siècle, tandis qu'on ne la voit pas dans les siècles précédents, n'était pas pour cela une invention de l'époque, car Végèce en parle comme d'une chose connue bien longtemps avant son siècle; mais ces moyens de défense, négligés pendant plusieurs siècles, furent remis en vigueur avec les progrès de la science et des arts.

En avant de la porte d'entrée des châteaux du douzième siècle se trouvait ordinairement un ouvrage extérieur appelé *barbacane*, qui était destiné à défendre le pont-levis.

Le donjon formait ordinairement un carré parfait, ou un carré long, qui était souvent accompagné d'une autre tour plus petite, carrée, ou ronde, ou octogone, formant saillie sur le corps principal de la citadelle, et servant de vestibule et d'escalier. Dans ce cas l'escalier était brusquement interrompu à une certaine distance de la porte d'entrée du donjon, afin de recevoir l'extrémité d'un pont-levis. L'entrée à laquelle on accédait par ce pont-levis était fermée par une porte, et munie d'une herse. Il y avait un vestibule communiquant avec le corps principal du donjon par une ouverture qui était fermée, comme la première entrée, d'une porte et d'une herse. Là se trouvaient des bancs pour les soldats ou sentinelles qui gardaient la porte; à ce premier étage était un escalier descendant au rez de chaussée; d'autres escaliers placés dans les angles donnaient communication avec

Ar. 18

les étages supérieurs et s'élevaient jusqu'au sommet des murs. Souvent une galerie ou corridor, percée dans l'épaisseur des murs, faisait le tour de l'édifice, non pas horizontalement, mais en montant ou descendant au moyen de marches.

Le rez de chaussée était sans fenêtres, et seulement éclairé par des ouvertures longues et étroites, d'environ 8 centim. de diamètre, ou carrées ayant à peine 16 centim., et disposées de telle sorte que les flèches ou autres projectiles qu'on aurait essayé d'y lancer ne pouvaient causer aucun dommage. Le premier étage était éclairé à peu près de même.

Ce n'est qu'au troisième et au quatrième étage que se trouvaient des fenêtres plus spacieuses, parce qu'à cette hauteur on ne pouvait craindre l'escalade; mais c'est surtout au quatrième étage, qui était ordinairement le dernier, qu'on se dispensait des précautions, et souvent des fenêtres très-spacieuses pouvaient recevoir des machines de guerre, telles que des balistes ou des catapultes; c'était de là que la garnison devait le plus incommoder l'ennemi.

Dans quelques-uns, les divers appartements d'un étage n'étaient séparés les uns des autres que par de grandes arcades quelquefois ornées de moulures élégantes, cintrées, qui semblaient n'en faire qu'une seule grande salle.

Pour fournir d'eau la garnison en cas de siége, un puits se trouvait ordinairement creusé au centre du donjon; le cylindre de ce puits s'élevait presque toujours jusqu'au haut des murs, afin que des différents étages on pût puiser de l'eau. Dans une commune du département de Seine-et-Marne (Doue), j'ai vu l'orifice d'un puits ainsi placé, et qui devait traverser toute l'épaisseur d'une montagne de sable pur, au haut de laquelle était construite une citadelle de la fin du douzième siècle, mais dont il ne reste plus que des souterrains.

On voyait parfois les angles de la tour principale surmontés de tourelles ou guérites carrées, qui servaient de points d'observation pour des sentinelles.

Les tours carrées étaient aussi garnies de contre-forts, comme au onzième siècle. Beaucoup de donjons étaient pourvus, à l'extérieur et à une certaine élévation, au troisième étage, par exemple, d'un balcon en bois que l'on peut regarder comme d'origine romaine, qui, dès la fin de ce siècle, mais surtout au treizième, a été remplacé par une galerie de mâchicoulis en maçonnerie, d'où les soldats pouvaient laisser tomber des pierres ou autres corps pesants sur ceux qui auraient essayé l'escalade. C'est là un des perfectionnements du douzième siècle.

Il est facile de voir que la forme des châteaux du douzième siècle diffère peu en général de celle du précédent. Quelques-uns cependant s'en éloignent davantage. L'emploi des tours cylindriques le long des murs d'enceinte (pl. 10, fig. 12), l'exclusion des tours carrées, la forme cylindrique ou polygonale adoptée pour le donjon lui-même, et quelques autres particularités, paraissent caractériser ces châteaux de transition.

Dès cette époque on rencontre aux angles extérieurs de quelques châteaux ces tourelles en encorbellement si fréquentes aux quatorzième et quinzième siècles, avec cette différence qu'au douzième elles sont moins saillantes à l'extérieur, et sont ordinairement appuyées sur un contre-fort, tandis qu'aux quatorzième et quinzième elles affectent une hardiesse extraordinaire, et paraissent comme suspendues en l'air, à partir du premier étage, et à peine liées à l'édifice principal par un faible côté. Ces tourelles renfermaient ordinairement l'escalier du premier aux étages supérieurs. (Ancienne tour de Grès, Seine-et-Marne.)

Ce fut surtout vers la fin du douzième siècle que ces changements se manifestèrent, et par conséquent ils coïncident avec la période durant laquelle s'opéra la transition du plein cintre à l'ogive. Les croisades avaient excité alors un besoin d'innovation qui se manifesta dans les ouvrages de tout genre.

Je termine ce qui regarde l'architecture des châteaux du douzième siècle, par la description de celui du Vivier (pl. 10, fig. 12), situé dans la commune de Fontenay-Trésigny, département de Seine-et-Marne, empruntée au rapport d'une commission nommée par l'Institut historique.

« Le château royal du Vivier, dont il ne reste plus que des ruines sur les bords d'un bel étang, présente deux parties bien distinctes.

« La plus complète, comme la plus intéressante, est le château (pl. 10, fig. 12) (A) formant la citadelle de la place, l'habitation du prince et du gouverneur, et la dernière retraite d'une garnison en cas de siége.

« La seconde division des ruines compose une partie de l'enceinte générale du fort (B); elle était flanquée de tours nombreuses liées par de fortes murailles, et par son étendue enveloppait non-seulement le château, mais encore une vaste surface sur laquelle étaient disposées toutes les dépendances nécessaires à un séjour royal et à une station militaire.

« Irrégulier dans sa forme, le château était protégé, à l'orient, par l'étang de Vizi (C), presque entièrement desséché maintenant, et réduit aux dimensions d'un large fossé.

« Une chaussée ou jetée (E), séparant l'étang de Vizi d'un autre qui lui était contigu, permettait seule l'entrée du château vers le midi. A l'occident, un pont-levis (G) s'abattait d'un donjon quadrangulaire (H), faisant bastion d'angle, et servant d'entrée au château; on l'appelait la tour du gouverneur. Une longue voûte, sur les pieds-droits de laquelle sont creusées les coulisses de la herse, formait l'arrivée ou vestibule; elle était protégée par des archières ou meurtrières verticales, dirigées en tous sens vers les courtines; un corps-de-garde voûté avait été pratiqué à droite dans l'épaisseur des constructions. Toute la partie inférieure ou rez-de-chaussée de ce donjon est bien conservée; mais les trois étages qui la surmontaient n'existent plus; l'escalier seul a survécu dans un beffroi hardi, qui, construit entièrement en grès, selon l'usage de la Brie, s'élève à plus de cent pieds, bien que coupé dans la moitié de son diamètre et désuni de la tour principale à laquelle il était indispensable (J). Dans ce donjon, défendant l'entrée de la citadelle, étaient l'appartement du gouverneur et les prisons d'État. Un mur (K), dont on voit encore les arrachements, formait la clôture méridionale du château, et supportait une galerie de communication entre l'habitation du chef militaire et le premier étage d'un édifice religieux (L), construit et consacré à la Vierge par Charles V, seulement en 1352. Divisé en chapelle basse et en chapelle haute, comme la Sainte-Chapelle de Paris, ce temple était situé à l'angle du château, que les eaux des étangs protégeaient contre les attaques.

« L'entrée du gouverneur, dans la chapelle haute, s'annonçait par une porte biaise pratiquée dans la façade, et qui, par sa position, déterminerait suffisamment la hauteur du plancher qui divisait les deux étages, si l'on n'en retrouvait la place indiquée par des trous de solive dans les parois inférieures du temple. Ce plancher n'existe plus; il était soutenu, dans la longue portée des poutres, par des colonnes dont les fragments furent trouvés en place lors des fouilles pratiquées.

« La chapelle a 57 pieds de longueur, sur 25 de largeur; l'abside, formée de trois pans coupés, est percée de grandes fenêtres en ogive, dont quelques morceaux ont survécu sans conserver trace de verrières. Sur le mur du fond, les fenêtres sont géminées. L'autel, aujourd'hui en place sur le sol inférieur (N), est une sépulture selon l'antique usage : elle renferme les restes de Léon de Douon, chanoine, trésorier de cette sainte et royale chapelle. L'autel de la Vierge était dans la partie haute, dont le plancher avait été établi de plain-pied avec les appartements royaux, privilége qui ne pouvait appartenir qu'à une fondation royale, et pour l'usage particulier du prince. Entièrement dépourvu de voûte et de couverture, ce temple, exposé à toutes les injures de l'air, a cependant conservé quelques traces de sa décoration peinte. Elle consistait en feuillages légers, accompagnés de fleurs, selon l'usage adopté depuis le treizième siècle.

« Sur la face méridionale, la chapelle, étayée de cinq contre-forts, est percée de quatre fenêtres. Vis-à-vis, au premier étage, près de l'abside, se trouve une large ouverture, appareillée avec soin, et qu'on doit considérer comme un reste de la tribune royale (P).

« Vers la cour, latéralement à la chapelle, et sur le même alignement que sa façade, un corps de logis, divisé en appartements, offre par le bas cinq grandes pièces éclairées sur l'étang de Vizi; on y entrait de la cour par une porte (R) surmontée d'un écusson.

« Entre les eaux et cette façade est une terrasse (S);

bornée, au midi, par l'extrémité orientale de la chapelle, et au nord par une tour ronde (T), ou tour de garde, qui fait l'angle du logis. C'est sur cette terrasse que, lors du séjour de Charles VI au Vivier, pendant sa folie, on avait interposé un grand mur d'appui (U).

« Auprès de la tour (T) en est une autre de forme carrée (J), percée de quatre meurtrières, et faisant bastion d'angle sur l'étang de Vizi.

« La seconde partie des ruines (B) est celle qui, plus étendue que la première, puisqu'elle formait l'enceinte générale du fort, est cependant la moins complète aujourd'hui.

« La grande enceinte extérieure se rattachait au château par un mur (Z) appuyé contre un des pans coupés qui constituent l'abside de la chapelle; ce mur, d'une grande épaisseur, forme un angle droit avec la chaussée (E) qui, divisant les deux étangs, donnait accès au fort de ce côté. Au point de contact de ce mur et de cette jetée, était, sans doute, une poterne (A) servant d'issue; d'épaisses constructions bien cimentées, découvertes en ce lieu sous le sol, semblent indiquer les substructions d'un corps de garde défendant la poterne.

« En descendant de ce point important vers le midi, on arrive à une tour isolée (B), d'un petit diamètre, et sur la surface extérieure de laquelle on reconnaît deux arrachements de mur qui la reliaient à l'ensemble; son intérieur offre, au centre et au niveau du sol, une ouverture circulaire régulièrement taillée dans la pierre comme une margelle de puits. Ce trou permet de descendre dans un caveau voûté à six arêtes, et dont le diamètre égale celui de la tour. C'était probablement un cachot.

« Le mur de clôture remontait de ce point jusqu'à une grosse tour d'angle (C) qui existe encore; dans ce long intervalle de 70 mètres, on avait multiplié les points de défense par des tours (D, E) abattues aujourd'hui; la seule courtine encore debout se dirige de cet angle saillant du fort (C) jusqu'à une construction carrée (F) enclavée dans des dépendances modernes. Près de là, et aux deux côtés de la chaussée ancienne, qui, des étangs, conduisait au coteau occidental, les fouilles ont fait reconnaître les traces circulaires (G) de deux tours qui étaient assez rapprochées entre elles pour qu'une porte ait pu être placée sous leur protection. »

ART. 3. — *Châteaux du treizième siècle.*

Lorsque arriva le treizième siècle, la France était couverte de châteaux; la féodalité n'avait plus rien à désirer pour soutenir sa puissance, et se confiait en ses tours nombreuses. Aussi les châteaux appartenant en entier au treizième siècle sont-ils très-rares. On se contenta ordinairement de restaurer les anciennes forteresses détériorées par le temps, sans s'écarter des anciens plans et des dispositions précédentes.

Les croisades furent aussi un grand obstacle à

la construction de nouvelles forteresses, car elles contribuèrent puissamment à faire perdre au régime féodal une grande partie de sa puissance, en forçant beaucoup de seigneurs croisés à vendre leurs donjons à de simples particuliers, afin de pouvoir subvenir aux dépenses considérables occasionnées par les guerres lointaines.

Il ne faut pas oublier aussi que l'esprit religieux, qui était alors à son comble, se porta presque tout entier à la construction de ces magnifiques et immenses basiliques, qui absorbèrent des sommes très-considérables, et firent oublier les forts, dont l'usage était devenu à peu près nul, par la cessation des guerres intérieures.

Nous avons vu qu'au treizième siècle brilla, dans les monuments religieux, cette architecture aux longues colonnes réunies en faisceaux, aux voûtes élancées, aux arcades aiguës, que nous avons appelée *ogivale*. Le même type d'architecture envahit nécessairement aussi les châteaux, au moins dans les parties accessoires et dans les ornements, le corps des édifices devant conserver ses masses nécessaires à la défense.

Voici les principaux caractères de l'architecture militaire de cette époque :

La *forme générale* et la disposition des châteaux du treizième siècle restent les mêmes qu'au douzième, et sont subordonnées à la disposition du terrain. En plaine, on préférait la forme carrée longue.

Tour du donjon. Presque toujours cette tour est

cylindrique; lorsqu'elle est carrée, elle est moins considérable qu'aux siècles précédents. Quelquefois elle était isolée, et alors elle était environnée d'un fossé, et accessible par le moyen d'un pont; d'autres fois, elle faisait corps avec le mur d'enceinte. On négligea souvent dans ce siècle d'établir le donjon avec une enceinte particulière, et l'on donna ce nom à une tour plus haute que les autres, mais liée aux principales constructions et faisant corps avec elles.

C'est surtout au treizième siècle que s'introduisit l'usage des mâchicoulis avec encorbellement en pierre, qui remplacèrent avantageusement les balustrades en bois au haut des tours. Le corps de la tour, jusqu'au dernier étage, ne présente qu'un très-petit nombre d'ouvertures, et encore très-étroites; le dernier étage est éclairé par des fenêtres très-spacieuses.

Logements. Le luxe, qui avait fait de grands progrès, obligea de donner plus d'étendue aux bâtiments voisins du donjon. Les appartements devinrent plus spacieux et plus magnifiques. On y remarquait des vitraux peints et des pavés de briques émaillées, représentant des armoiries, des rosaces, ou des compartiments de différentes couleurs.

On n'y pratiquait guère extérieurement que des ouvertures en forme de meurtrières, excepté lorsque l'escarpement du terrain rendait le château inattaquable; alors on y voyait des ouvertures assez spacieuses et de forme ogivale. On remarque assez généralement, au niveau de la cour centrale, des caves ou magasins solidement voûtés. Ces espèces de caves, destinées à serrer les provisions du châtelain, servaient aussi probablement, en temps de guerre, à loger les meubles et autres objets que les paysans du voisinage venaient mettre en sûreté dans les châteaux.

Vers la fin du treizième siècle, on donna plus d'extension encore qu'on ne l'avait fait précédemment aux corps de logis destinés à la vie ordinaire du baron et de sa suite.

Les *tours d'enceinte* ont presque toujours la forme cylindrique, s'élèvent ordinairement à une grande hauteur, quoique moindre que le donjon, et réjouissent l'œil par leur forme agréable et les belles pyramides pointues qui les surmontent et forment le toit, en même temps que leurs masses présentent un caractère imposant. Elles avaient souvent un très-grand diamètre, et étaient partagées en plusieurs étages par des voûtes ou des planchers, et divisées par des arcades de forme lancéolée. Dans quelques-unes, se trouvaient des caves souterraines d'une assez grande profondeur, espèces de prisons dans lesquelles on ne pouvait pénétrer que par une ouverture circulaire pratiquée au milieu de la voûte, et ressemblant à l'orifice d'un puits. Souvent aussi elles sont couronnées d'une galerie de mâchicoulis.

Les *voûtes* étaient en style ogival, presque seul usité dans ce siècle. Dans les tours, leurs arceaux reposaient sur des consoles ou des colonnettes espacées également les unes des autres, et allaient se réunir au milieu de la voûte. Dans les bâtiments qui ont la forme carrée, les voûtes, du même style, sont construites selon l'emplacement, comme dans les églises. Un fleuron ou un écusson orne le point de réunion des arceaux. Souvent les voûtes étaient divisées et portées par des arcades en forme de lancettes, qui opéraient en même temps la division des divers appartements de chaque étage.

Les *fenêtres* ont toutes la forme de lancettes simples plus ou moins étroites. Toutes simples à l'extérieur, elles sont souvent, à l'intérieur, ornées de chaque côté de colonnes et de tores ou de nervures comme celles des églises. Dans les parties les moins exposées aux attaques, à l'intérieur des cours, on trouve quelquefois des fenêtres à deux compartiments, encadrées dans des lancettes géminées. Souvent, dans celles-ci, la tête de l'ogive est remplie de maçonnerie, formant tympan, et laissant une ouverture carrée longue.

Les *portes* des tours et des bâtiments situés à l'intérieur des châteaux, proportionnées à l'usage de ces bâtiments et de ces tours, étaient aussi en cintre à tiers-point. Souvent elles étaient simples et sans ornements, mais quelquefois ornées de moulures et de colonnes; jamais cependant leurs voussures n'étaient multipliées et profondes comme celles des églises.

Les grandes portes formant l'entrée du château, et flanquées de tours, étaient dans le même style;

elles étaient ordinairement très-ornées du côté de l'intérieur de la place, mais sans aucun ornement à l'extérieur, du côté exposé aux attaques. Elles étaient quelquefois munies de deux herses, l'une placée derrière le pont-levis, l'autre à l'extrémité opposée du passage voûté, vers l'intérieur de l'enceinte. Ordinairement, il n'y avait pas d'ouverture de communication de la porte avec les tours latérales ; cette entrée se trouvait à l'intérieur de la place.

Ornements. On remarque dans les châteaux du treizième siècle les mêmes ornements que dans les églises de la même époque : des arcades simulées à l'intérieur, des trèfles, des quatre-feuilles en creux, des feuilles entablées, des crochets, etc., etc., ornent les entablements et les corniches ; des têtes de clous, des violettes, des fleurons et des guirlandes de feuillage, décorent quelquefois les portes et les fenêtres.

Un des plus beaux châteaux du treizième siècle fut, sans contredit, celui de Coucy (Aisne). On ne peut sans émotion jeter les regards sur cette tour colossale, haute de 67 mètres, ayant 102 mètres de circonférence, qui s'élève comme une colonne inébranlable, au milieu d'une auréole de tours et de murailles crénelées, qui a traversé plusieurs siècles, toujours inébranlable, malgré les révolutions du globe et les efforts des orages.

art. 4. — *Châteaux du quatorzième siècle et de la première moitié du quinzième.*

Comme le treizième siècle, le quatorzième vit élever très-peu de châteaux, mais ceux qui furent alors construits prirent une forme assez différente dans leur ensemble et leurs diverses parties, pour avoir un caractère particulier. Les additions faites aux anciennes constructions, et les changements apportés dans la disposition des diverses parties, montrent aussi parfaitement le style particulier de l'époque, qui s'applique également à la première moitié du quinzième siècle.

Forme générale. Presque tous les châteaux du quatorzième siècle étaient, comme ceux du treizième, précédés d'une enceinte extérieure entourée de fossés; mais comme on y attachait alors beaucoup moins d'importance qu'auparavant, souvent les murs en étaient élevés et entremêlés de maisons.

La seconde enceinte, qui est la principale, prend une forme plus régulière ainsi que les bâtiments. Cette cour est ordinairement carrée, et de vastes corps de logis, de somptueux appartements forment en partie l'enceinte et remplacent souvent les murs de défense (pl. 10, fig. 13, le château de Chillon sur le lac de Genève).

Les escaliers pour monter aux différents étages se trouvaient presque toujours dans les tours des angles. Nous avons vu qu'aux onzième et douzième siècles les donjons étaient accompagnés d'une tour accessoire, qui leur était accolée, et servait d'escalier comme au Vivier. A cette imitation, le quatorzième siècle vit quelquefois un escalier dans une tour élevée au centre de la façade principale de l'édifice, à l'intérieur de la cour. Ces escaliers devinrent très-fréquents aux quinzième et seizième siècles.

Murs d'enceinte. Les mâchicoulis, généralement adoptés au treizième siècle, couronnent constamment les murs d'enceinte du quatorzième siècle, de sorte qu'on faisait le tour de la place dans la galerie par laquelle on communiquait avec ces nombreuses ouvertures, et qui traversait les tours du rempart. Les consoles qui supportent les mâchicoulis du quatorzième siècle sont plus allongées, plus légères, mieux profilées qu'au treizième, et à peu près semblables à celles figurées sur la pl. 10, n° 14.

Tours d'enceinte. Comme les murs de défense, les tours d'enceinte avaient aussi leurs mâchicoulis qui forment une espèce de ceinture ou de balcon vers le haut. Quelquefois le toit des tours venait reposer sur le parapet en saillie recouvrant l'ouverture des mâchicoulis et la galerie par laquelle on en approchait. Cependant le plus ordinairement les tours avaient encore un étage au-dessus des mâchicoulis, comme au treizième siècle, et comme on le remarque aux tours du château de Chillon (pl. 10, n° 13).

Portes. Les portes des cours sont presque toujours défendues par des tours et garnies de herses. Elles sont ordinairement au nombre de deux, l'une pour les chevaux et les voitures, et une plus petite pour les gens de pied, ayant chacune leur pont-levis et leurs herses. Elles s'ouvrent sous une arcade ogivale, et sont ornées, à l'intérieur de l'enceinte, de colonnes, de guirlandes de feuillages, d'écussons, etc.

Les portes des salles, à l'intérieur des châteaux, s'ouvrent aussi sous une arcade ogivale; quelques-unes sont carrées ou voûtées en cintre très-surbaissé. Leurs moulures sont les mêmes que pour les portes d'entrée.

Fenêtres. Le plus ordinairement on ne voyait dans les murs et les tours d'enceinte que des ouvertures évasées en dedans, mais si étroites en dehors qu'elles ressemblaient presque à une fente, comme aux siècles précédents. Si l'on vit quelquefois de grandes fenêtres à l'extérieur, c'était toujours à des endroits où elles ne pouvaient donner de l'inquiétude, soit à cause de leur élévation, soit à cause des moyens naturels de défense, comme un très-grand escarpement ou une pièce d'eau considérable, qui rendait le château inabordable de ce côté.

La plupart des fenêtres étaient donc établies à l'intérieur des cours. Très-souvent, comme au treizième siècle, elles sont en ogive, divisées en deux parties par une colonne, mais d'une plus grande largeur. Cependant les fenêtres carrées longues, non surmontées d'un arc aigu, prédominaient au quatorzième siècle. Ces fenêtres carrées, plus ou moins grandes, suivant l'importance et la destination des salles, étaient habituellement divisées en deux, et quelquefois en quatre parties par des traverses en pierre (pl. 10, fig. 15 et 16). Les ornements sont les mêmes que pour les portes, et rappellent les moulures employées dans l'architecture religieuse de cette époque.

Les châteaux de la première moitié du quinzième siècle doivent être rangés dans la même catégorie que ceux du quatorzième. Les dispositions et les distributions étant absolument les mêmes, on y remarque seulement parfois des ornements plus nombreux et d'un travail plus délicat, comme aussi une plus grande quantité de fenêtres. Le luxe commençait bien à s'introduire et à prendre une grande extension dans la construction des bâtiments, surtout des intérieurs; mais les guerres avec l'Angleterre, qui durèrent presque la première moitié du quinzième siècle, arrêtèrent les progrès de changements plus sensibles, qui ne devinrent rapides que dans la seconde moitié de ce siècle.

Art. 5. — *Châteaux de la fin du quinzième siècle.*

La Normandie venait d'être arrachée aux Anglais, les guerres étaient terminées et avaient fait place à une paix générale : les seigneurs purent se livrer tout entiers à leur goût pour le luxe et la somptuosité; et la civilisation, qui avait fait de grands progrès, leur inspira le désir de remplacer la sévérité de leurs demeures, dans lesquelles ils semblaient séquestrés et séparés des populations,

par un aspect plus riant à l'extérieur et des distributions plus commodes à l'intérieur.

Les murs d'enceinte s'abaissèrent donc; et en
effet leur élévation primitive devenait inutile par
l'invention de la poudre et de l'artillerie, dont
l'usage fut bientôt général, et contre lesquelles la
hauteur des tours ne devait pas opposer d'obstacle.

Au reste, ce n'était plus le temps où chaque
seigneurie formait comme un petit État à part et
presque indépendant. A cette époque, et depuis
déjà bien longtemps, les châteaux des seigneurs
étaient plus rarement l'objet des attaques de
l'ennemi du pays, que les villes fortifiées, dans
lesquelles se retiraient de préférence les gens des
campagnes, parce qu'ils y trouvaient, en temps de
siége, et plus d'emplacement et plus de commo-
dités de la vie. En outre, depuis longtemps les
rois cherchaient à diminuer la puissance des seigneurs, et tendaient, autant qu'il dépendait d'eux,
à empêcher la construction de nouveaux châteaux-
forts, ou à introduire un nouveau système. C'est
ainsi que sous Louis XI on éprouvait de grandes
difficultés à relever ceux qui étaient tombés en
ruine.

Si donc on s'étonne d'abord de voir encore dans
beaucoup de châteaux de la deuxième moitié du
quinzième siècle un aspect de force extérieure,
une entrée défendue par des tours, des herses et
des ponts-levis, des murs garnis de tours et de
mâchicoulis, un examen plus attentif fera bientôt
remarquer que tout cet appareil de force et de

puissance n'est que pour en imposer aux yeux, accoutumés à attacher l'idée de la grandeur et de la puissance aux châteaux qui déployaient un appareil militaire. Les murs étaient moins épais qu'auparavant, et l'intérieur offrait l'élégance et le faste d'une *villa*.

Forme générale. Comme on s'appliquait moins aux moyens de défense qu'aux agréments de la vie, on abandonna généralement les hauteurs, d'un difficile accès, pour descendre dans les plaines et les vallées; on rechercha les sources et la commodité des eaux.

Ordinairement les châteaux affectaient la forme carrée. Quelquefois l'enceinte de la cour était formée entièrement par les bâtiments formant le château; d'autres fois il y avait un des côtés fermé seulement par un mur, et les trois autres occupés par les bâtiments; dans d'autres, le château n'occupait qu'un des côtés de l'enceinte. Ils étaient toujours environnés de fossés peu profonds, mais remplis d'eau.

Appareil. Sous la domination romaine, et dans les premiers siècles du moyen âge, on employa beaucoup la brique, qui disparut entièrement des constructions au douzième siècle. Elle reparut vers le milieu du quinzième; mais, moins grande que la brique romaine, elle ressemble beaucoup à celle de nos jours; quelquefois elle est plus large et plus mince. Elle n'était pas non plus employée par cordons horizontaux, comme avant le douzième siècle; mais on la trouve quelquefois disposée par carrés alternant avec des massifs en pierre de la même étendue, de manière à présenter en grand un dessin en échiquier : d'autres fois elle remplaçait entièrement le moellon, et la pierre de taille ne servait qu'aux portes, aux fenêtres et aux angles des édifices.

Les pierres de taille sont ordinairement ajustées avec soin, et quelquefois de grand appareil.

Tours. Des tours carrées, des tours à pans coupés ou cylindriques, des toits pyramidaux très-aigus, des tours en encorbellement, comme au château de Chillon (pl. 10, fig. 13), se rencontrent souvent dans les châteaux de la fin du quinzième siècle et dans ceux du seizième. Souvent, sur le milieu et dans la façade de l'édifice, se trouvait appliquée une tour à pans coupés renfermant l'escalier. Des tours cylindriques, à toits très-élevés, sont placées aux extrémités de quelques-uns de ces manoirs qui ont aussi été construits en très-grand nombre durant le seizième siècle (château de Chenonceaux). Le sommet des toits coniques de ces tours était quelquefois garni de pinacles en plomb, en fer, ou en terre cuite. Quelquefois aussi le faîte des autres toits était hérissé de fleurons, de crochets ou de diverses moulures en plomb.

Le château d'O, près de Mortrée, département de l'Orne, est un beau modèle des châteaux de la fin du quinzième siècle, ainsi que celui de Vigny (pl. 10, fig. 17).

Portes et fenêtres. A la fin du quinzième siècle,

et au commencement du seizième, un très-grand nombre de portes et fenêtres ne sont plus surmontées d'une arcade en ogive; mais elles sont à cintre très-surbaissé. Quelquefois le centre de ce cintre se relève de manière à former une accolade.

Dans les châteaux d'une architecture un peu soignée, on remarque les portes surmontées, comme celles des églises du même temps, d'une espèce de fronton appliqué sur le mur, garni de feuilles recourbées, et terminé par un fleuron ou panache.

Les *moulures* sont les mêmes qu'on remarque dans les monuments religieux du même temps, telles que les nervures prismatiques multipliées, les arabesques, les feuillages profondément fouillés, les crochets, les panneaux trilobés, les dentelles de pierre percées à jour, les feuilles de choux, les pinacles en application, etc.

ART. 6. — *Châteaux du seizième siècle.*

J'ai déjà dit que la plupart des châteaux du commencement du seizième siècle étaient peu différents de ceux du quinzième; mais nous devons nous rappeler aussi que déjà, dès cette époque, commença dans l'architecture une révolution qui devait faire substituer les styles grec et romain à l'ogive. Pendant cette époque de transition, les divers styles furent souvent mariés ensemble, et formèrent le style appelé de la *renaissance*.

C'est surtout sous Louis XII et François Ier que

le nouveau style envahit l'architecture et fit des progrès rapides, favorisé qu'il était par le goût prononcé de ces princes pour l'architecture, et par les relations fréquentes de la France et de l'Italie.

On doit donc remarquer, vers la fin du seizième siècle, des châteaux de styles différents, et, en apparence, d'époques différentes, quoique réellement de la même.

Dans les uns, on remarque encore les tourelles féodales, mais elles semblent moins faites pour la défense que pour donner de la dignité, du mouvement à l'édifice, et éviter la monotonie d'une façade rectiligne ; leurs toits pyramidaux sont beaucoup plus élancés et présentent plus de grâce ; les mâchicoulis sont rares, et font ordinairement place à des frises et à des corniches élégamment sculptées ; les tours elles-mêmes sont percées, même au rez-de-chaussée, de fenêtres élégantes, surmontées d'un arc ogival recourbé en accolade à son extrémité supérieure. On remarque en général dans ces monuments les combinaisons des formes les plus gracieuses et les ornements les plus délicats du style de la renaissance. On peut donner pour brillant modèle de châteaux de ce premier genre celui de Vigny (pl. 16, fig. 17.).

Les seconds se rapprochent entièrement de la forme classique, et n'ont rien qui les distingue essentiellement des palais et des hôtels élevés dans les villes à la même époque. C'est surtout sous François Ier que l'on remarque sur les murs la plus grande profusion d'ornements; des arabesques, des rinceaux de la plus grande élégance, les médaillons, etc. Les croisées sont carrées longues ainsi que les portes, encore quelquefois divisées en deux ou en quatre; leurs côtés latéraux sont ornés parfois, mais rarement, de colonnes de quelqu'un des cinq ordres.

Le seizième siècle se distingue aussi par d'élégantes tourelles à pans coupés, aux toits pyramidaux, par lesquelles on cherchait souvent à cacher ou adoucir l'aspérité des angles des monuments. On savait aussi, à cette époque, utiliser pour l'ornement jusqu'aux cheminées, dont l'effet est ordinairement si désagréable : les ornements dont elles sont couvertes, leur forme gracieuse, simulant souvent une tourelle carrée ornée de colonnes, surmontée parfois d'une balustrade, etc., en font de véritables monuments.

Sous Henri II, et vers la fin du seizième siècle, l'architecture se dégagea de ce qu'elle conservait du style ogival; les arabesques et les autres ornements du même genre furent employés avec moins de profusion; on remplaça souvent les chambranles couverts d'arabesques par des colonnes; quelques fois même les murs furent tout unis à l'extérieur.

ART. 7. — *Châteaux des dix-septième et dix-huitième siècles.*

Comme auparavant, les châteaux du dix-septième siècle étaient presque toujours au milieu d'un emplacement carré, entouré de fossés pleins d'eau garnis de murs en talus. Comme si on n'eût pas voulu perdre entièrement le souvenir des tours, les angles de cette esplanade offraient ordinairement des espèces de tours ou de bastions en saillie, qui ne s'élevaient guère à plus d'un mètre au-dessus du sol, comme on en remarque au château de Chenonceaux.

Les châteaux, qui ne sont plus à cette époque que des maisons de plaisance, n'offrent plus aussi aucun caractère militaire. Leurs formes sont très-régulières; ils se composent souvent d'un seul corps de bâtiment, de forme carré long, dont la monotonie est coupée à chaque extrémité, quelquefois au milieu, par une partie saillante. Le plus souvent, un corps central allongé reçoit à ses extrémités deux ailes, qui lui sont orientées transversalement, de manière à offrir la forme de deux L ou de deux T réunis par la base. Les fenêtres étaient encore quelquefois, mais rarement, divisées en quatre parties par des croix en pierre (pl. 10, fig. 16), et parfois aussi légèrement arquées au sommet; celles qui s'élèvent au-dessus de la base du toit se terminent assez souvent par un fronton arrondi ou triangulaire. Presque toujours la corniche est ornée de modillons.

Les toits, au commencement de ce siècle, étaient encore assez élevés, mais moins que dans le siècle précédent; vers le milieu, ils s'abaissèrent sensiblement, et beaucoup même prirent une forme brisée qui leur donna moins de roideur, et en même temps plus de grâce, comme nous l'avons déjà remarqué en parlant des monuments civils.

On voit dans quelques-uns la brique employée pour former, de distance en distance, des cordons qui ne sont pas saillants, des corniches d'entablement tout entières, le tour des croisées, et même quelquefois des espèces de panneaux entre les croisées et les portes, séparés par des chaînes de pierres horizontales et verticales.

Les cheminées étaient aussi très-élevées, et couronnées à leur sommet de frontons triangulaires plus ou moins ornés. On en voyait aussi de tout unies et semblables à celles de nos maisons actuelles.

Le goût de la multiplicité des moulures était passé; aussi ne voit-on plus ni rinceaux, ni arabesques sur les murs; partout se fait remarquer la régularité de l'architecture gréco-romaine.

Les châteaux du dix-huitième siècle ressemblaient en tout à ceux du dix-septième, excepté que souvent ils n'étaient pas enceints de fossés; quelquefois on comblait ceux qui existaient auparavant, ou on les convertissait en jardins de plaisance. Il n'y avait d'autre enclos que celui de la propriété, ordinairement environnée de murs assez bas et très-peu épais, comme on les construit aujourd'hui.

CHAP. V. — PEINTURE SUR VERRE, SON ORIGINE ET SON ÉTAT AUX DIFFÉRENTS SIÈCLES DU MOYEN AGE.

La connaissance du verre remonte à une très-haute antiquité. Les anciens en faisaient des vases de diverses formes, qu'on a trouvés dans les tombeaux, et qu'on voit dans presque tous les cabinets d'antiquités. Il est bien constant que les Romains et les Égyptiens connaissaient l'art de fabriquer le verre, et même de lui donner des couleurs inaltérables, et qu'ils préféraient le verre de couleur au blanc. Mais si ces peuples ont produit des ouvrages en verre remarquables, il est probable qu'ils ignoraient son application aux fenêtres, jusque vers le deuxième siècle, comme portent à le croire les écrits antérieurs et postérieurs à cette époque. Il paraît que les anciens employaient pour leurs fenêtres des pierres diaphanes très-minces, qui avaient sans doute beaucoup d'éclat, jusqu'au temps où ils surent réduire le verre en feuilles très-minces, et l'assujettir aux fenêtres. Des fragments de verre de vitre trouvés dans les ruines d'Herculanum prouvent qu'avant la destruction de cette ville on savait l'employer à cet usage. Saint Jérôme, qui écrivait vers la fin du quatrième siècle, ne laisse aucun doute pour cette époque : *fenestræ quæ vitro in tenues laminas fuso obductæ erant.*

Il est probable que la vitrerie étant connue dans ces premiers siècles, on ne manqua pas de l'employer aux fenêtres des églises. Nous sommes assurés que l'emploi du verre aux fenêtres des églises était en usage au sixième siècle, par saint Grégoire de Tours (1), qui rapporte qu'en 525 un soldat de Théodoric brisa le vitrail d'une fenêtre de Saint-Julien de Brioude, en Auvergne, pour y pénétrer. Les éloges étonnants que Fortunat, évêque de Poitiers, qui vivait au septième siècle, donne aux évêques de son temps, qui ornaient leurs églises de vitraux, prouvent qu'ils étaient alors d'un emploi très-fréquent. La manière dont il parle de l'effet admirable qu'ils produisaient lorsque le soleil les frappait de ses rayons, a fait penser que cet effet ne pouvait être produit que par les verres de couleur et que par conséquent la peinture sur verre était déjà connue. Les fenêtres de Saint-Germain le Rond, aujourd'hui Saint-Germain l'Auxerrois, à Paris, que brisèrent les Normands en faisant le siége de cette ville, étaient garnies de verre, suivant la chronique d'Abbon. Le pape Léon III, qui couronna Charlemagne à Rome, employa le verre dans la construction de Saint-Jean de Latran (2). On peut croire avec toute vraisemblance que réellement on employa les verres de couleur dans ces temps reculés, et qu'on faisait même des dessins dans le vitrail. En effet, les Égyptiens et les Romains ayant connu un procédé pour donner une teinte au verre, il n'est pas probable que ce procédé ait été perdu. Les Italiens surtout employaient le verre de couleur à la

---

(1) De gloriâ martyrum, lib. I, ch. 59.
(2) Anast. in Vitâ Leon. III.

fabrication de la mosaïque. Au septième siècle, l'art de teindre le verre passa en France, d'où il s'introduisit en Angleterre. Il dut aussi de bonne heure passer dans le midi de l'Allemagne, où nous avons des preuves qu'il fut employé plus d'un siècle avant que nous ne le voyions dans les monuments du Nord. Saint Wilfrid fit venir de France le verre qu'il employa à l'église de Saint-Paulin d'York.

Les vitraux de couleur qu'on employa à cette époque devaient être bien loin de ressembler à ceux des beaux temps de l'ogive, qui excitent tant notre admiration : ce pouvaient être des verres de différentes couleurs, teints en masse, formant divers dessins par leur réunion avec des plombs, ou de quelque autre moyen, ou bien des verres blancs colorés ou même dorés. Vasari nous dit que dans l'origine le verre était en forme d'yeux. Cette sorte d'assemblage de morceaux circulaires se trouve représenté dans beaucoup de tableaux du quinzième siècle à Bruges, dans celui de Jean Van Eyck, et il ne serait pas surprenant d'en voir encore dans quelque vieille bâtisse. Les fenêtres supérieures de l'église de Bourges sont encore à compartiments circulaires; dans le milieu est un morceau de verre coloré. Longtemps on se contenta des assemblages qui représentaient une sorte de mosaïque de diverses couleurs unies, sans songer à tracer sur le verre aucun dessin au moyen d'une couleur qui fît corps avec le fond sur lequel elle était appliquée.

On ignore l'époque précise de la découverte du procédé de la peinture sur verre proprement dite. Quelques-uns, sans aucune preuve, la fixent au règne de Charles le Chauve (fin du neuvième siècle); d'autres lui donnent une origine moins ancienne, et ne la font guère remonter qu'à la fin du treizième siècle, au temps de Cimabué. Mais il est évident que c'est une erreur, puisque nous connaissons plusieurs vitraux regardés comme antérieurs de près de deux siècles à ce célèbre artiste florentin.

Le monument le plus ancien où il soit parlé de la peinture en verre, est une lettre de l'abbé Gosbert, de Teugersée en Bavière, 983 à 1001. Les moines furent les premiers peintres verriers, comme ils étaient aussi les plus habiles artistes dont nous admirons les ouvrages dans les manuscrits. Si les Allemands furent les premiers à s'exercer dans cet art nouveau, dont les productions excitaient l'admiration, ils furent ensuite dépassés par les Français et par les Flamands. Dès le douzième siècle, cet art avait déjà fait de très-grands progrès, et dès lors on s'appliqua avec zèle à en orner les églises, et à représenter dans de magnifiques verrières les divers traits de l'histoire sainte, et même les dogmes de la religion, de sorte que ces peintures éclatantes étaient un livre sans cesse ouvert au peuple, qui pouvait y lire et étudier la religion tout entière, à une époque où l'instruction lui était assez étrangère.

Les plus anciens monuments qui nous soient

restés des verres colorés et peints sont les vitraux de l'abside de Saint-Denis, du douzième siècle, de l'abside de la cathédrale de Bourges, et du chœur de celle de Lyon; on en voit aussi à Angers, au Mans, et dans quelques autres cathédrales de France, mais on n'a de certitude que pour ceux de Saint-Denis, décrits par l'abbé Suger lui-même, qui en fut le donateur. Cet homme, aussi distingué par ses vertus que par ses talents, n'omit rien pour embellir l'église de son abbaye, qu'il avait lui-même fait construire, et qui fut consacrée en 1140. Lui-même nous apprend : « qu'il avait recherché avec beaucoup de soin des fondeurs de vitres et des compositeurs de verre de matières très-exquises, à savoir, de saphirs en très-grande abondance, qu'ils ont pulvérisés et fondus dans le verre pour lui donner la couleur d'azur, ce qui le ravissait vraiment en admiration ; qu'il avait fait venir, à cet effet, des nations étrangères, les plus subtils et le plus exquis maîtres, pour en faire les vitres peintes, depuis la chapelle de la sainte Vierge, dans le chevet, jusqu'à la principale porte d'entrée de l'église... » La dévotion, lorsqu'il faisait faire ces vitres était si grande, tant des grands que des petits, il trouvait l'argent en telle abondance dans les troncs, qu'il y en avait quasi assez pour payer les ouvriers au bout de chaque semaine (1). »

Les vitraux de cette époque sont formés de

(1) Suger, traduction de Leviel.

compartiments de verres de couleurs, dans lesquels domine le rouge, employé avec profusion dans les premiers temps, mais moins fréquemment dans la suite. On distingue les vitraux de la première époque à leur forme de médaillons circulaires, trilobés ou elliptiques, disposés en sautoir ou en manière d'échiquier, sur un large fond de mosaïque. Toutes les figures, ainsi que les draperies, sont grossièrement indiquées par un simple trait fait avec une couleur noirâtre, qu'on faisait imparfaitement pénétrer dans le verre en chauffant celui-ci sur un lit de chaux, méthode vicieuse en ce que la chaux absorbe une partie des sels du fondant mêlé à la couleur. L'action du temps vint ensuite ajouter son effet à cette cause première de destruction, et il y a de ces vitraux dont la couleur se dissolvait à l'eau. Dans les bordures, il se trouve dès le douzième siècle, des morceaux où le bleu, le jaune, qu'on obtenait au moyen du bois pourri qu'on trouve en poudre dans les vieux arbres, et le noir sont appliqués sur le même morceau de verre; mais ces couleurs sont très-mal fondues : on y remarque aussi des jours obtenus au moyen d'un grattage. Ainsi dès l'origine trouve-t-on la trace des perfectionnements obtenus plus tard dans la peinture d'émail, et celle de nos jours à plusieurs tons sur le même morceau.

Sous le règne de saint Louis, et à mesure qu'on avança dans le treizième siècle, le goût des vitraux peints se répandit tellement, qu'on connaît un nombre prodigieux de cathédrales, d'églises, d'abbayes, qui furent vitrées de cette manière. Le dessin s'améliora; on adoucit la sécheresse du trait par quelques lavis placés dessus, et qui remplacent les ombres. Cependant cet art fit peu de progrès jusqu'au quatorzième siècle, et le procédé technique resta le même. Sous le rapport de l'art, ces premiers travaux sont assez grossiers : on jugerait mal par eux du talent des artistes de ce temps, mais les vitraux n'étaient considérés que comme un décor, où il ne fallait rechercher qu'un effet de masse. Sur des morceaux de verre qui n'avaient que quelques pouces, on ne pouvait appliquer des teintes sans nuire à la richesse de la couleur du verre teint en masse : dès lors il fallut se contenter de simples contours. Cependant ces vitraux ont un ton de couleur fort harmonieux, obtenu sans doute en partie par l'effet du temps qui a dépoli le verre à l'extérieur.

Le quatorzième siècle vit s'opérer une très-grande révolution dans la peinture sur verre. Cimabué venait d'opérer la réforme dans la peinture en Italie, en donnant surtout au dessin plus de netteté et de précision, et cette influence se fit sentir d'une manière sensible dans l'art de la peinture sur verre. Les verres de cette époque, qui avaient jusqu'à cinq millimètres d'épaisseur, sont encore extrêmement gondolés : les figures ne tournent pas, mais cependant le dessin devient plus correct. On commença à tenter l'art du clair obscur, des ombres et du reflet dans les membres et les grandes draperies; mais ceci ne paraît ordinairement que par des hachures, souvent en partie effacées, dans ces mêmes plis. Le verre était teint en masse, en vert, bleu ou jaune, et couleur lie de vin : c'était le ton de chair; mais ces couleurs acquirent plus de puissance au quinzième siècle. On vit encore des médaillons sur des fonds de mosaïque, mais les sujets y furent mieux disposés. On commença à former de grandes figures isolées : pour chaque partie qui avait une couleur différente, on prenait un morceau de verre de cette couleur teint en masse : le tout était réuni par des plombs, et l'ensemble du sujet arrêté dans un cadre de fer, fixé avec des clavettes au montant de la croisée. On pouvait démonter toute une croisée par parties et la nettoyer facilement. Ces grandes figures ne furent d'abord entourées que d'une frise qui faisait le tour du panneau, et au-dessus de la tête, d'une espèce de trèfle au simple trait rouge ou blanc. Ces personnages sont appuyés sur des piédestaux en forme de balustre, sur lesquels on écrivait souvent le nom du saint ou celui du donateur. Vers le milieu de ce siècle parurent sur les vitraux des dessins d'architecture de l'époque; dans le haut des fenêtres, des têtes de chérubins, des corps ailés de séraphins, ou des fleurons assez étendus. On remarque aussi souvent, sur les piédestaux des images des saints, les portraits des fondateurs des églises, ou des donateurs, et même souvent des armoiries.

Quoiqu'on ne voie guère d'émaux, c'est-à-dire

de verres doubles, qu'à la fin du quinzième siècle, et surtout au seizième, Leviel et plusieurs autres auteurs en font remonter l'invention à la fin du quatorzième, et l'attribuent au célèbre Flamand Jean Van-Eyck, plus connu sous le nom de Jean de Bruges, qui, peintre et chimiste distingué en même temps, passe pour l'inventeur de la peinture à l'huile, et découvrit les recettes de différents émaux colorants pour teindre les feuilles de verre au feu de fourneau. Cette tradition est commune en Allemagne.

Pour atteindre la perfection dont est susceptible l'art du peintre verrier, il restait au quatorzième siècle encore un pas à faire, c'était de donner plus de puissance aux ombres. On l'obtint en étendant un fond noir avant d'appliquer la couleur locale, appropriée au sujet, là où l'on voulait obtenir cette augmentation d'effet. Aujourd'hui ce fond noir s'applique à l'eau gommée, autrefois on employait une sorte de vernis; c'est ce qu'on nomme la peinture d'apprêt. On en remarque facilement l'emploi dans les beaux vitraux de la chapelle du saint sacrement de l'église de Sainte-Gudule, à Bruxelles.

Charles V (dit le Sage), qui régnait à cette époque, fut un zélé protecteur de la peinture sur verre, et accorda de très-grands priviléges aux artistes. Ses successeurs ne donnèrent pas moins d'émulation aux talents qui produisirent des travaux admirables.

Dans le quinzième siècle, le talent du peintre

verrier atteignit un haut degré de perfection dans le dessin et la composition; mais il perdit en même temps sous le rapport de l'effet, comme décoration intérieure. Le dessin est d'une très-grande pureté, les moindres détails sont traités avec un soin minutieux, sans égard pour la distance du point de vue, et les ombres partout soigneusement indiquées. Aussi ces verrières, admirables de près, manquent d'effet et pâlissent à des hauteurs considérables. Mais les couleurs teintes en masse sont d'un effet merveilleux. Les verres de cette époque sont pourtant encore gondolés.

Jusqu'ici nous avons vu que chaque partie du sujet peint en verre était un morceau à part, teint en masse; c'est-à-dire que la couleur était mêlée à la pâte même du verre avant qu'on le soufflât; on le choisissait d'après le ton principal de la couleur locale, et on étendait dessus les ombres à la brosse, qui y pénétraient au moyen d'une recuisson : toutes ces pièces sont rejointes par des plombs. On voulut, tout en conservant la transparence du verre, qui se perd par la brosse, éviter les plombs, d'un effet désagréable dans les vitraux de petite dimension : alors parurent les verres émaillés, connus sous le nom de verres suisses, dont, comme je l'ai déjà dit, on attribue l'invention à Jean Van-Eyck, mais qui, jusque fort avant dans le quinzième siècle, furent d'un emploi peu fréquent. Ce sont des tables de verre incolore, sur lesquelles on applique, au moyen du feu, et suivant un contour premièrement tracé, une ou plusieurs couches, les unes à côté des autres, de verre teint en masse, qu'on usait à la meule pour avoir une couleur plus ou moins intense, ou pour atteindre le fond. Jamais cette méthode n'a été employée pour les grandes verrières, parce que les émaux sont sujets à s'écailler.

Toujours pour éviter les plombs, on voulut ensuite peindre à la brosse différentes couleurs et toutes leurs nuances sur le même panneau. Il est résulté de cette méthode, dans laquelle les Anglais se sont distingués, des peintures qui manquaient entièrement de transparence et de richesse de couleur. Je l'ai déjà dit, il n'y a que le verre teint en masse dont on puisse espérer cet effet, qui est le principal mérite de la peinture en verre; il faut, autant que possible, négliger les nuances, pour ménager le ton de couleur du verre pur.

Les personnages sont ordinairement posés dans des niches dont les fonds imitent une étoffe damassée, avec un dais ou pinacle surmonté de deux ou trois étages de clochetons chargés de leurs aiguilles, hérissées elles-mêmes de feuilles grimpantes. Le piédestal n'est autre chose que le dais d'une niche inférieure où on plaçait des anges portant des écus armoriés.

Au quinzième siècle, on ne mettait ordinairement qu'un seul grand personnage dans chaque panneau, à moins qu'on ne fût obligé, selon l'usage du temps, d'y introduire quelque symbole propre à caractériser le saint ou la sainte qu'on voulait représenter : ainsi, saint Paul est représenté avec un glaive, saint Pierre avec des clefs, saint Laurent avec un gril, sainte Agnès avec un anneau, les évangélistes avec les attributs qui leur sont propres, etc. Les traits historiques, composés de figures plus petites, renfermaient, comme les tableaux à l'huile, tous les objets qui pouvaient leur convenir.

Il y avait au quinzième siècle une sorte d'engouement pour les vitraux de couleur : aussi ne se contenta-t-on pas de les employer aux fenêtres des églises, on en orna même, vers la fin, les fenêtres des châteaux.

Le seizième siècle vit la peinture sur verre, sous le rapport du dessin, monter à son plus haut degré de perfection, pour retomber ensuite dans la décadence. D'autres principes s'introduisirent dans l'art du peintre verrier, en même temps qu'Albert Durer, et ensuite Raphaël opérèrent une nouvelle révolution dans l'art du dessin. Alors les tableaux sur toile se reproduisirent dans les vitraux avec toutes les règles de la perspective et ce qu'ils renfermaient de plus gracieux. Ces merveilleux effets sont dus au perfectionnement de la peinture en émail, qui permit d'exécuter des dessins sur des feuilles de verre d'une grande étendue, que l'on substitua aux pièces de rapport teintes en masse jointes avec des plombs.

Raphaël, comme je l'ai dit, porta l'art du dessin à une haute perfection, et ses élèves le popularisèrent. Les peintres sur verre profitèrent avec beaucoup d'avantage des améliorations introduites dans l'art, et leurs ouvrages le disputèrent en beauté et en éclat à la somptueuse magnificence des tableaux des grands maîtres. La magie des couleurs, le charme des demi-teintes, le moelleux des nuances, l'harmonie des contours, enfin tout ce que l'art perfectionné peut produire de plus extraordinaire, se fait admirer sur les belles verrières de cette époque. Je ne prétends parler ici que du dessin, du modelé et de la peinture en elle-même ; car si les verrières gagnaient de ce côté, elles perdaient beaucoup du côté de l'effet d'optique et de cette magie des couleurs produite par les verrières des siècles précédents. La comparaison des vitraux des douzième et treizième siècles avec ceux des siècles suivants, qui nous fait voir leur supériorité sur ceux-ci, nous démontre évidemment l'indispensable nécessité de l'armature et de la résille de plomb, qui, par leur opposition vigoureuse, semblent encore ajouter à l'éclat de la lumière. A cette époque, dans la peinture comme dans la sculpture, les plis des draperies sont excessivement serrés et multipliés, et ils forment dans les vitraux une série de lignes presque aussi vigoureuses que celles déterminées par les plombs. De plus, dans les ornements, presque toujours entremêlés de filets blancs et de bandelettes à perles blanches sur fond noir, le cerné joue aussi un très-grand rôle. Plus tard les plis deviennent moins nombreux, plus lâches, et la demi-teinte prend une importance qui ternit les vitraux et ne produit pas une opposition suffisante pour ajouter à leur éclat.

Enfin, au quinzième et au seizième siècle, le dessin se perfectionne, mais les traditions s'effacent, le cerné se fond presque entièrement dans un modelé plus avancé; l'imitation plus rigoureuse de la nature devient un besoin, et la couleur reste entièrement subordonnée à la forme. On peut dire que la peinture sur verre eut les mêmes phases d'enfance, de perfection et de dégénérescence, que l'architecture.

La peinture sur verre au dix-septième siècle non-seulement déchut de la perfection à laquelle elle était parvenue, mais encore tomba dans un oubli complet, qui fit longtemps croire que les secrets de cet art étaient perdus. Les véritables causes de cet abandon injuste furent les mêmes qui firent abandonner l'architecture chrétienne pour le style classique. Une autre cause, c'est l'extension de la peinture à l'huile, qui produisit de nombreux chefs-d'œuvre, et facilitait bien autrement le génie des artistes, que les procédés difficiles, les résultats souvent incertains de la peinture sur verre, à cause des lenteurs et des accidents inévitables qui accompagnent la construction d'un vitrail.

L'opinion que la peinture en verre se perdait remonte déjà fort haut; et l'un de ceux qui l'accréditèrent fut un certain Guillaume Trompe, d'Utrecht, qui répara les vitraux à Gouda, après l'ouragan de 1581. Cependant on n'a point cessé de connaître la nature du verre dont on s'est anciennement servi; on n'a jamais ignoré les matières colorantes qui se mêlent à cette composition, ni

les procédés par lesquels on les y fait pénétrer.
Plusieurs ouvrages savants, entre autres celui de Pierre le Vieil, écrit en 1731, d'autant plus curieux que sa famille exerçait depuis près de deux siècles l'art de peindre en verre; les ouvrages du savant Langlois, du Pont-de-l'Arche, sont les preuves écrites de procédés prétenduement perdus, qui remontent jusqu'à l'époque où ils étaient connus par une pratique constante. Au temps de Néri, savant distingué qui a écrit sur l'art de peindre le verre, il n'y avait pas un siècle qu'avaient été peints les vitraux de Gouda, réputés les plus beaux du monde; la chapelle de la Vierge à Sainte-Gudule, à Bruxelles, ne fut achevée qu'en 1653. Du vivant de Pierre le Vieil, qui écrivit en 1731, il y avait encore un peintre verrier à Paris : il paraît cependant que cet art était alors arrivé, sur le continent du moins, à son plus infime degré d'abaissement, et vers cette époque on ne fabriquait plus, ni en France ni en Allemagne, de verre propre à la peinture en verre, ni teint en masse. Cependant, en Angleterre, William Peckil et Robert Scot Godfrey, offrirent encore, en 1768, des ouvrages qui furent admirés; vers le même temps on plaça à Oxford des vitraux dont on vantait la beauté. Cependant, en général, cette peinture n'offrait plus que des tons fades et monotones, qu'on étalait sur du verre incolore.

Il y eut donc interruption réelle d'environ trois quarts de siècle dans la fabrique des maîtres en verrerie; il n'en existait plus : il fallait rechercher leurs procédés dans les ouvrages qu'ils avaient laissés. En 1804, un nommé Michel Frank, de Nuremberg, peignit sur verre des armoiries, puis des paysages, des sujets mythologiques; mais ce fut la restauration des vitraux de Ratisbonne, commencée en 1821, qui ramena entièrement la peinture en verre à son but primitif. Ceux qui s'en étaient occupés dans les temps modernes avaient surtout voulu peindre de petits sujets, employer plusieurs couleurs sur le même panneau pour éviter les plombs, dont l'effet paraissait peu agréable, sans cependant recourir aux émaux. On voulut aussi introduire dans cette peinture des nuances inconnues aux anciens; ce qu'on fit de plus remarquable en ce genre furent les glaces peintes, exposées en France en 1829. Cependant les nouveaux vitraux, pour avoir voulu être supérieurs aux anciens, n'en présentaient pas l'éclat éblouissant; on restait d'accord qu'il y avait telles couleurs, les rouges, les vertes entre autres, qu'on ne pouvait plus faire aussi belles qu'autrefois : les théories étant parfaitement connues, on comprit toute l'importance de la pratique, dans laquelle nous sommes restés inférieurs jusqu'ici. Presque dans tous les pays se sont alors formés quelques artistes qui, faute de connaître les essais tentés autour d'eux, ont cru avoir retrouvé un secret perdu, tandis qu'ils n'avaient que repris des travaux assez longtemps suspendus pour que la tradition des ateliers se soit entièrement éteinte. Cependant on a fait depuis à Sèvres, à Paris, à Clermont, en Bavière, en Suisse, des verrières remarquables de dessin, d'après les procédés anciens. Mais elles sont loin de leurs modèles, parce qu'au lieu de copier exactement les anciennes, on s'éloigne du véritable but en voulant perfectionner, et en s'attachant à la forme plutôt qu'à l'effet. Pour réussir complétement, il suffit de bien étudier la méthode des anciens et de la copier servilement; c'est ce qu'a prouvé M. Didron, dans la composition vraiment archéologique qu'il fit, avec plusieurs de ses amis, d'un vitrail qu'on voit aujourd'hui dans l'église de Saint-Germain l'Auxerrois à Paris. Il fut copié textuellement sur un vitrail du treizième siècle de l'abside de la Sainte Chapelle, représentant la passion de Notre Seigneur. Ce vitrail du dix-neuvième siècle est magnifique, et montre que la réussite parfaite n'est pas impossible. Si, malgré tous les soins possibles, le résultat n'est pas aussi complétement satisfaisant qu'on aurait pu le désirer, ceci tient à deux causes, 1° le trop peu d'épaisseur du verre, et 2° sa trop grande régularité : un verre trop mince donne trop de passage à la lumière, et un verre trop régulier en empêche les reflets : le verre le plus incorrect est donc le meilleur, et son inégalité dans la forme et dans la couleur est aussi indispensable pour l'effet que les armatures de fer et la résille de plomb. Il est probable que le temps n'est pas éloigné où nos vitraux rivaliseront avec les chefs-d'œuvre de l'antiquité.

Je termine en conseillant l'ouvrage intéressant de M. Lassus sur les verres de couleur.

CHAP. VI. — ICONOGRAPHIE CHRÉTIENNE (1).

L'iconographie est la description des images reproduites par la sculpture, la gravure, l'incrustation, la peinture, le dessin, etc. Elle est donc une des parties les plus intéressantes de l'archéologie, et surtout une des plus importantes pour la partie historique, puisqu'elle tient sans cesse sous nos yeux les portraits des personnages eux-mêmes et les principaux traits de leur histoire. Elle anime d'une sorte de vie les monuments, depuis leurs pavés de mosaïques, jusqu'aux ambases et aux chapiteaux de leurs colonnes, jusqu'aux corniches, aux clefs et aux pendentifs de leurs voûtes. Les murailles sont vivifiées, au dedans comme au dehors, et le jour n'y arrive par les verrières qu'à travers tout un monde historique. La pierre, le bois, le métal, le verre, les étoffes, les ornements, les manuscrits, tout nous rappelle une foule de traits précieux, qui ont échappé à la plume des historiens.

Depuis le neuvième siècle de notre ère jusqu'au dix-septième, le christianisme a fait sculpter, ciseler, graver, peindre, tisser une innombrable quantité de statues et de figures dans les cathédrales, les églises de paroisses et les chapelles; dans les collégiales, les abbayes et les prieurés.

---

(1) Tout ce chapitre n'est qu'une analyse de l'yconographie chrétienne de M. Didron, qui me l'a conseillée, et m'a autorisé à l'insérer dans ce volume. Cet excellent ouvrage doit être consulté par les personnes qui veulent faire une étude plus complète de l'archéologie. Dans cette analyse, on a conservé, autant que possible, l'ordre et les expressions de l'auteur.

Certaines grandes églises, comme les Notre-Dame de Chartres, de Reims, de Paris et d'Amiens, sont ornées de deux, de trois, de quatre mille statues en pierre; ou, comme la cathédrale de Chartres et celles de Bourges et du Mans, de trois, quatre, cinq mille figures peintes sur verre. Autrefois il n'y avait pas une seule église, tant petite fût-elle, qui ne possédât trente, quarante, cent figures peintes ou sculptées. Cela suffit pour faire comprendre toute l'importance que le christianisme avait donnée à l'art figuré. Malgré les intempéries des saisons et les révolutions humaines, la plus grande partie de ces sculptures ou peintures existent encore; Bourges et Chartres même n'ont rien perdu.

Tous ces personnages sculptés et peints dans les églises sont religieux, à peu d'exceptions près : c'est toujours dans la bible et la légende dorée, quelquefois dans les fabliaux et autres poésies populaires, rarement dans les chroniques, presque jamais dans l'histoire proprement dite, qu'il faut en chercher l'explication. L'instruction du peuple et l'édification des fidèles semblent avoir été, dans tous les siècles, le but principal et général que se proposait le christianisme en adoptant ce mode curieux d'ornementation historiée, comme le prouvent des textes de toutes les époques. Les images parlent, dit saint Jean Damascène; elles ne sont ni muettes, ni privées de vie comme les idoles des païens. En effet, toute peinture que nous lisons dans l'église raconte, comme si elle parlait, l'abaissement du Christ pour nous, les miracles de la mère de Dieu, les actions et les combats des saints. Toute image ouvre le cœur et l'intelligence; elle nous engage à imiter d'une façon merveilleuse et ineffable les personnes qu'elle représente.

Ainsi donc, à ces hommes du moyen âge, à tous ces chrétiens impressionnables, mais qui ne savaient pas lire, le clergé livrait des rondes-bosses, des bas-reliefs et des tableaux où, d'un côté la science, et de l'autre le dogme, étaient réalisés en personnages. Une voussure sculptée dans le portail d'une cathédrale et une verrière historiée dans les nefs étaient pour les ignorants une leçon, un sermon pour les croyants : leçon et sermon qui entraient dans le cœur par les yeux, au lieu d'y arriver par les oreilles.

L'art figuré représenta toute la science et tout le dogme chrétien. Mais les sujets ne sont pas jetés au hasard, il règne partout un ordre qu'il faut remarquer avec le plus grand soin, et qui montre le génie des hommes du moyen âge. Cet ordre est ordinairement celui de l'encyclopédie de Vincent de Beauvais. C'est précisément celui dans lequel sont rangées les statues qui décorent l'extérieur de la cathédrale de Chartres. Ainsi cette statuaire s'ouvre par la création du monde, à laquelle sont consacrés trente-six tableaux et soixante-quinze statues, jusqu'au moment où Adam et Ève sont chassés du Paradis terrestre. Cette première partie est sculptée dans l'arcade centrale du porche septentrional.

Mais cet homme qui a péché dans Adam, et qui dans lui est condamné à la mort et aux douleurs de l'âme, peut se racheter par le travail. Le sculpteur chrétien prit de là occasion d'enseigner aux Baucerons la manière de travailler des bras et de la tête. Donc, à droite de la chute d'Adam, il sculpta d'abord un calendrier de pierre avec tous les travaux de la campagne; puis un catéchisme industriel avec les travaux de la ville; enfin, et pour les occupations intellectuelles, un manuel des arts libéraux personnifiés, de préférence, dans un philosophe, un géomètre et un magicien. Le tout se développe en cent trois figures, au porche du nord, et principalement dans l'arcade de droite. Telle est la seconde division, qui fait passer sous les yeux la représentation historique et allégorique à la fois de l'industrie agricole et manufacturière, du commerce et de l'art.

Il ne suffit pas que l'homme travaille, il faut encore qu'il fasse un bon usage de sa force et de son intelligence, qu'il évite le mal, fasse le bien et soit vertueux. Dès lors la religion a dû incruster dans les porches de Notre-Dame de Chartres cent quarante-huit statues, représentant toutes les vertus qu'il faut embrasser, tous les vices qu'il faut terrasser. L'homme, créé par Dieu, a des devoirs à remplir envers Dieu de qui il sort; envers la société au sein de laquelle il vit; envers la famille qui l'a élevé et qu'il élève à son tour; enfin envers lui-même, dont le corps est à conserver, le cœur à échauffer, l'intelligence à éclairer. De là naissent quatre ordres de vertus : les théologales, les politiques, les domestiques, les intimes, toutes opposées aux vertus contraires, comme la lumière aux ténèbres. Toutes ces vertus sont personnifiées et sculptées dans les différents cordons des voussures. Les vertus théologales et politiques, vertus tout extérieures et de la place publique, sont placées au dehors; les vertus domestiques et intimes ont été retirées au dedans du porche, où elles s'abritent dans l'ombre et le silence. Telle est la troisième partie, le miroir moral, qui se déroule dans l'arcade de gauche, et toujours au porche du nord.

Maintenant que l'homme est créé, qu'il sait travailler et se conduire, que d'une main il prend le travail pour appui, et de l'autre la vertu pour guide, il peut aller sans crainte de s'égarer, il peut vivre et faire son histoire : il arrivera au but à point nommé. Il va donc reprendre sa carrière, de la création au jugement dernier. Le reste de la statuaire sera donc destiné à représenter l'histoire du monde depuis Ève et Adam, que nous avons laissés filant et bêchant hors du paradis, jusqu'à la fin des siècles. En effet, le sculpteur inspiré a prévu, les prophètes et l'Apocalypse en main, ce qui adviendrait de l'humanité bien après que lui, pauvre homme, n'existerait plus. Il ne fallait pas moins que les quatorze cent quatre-vingt-huit statues qui nous restent encore pour figurer cette histoire qui comprend tant de siècles, tant d'événements et tant d'hommes. C'est la quatrième et dernière division; elle occupe les trois baies du portail du nord, le porche entier et les trois baies du portail méridional.

Cette statuaire est donc bien, dans toute l'ampleur du mot, l'image ou le miroir de l'univers, comme on disait au moyen âge. On ne rencontre pas partout une encyclopédie aussi parfaite; mais le même ordre y est suivi, et il est de la dernière importance : il faut, dans l'étude et la description des statues sculptées ou des figures peintes, se le rappeler constamment et le suivre sans cesse. Telle statue qui paraît isolée et incompréhensible prend un sens lorsqu'on la rattache à celle qui doit la précéder ou à celle qui doit la suivre. Il y a des transpositions extrêmement fréquentes dans la place que certaines figures occupent, soit que l'erreur provienne de l'ignorance du sculpteur ou de la négligence de l'appareilleur; soit que le déplacement ait été obligé par l'architecture du monument, par des dimensions exagérées ou restreintes, par la surface du champ qu'on laissait libre ou qu'on interdisait à la décoration. Il faut alors avoir recours à l'ordre de Vincent de Beauvais, pour rétablir chaque chose à sa place.

Voilà, en peu de mots, les motifs, le but et l'ordre de la statuaire et de la peinture dans nos églises au moyen âge; voyons maintenant les types qui distinguent chacun des personnages représentés dans ces figures, selon sa dignité, ses fonctions, sa position céleste ou humaine, et les diverses modifications de chaque siècle. Je ne dirai rien du style artistique de la sculpture elle-même, j'en ai parlé à l'article *Sculpture* pour chaque siècle, aussi bien que du style artistique des vitraux, dans le chapitre qui les concerne.

Nimbe. Auréole. Gloire.

Les signes caractéristiques des divers personnages, en archéologie, sont *la gloire, le nimbe*, et *l'auréole.*

De la Gloire.

Par le mot *gloire*, on entend ordinairement, dans un sens générique, un ornement que les artistes, les peintres et les sculpteurs mettent, soit autour de la tête, soit autour du corps de quelques personnages; c'est un attribut qui sert à caractériser certaines figures, comme la crosse ou le sceptre désignent un évêque ou un roi. Lorsque cet attribut s'applique à la tête, il s'appelle *nimbe*. Dans ce cas, il est analogue à la couronne pour la signification; mais il en diffère essentiellement pour la position, si ce n'est pour la forme. La couronne est ronde, et le nimbe est presque toujours circulaire; mais la première se place horizontalement sur la tête, que le second environne verticalement (V. pl. xxiii, n° 19, Charlemagne nimbé et couronné). Le nimbe est d'une importance majeure en iconographie chrétienne, pour l'antiquaire, le peintre et le sculpteur; et il faut y faire la plus scrupuleuse attention, sous peine de s'exposer à ne faire qu'un simple homme d'un saint, ou à faire un Dieu d'un saint ou d'un homme.

Non-seulement le nimbe environne la tête, mais quelquefois aussi il orne le corps entier : dans ce cas, on lui donne le nom d'*auréole*. L'auréole est d'un usage plus restreint que le nimbe proprement dit ou l'ornement de la tête. L'auréole est rare en iconographie païenne ; en iconographie chrétienne on la réserve presque exclusivement aux personnes divines, à la Vierge et aux âmes des saints enlevées au ciel après la mort du corps (pl. xi, n° 8, Jésus-Christ dans une auréole elliptique).

Le nimbe de la tête et l'auréole du corps diffèrent notablement. Cependant tous deux, composés des mêmes éléments, sont quelquefois figurés de la même manière, et traduisent d'ailleurs la même idée, l'idée de glorification, d'apothéose, de divinisation. Il est donc nécessaire qu'un seul mot comprenne la réunion des deux ornements et soit l'expression générique de ces deux espèces de nimbe. En conséquence nous avons dû, avec M. Didron, appeler *gloire* le nimbe et l'auréole réunis ensemble. Pour nous, le *nimbe* est spécial à la tête, l'*auréole* est spéciale au corps, et la *gloire* s'étend à celle-ci et à celui-là tout à la fois.

Il est impossible de connaître l'époque où la gloire a été employée pour la première fois. Il semble que l'usage en soit aussi ancien que les plus anciennes religions. On trouve le nimbe et l'auréole sur les plus vieux monuments hindous, qui paraissent être les plus vieux monuments du monde.

Les Égyptiens paraissent ne pas avoir ignoré le

nimbe. Le nimbe était en usage chez les Grecs et les Romains, comme le prouvent plusieurs peintures, dessins et sculptures de l'antiquité.

Quant à la patrie de la gloire, c'est en Orient qu'il faut la chercher. C'est surtout dans ce pays qu'elle se montre beaucoup plus anciennement que chez nous, et qu'elle y est d'un usage bien plus multiplié qu'en Occident. Bien avant le christiansime, le nimbe et l'auréole apparaissent dans les diverses contrées de l'Orient. La religion chrétienne a moins inventé qu'elle ne s'est approprié cette forme symbolique. Dans les temps modernes, dans la période qui date de notre ère, c'est encore en Orient, en Asie, à Constantinople, qu'on trouve le plus ancien, le plus constant usage du nimbe, comme le démontrent constamment les monuments et les faits historiques.

Du Nimbe.

Sa définition, sa forme.

Nimbe vient du latin *nimbus* et du grec νιφας, qui tous deux signifient pluie, nuage, le lieu où se forme la pluie, et par extension le char aérien, la nuée qui, dans Virgile, sert de voiture aux dieux; en archéologie, c'est le cercle lumineux dont les peintres ou les sculpteurs ornent la tête de la Divinité ou des saints.

Les artistes ont peu respecté l'étymologie; car le nimbe, qui devrait toujours représenter, soit un nuage, soit des flocons de neige, se montre sous la forme d'un disque, d'un cercle, tantôt opaque, tantôt lumineux, et quelquefois transparent. On le voit sous la forme d'un triangle ou d'un quadrilatère; sous celle d'une ou de plusieurs aigrettes de flammes, ou d'une étoile à six, huit, douze rayons, ou à rayons sans nombre. On ne connaît pas un exemple de nimbe dont la forme puisse se ramener exactement au sens qu'emporte le mot. On a toujours voulu représenter la gloire, la lumière qui environne, qui embellit les personnes qui jouissent de la béatitude céleste, ou qui sont revêtues de la souveraine puissance.

Le nimbe est presque toujours circulaire et en forme de disque (pl. xi, fig. 8, excepté la croix, et fig. 7 et 17). On en voit dont le champ du disque a disparu et dont il ne reste que la circonférence (fig. 18, excepté les deux tiges d'héliotrope, et fig. 7 et 17). Les nimbes transparents, ou figurés seulement par un trait de circonférence, se trouvent fréquemment chez les Grecs avant le treizième siècle, et chez les Italiens après le quinzième.

Ce nimbe est quelquefois décoré de trois rayons minces et larges, et qui sont comme les trois bandes d'une croix grecque (fig. 8). Ces croisillons sont tout unis ou ornés de perles ou de cabochons, ou marqués de lettres grecques ou latines (fig. 11); ils sont formés de lignes droites et géométriques, ou de lignes qui rappellent les mouvements et comme les ondulations de la flamme.

Des cercles concentriques partagent quelquefois le nimbe en plusieurs zones. La zone centrale est le nimbe proprement dit; les autres en sont le prolongement et comme le rayonnement. Dans ces zones, qui sont au nombre d'une, de deux ou de trois, on figure des perles, des pierres précieuses, des cabochons, divers ornements ; on y écrit quelquefois le nom du personnage dont la tête est ainsi environnée (fig. 19).

La circonférence du nimbe, à l'extérieur, est simple ou frangée, c'est-à-dire munie d'appendices qui ont ordinairement la forme de rayons droits ou flamboyants ; quelquefois, comme à Saint-Remi de Reims, dans la circonférence du nimbe, en dehors, sont piquées deux tiges d'héliotrope, plante qui, dans le règne végétal, symbolise le soleil, ou la lumière dont le soleil est la source. C'est une espèce de plumet double qui surmonte cette coiffure symbolique (fig. 18).

Le nimbe est triangulaire. Cette forme est extrêmement rare en France ; elle est assez fréquente en Italie et en Grèce, surtout à partir du quinzième siècle (fig. 3).

Il est bi-triangulaire, ou formé de deux triangles qui se coupent et forment comme une étoile à cinq pointes (fig. 11).

Le nimbe est carré : carré parfait, à côtés droits ou à côtés concaves ; carré long, rectangulaire et en forme de table (fig. 21). Mais de plus, et cette forme se rencontre fréquemment dans les manuscrits italiens, le nimbe ressemble à un *volumen*, à un rouleau de parchemin déployé par le milieu et roulé encore sur les bords (fig. 22).

Le nimbe est en losange, à côtés droits, comme

on le voit à la tête du Père éternel, dans la dispute du saint sacrement (tableau de Raphaël); il est aussi à côtés concaves (fig. 2).

Quand le nimbe est circulaire, et qu'il appartient aux personnes divines, il est toujours orné d'une croix, sauf omission, ignorance de l'artiste (fig. 8 et 11). Cette croix est d'une haute importance, et un excellent caractère archéologique; elle est l'attribut invariable de la Divinité.

Quelquefois on ne conserve du disque entier que les rayons ou croisillons qui en partageaient le champ.

Souvent ces croisillons, quand ils ont la forme de rayons lumineux, se rapprochent et tendent à recomposer le disque; mais du sommet de la tête et des tempes partent des pinceaux plus longs que les rayons d'intervalle, et qui forment une espèce de croix grecque.

Le nimbe prend encore d'autres formes. Nous avons vu, et nous verrons encore, que le nimbe n'est autre chose que le rayonnement de la tête : or ce rayonnement a été figuré de diverses manières. Tantôt la tête entière verse des rayons égaux en nombre et en dimension sur tous les points; alors on a le nimbe circulaire, sans ligne qui le désigne. Tantôt des sources plus puissantes, plus épaisses et plus longues, s'échappent des tempes et du sommet du front, tandis que les autres points rayonnent faiblement. On a alors une espèce de losange à côtés concaves (fig. 9).

Tantôt l'espace intermédiaire entre les trois

grandes sources lumineuses ne rayonne nullement ; alors le nimbe se résume en trois aigrettes, composées chacune ordinairement de trois rayons seulement. Souvent un cercle relie ces trois pinceaux et forme le nimbe crucifère, qui est si commun ; mais d'autres fois les trois faisceaux lumineux dépassent énergiquement cette circonférence, qui ne peut les contenir (fig. 6). Ces rayons vont tous en divergeant du centre à la circonférence, c'est-à-dire qu'ils sont resserrés à la base, et larges à leur extrémité.

On remarque, surtout dans l'iconographie païenne, des nimbes dont les rayons, larges à la base et aigus à l'extrémité, sont également espacés et sortent de tous les points de la tête (fig. 24).

Cette forme, semblable à celle que les artistes donnent aux étoiles, rappelle exactement les couronnes radiées si fréquentes sur les monnaies grecques et romaines. Ces rayons, plus larges à leur base qu'à leur extrémité, offrent un contre-sens avec la nature physique du rayon lumineux. Dans le dessin n° 24, les rayons sont reliés à mi-longueur par un cercle ou un fil qui semble les assujettir. Quelquefois ce filet de circonférence est plus rapproché de la tête ; et alors les rayons, au lieu de sortir de la tête, s'échappent de cette circonférence même sur laquelle ils sont fixés : alors les rayons sont à l'extérieur du disque au lieu d'être à l'intérieur (fig. 25).

La circonférence du nimbe est ordinairement marquée par une ligne circulaire continue, par un cercle parfait; cependant, chez les Romains surtout et chez les Hindous, cette ligne et ce cercle sont brisés en zigzags, et ont la forme d'un ourlet en dents de scie. La pointe de ces dents peut être regardée comme l'extrémité de cette foule de rayons qui partent de la tête, qui sont compactes jusqu'à la circonférence, et qui, arrivés là, se détachent et poussent des pointes de tous côtés.

Enfin une forme qui semble antique, et que l'iconographie de la renaissance a très-souvent adoptée, c'est celle d'une langue de feu placée sur le front des génies. C'est avec cette flamme au front qu'aux dix-septième et dix-huitième siècles on représente ordinairement les apôtres sur lesquels, à la Pentecôte, descend le Saint-Esprit : c'est cependant moins pour les assimiler aux *génies* païens, que pour représenter le fait historique.

Telles sont les principales variétés du nimbe; les autres différences que nous aurons à remarquer encore sont peu importantes et faciles à distinguer.

Application du nimbe.

En iconographie païenne, le nimbe se donne ordinairement aux divinités; assez souvent aux empereurs romains; quelquefois aux rois de l'Europe orientale et de l'Asie; communément aux magiciennes ou prophétesses; presque toujours aux constellations personnifiées, et aux puissances bonnes ou mauvaises de l'âme humaine, de la nature et de la société.

En iconographie chrétienne, on décore du nimbe

les personnes divines représentées isolément ou réunies dans la Trinité; on en marque les anges, les prophètes, la vierge Marie, les apôtres, les saints. Quelquefois aussi, mais plus rarement, on le donne à la personnification des vertus, à des allégories d'objets naturels ou psychologiques, à plusieurs constellations, à certaines qualités ou affections de l'âme. La puissance politique, les forces de la nature, le génie du mal, sont rehaussés de cet attribut; mais c'est assez rare, et seulement quand l'esprit païen déteint, pour ainsi dire, sur le génie chrétien.

Nimbe de Dieu.

Dieu, comme les anges, comme les saints, porte le nimbe circulaire ou en disque; mais, pour distinguer le Créateur des créatures, on a divisé le champ du disque divin par deux barres perpendiculaires qui se coupent au centre et qui forment comme une croix grecque. L'un des croisillons, le pied de la croix, est caché par la tête, qui s'appuie dessus; les trois autres sont visibles, et semblent s'élancer verticalement du sommet du front et horizontalement de l'extrémité des tempes (fig. 8, 11, 12). Les croisillons indiquent l'énergie divine.

Il n'est pas probable que, par ces croisillons, on ait eu l'intention de représenter l'instrument sur lequel Jésus-Christ est mort, parce qu'on en orne le nimbe de Dieu le Père et du Saint-Esprit, et parce que les dieux hindous, les dieux bouddhiques portent cette croix dans l'auréole qui entoure leur tête : or on ne peut pas dire que ce soit à la croix du Calvaire qu'ils l'ont empruntée. Mais le front et les tempes étant les parties essentielles de la tête, les trois points cardinaux de la sphère cérébrale, ces aigrettes, ces croisillons représentent généralement l'énergie des trois principales sources de la tête, plutôt qu'elles ne figurent la croix divine. On trouve cependant des images de Jésus-Christ où l'intention de la croix est manifeste ; mais ceci est exclusif au nimbe de l'homme-Dieu. On ne peut pas douter de l'intention lorsque le croisillon est surhaussé et se montre tout entier au-dessus de la tête, ou bien lorsque chaque croisillon est marqué lui-même d'une petite croix.

Les branches des croisillons du nimbe divin ne sont formées quelquefois que d'un simple filet, d'autres fois elles occupent une grande partie du champ. Dans ce dernier cas, elles sont ordinairement relevées de perles, de pierres précieuses ou d'autres ornements variés. Chez les Grecs, chaque croisillon porte une lettre dont les trois réunies forment ὁ ὤν, l'*être* (fig. 11).

Les Latins ont quelquefois imité ce motif, mais au lieu de ὁ ὤν, ils ont mis *rex*, en trois lettres aussi, une pour chaque branche visible de la croix.

Les artistes comme les copistes du moyen âge étaient souvent assez peu instruits : les copistes passaient un mot, une phrase ; les artistes omettaient un caractère constant. Il ne faut donc pas s'étonner si l'on rencontre souvent une des personnes divines sans nimbe, ou avec un nimbe uni et non croisé.

Une erreur contraire, mais bien moins fréquente, attribue le nimbe crucifère ou divin à un simple mortel.

Le nimbe de Dieu ne fut pas croisé dans tous les âges; les premiers monuments chrétiens ne mettent pas de nimbe, comme on le remarque sur les sarcophages généralement, ou le mettent uni.

Les anges, comme les saints, portent le nimbe uni. Cependant des monuments assez nombreux offrent des anges dont le nimbe est croisé. Ou bien l'artiste s'est trompé, ce qui arrive quelquefois, ou il a représenté la scène historique de l'Ancien Testament, qui raconte qu'Abraham ayant rencontré trois anges, se prosterna aux pieds de l'un d'eux seulement, et l'adora : *tres vidit, unum adoravit*. Les commentateurs ayant déclaré que ces trois personnages représentaient la Trinité, sous la forme de l'ange, les artistes croisèrent le nimbe à cet ange divin qu'adorait Abraham (fig. 7).

Le nimbe, avons-nous dit, entoure constamment la tête : c'est une couronne religieuse; mais à ce fait il y a une curieuse exception, qui, du reste, ne concerne que Dieu. Quelquefois l'artiste, pour divers motifs qui seront développés plus bas, n'a représenté de la Divinité qu'une partie du corps, la main par exemple, la main sortant des nuages, tandis que le corps entier reste caché dans le ciel :

afin de montrer que cette main est la main divine, il l'a entourée d'un nimbe crucifère. Ces mains ainsi nimbées sont la plus ancienne représentation du Père (fig. 1).

On rencontre aussi l'agneau et le lion avec le nimbe crucifère, lorsqu'ils sont représentés comme symboles de Jésus-Christ.

Quelquefois le nimbe de la Divinité est triangulaire (fig. 3), en losange (fig. 2), carré à côtés concaves, ce qui le rapproche du losange. Il est probable que ces formes lui ont été données par les artistes qui ont voulu rattacher entre eux, par un trait, les trois rayons du front et des tempes, en omettant le cercle. De tout temps aussi, le triangle a été la formule géométrique de la Divinité, de la Trinité. L'Italie et la Grèce ont adopté cette forme de nimbe qui figurait le dogme fondamental du christianisme. Les Grecs ont placé dans les trois angles les lettres ὁ ὤν, l'être. De plus, ils ont fait des nimbes composés de deux triangles, comme pour mieux indiquer l'infini de la Divinité et la toute-puissance (fig. 11).

C'est donc aux personnes divines que la forme triangulaire du nimbe est attribuée exclusivement. Le plus souvent c'est au Père éternel qu'elle est réservée. Quand les autres personnes divines portent le triangle, c'est dans les représentations de la Trinité. Cependant, même alors, à côté du Père qui a le triangle, on voit souvent le Fils et le Saint-Esprit qui n'ont que le cercle. Quelquefois le Père et le Fils portent tous deux le triangle, tandis que le Saint-Esprit est environné d'une auréole circulaire. C'est à la renaissance que le nimbe triangulaire a été adopté en Grèce et en Italie : la France, moins variable, s'est contentée du cercle, qui, du reste, va mieux à la tête.

Le nimbe carré, expression géométrique de la terre, orne la tête des vivants; quelquefois ce nimbe carré rectangulaire est donné à Dieu; mais il est inscrit dans un nimbe circulaire, emblème de l'éternité : ce carré représente alors Dieu éternellement vivant, la vie inscrite dans l'éternité.

Le champ du nimbe divin est ordinairement plus orné que celui des nimbes donnés aux anges, aux hommes et aux êtres allégoriques. La tête divine, foyer de toute lumière, a presque toujours projeté des rayons sur le fond du nimbe; ces rayons sont toujours par faisceaux de trois (fig. 6); quand ils sont par faisceaux de quatre, c'est une exception (fig. 1). Au quinzième siècle, ces rayons se multiplient, s'isolent l'un de l'autre (fig. 3), et la circonférence disparaît. Ces rayons sont droits ordinairement, et tous égaux; quelquefois ils se serrent en gerbe au front et aux tempes, et débordent les rayons intermédiaires (fig. 9); quelquefois ils sont tous flamboyants, ou alternativement flamboyants et droits.

Dans les premiers temps du christianisme, lorsque Jésus-Christ était souvent représenté sous la forme d'un agneau, cet agneau se montra ordinairement sans nimbe; souvent aussi il porta le nimbe circulaire. Ce fut un peu plus tard qu'on croisa le champ du nimbe; mais dès lors ce champ fut, rarement il est vrái, marqué du monogramme de Jésus-Christ, du X et du P, deux lettres grecques qui ouvrent le nom de ΧΡΙΣΤΟΣ. Enfin l'Α et l'Ω, monogramme commun aux trois personnes divines, lettres qui signifient le commencement et la fin, escortèrent le monogramme spécial du Christ (fig. 5).

Nimbe des anges et des saints.

L'ange porte le nimbe circulaire, mais à champ uni (fig. 7). Quelquefois cependant, en Italie surtout et en Grèce, ce champ est décoré d'une arcature, de rinceaux, de cordons de perles et même de rayons; mais il faut remarquer que, dans ce dernier cas, les rayons sont semés sans nombre, et non pas limités à trois, comme au nimbe de Dieu. Les trois rayons du nimbe attestent la divinité, et les rayons plus nombreux s'attribuent aux créatures, surtout aux anges. Ainsi donc, jamais l'ange ne porte le nimbe croisé, à moins que cet ange ne personnifie Dieu comme chez les Grecs, et comme dans le dessin représentant l'apparition de trois anges à Abraham (fig. 7). Il y a pourtant de nombreuses exceptions à ce fait, et d'ordinaire ces trois anges ne diffèrent en rien des autres anges, et portent le nimbe tout uni, ou du moins non croisé.

Les personnages de l'Ancien Testament, en Orient surtout, sont nimbés comme les saints du Nouveau (fig. 17, 18 et 19). En Occident, les patriarches, les juges, les prophètes et les rois juifs sont bien moins honorés qu'en Orient, en Grèce, en Asie, où l'on a pour eux la plus grande vénération, et où les noms de la Bible sont préférés aux autres et plus distingués. On donne donc à ces personnages un nimbe circulaire, quelquefois décoré de rinceaux dans le champ.

Chez nous, dans les localités où l'esprit oriental et byzantin s'est fait jour, comme à Reims, à Troyes, à Saint-Savin près Poitiers, et à Chartres, on voit de ces nimbes aux prophètes plus particulièrement, plus rarement aux patriarches et aux juges, plus rarement encore aux rois. Parmi les rois, les préférés et ceux qui se voient quelquefois avec le nimbe, sont David et Salomon. En Grèce, le nimbe s'étend à Ézéchias, à Manassé, rois saints, plus révérés que les autres. En général, chez nous et dans tout l'Occident, on réserve le nimbe aux saints de l'Évangile, tandis qu'on le refuse ordinairement aux saints de la Bible. En Orient, au contraire, on prodigue toujours le nimbe aux uns et aux autres.

Saint Jean-Baptiste, qui est l'intermédiaire entre les deux testaments, a toujours la tête nimbée, même en Occident (fig. 17).

Saint Joseph, le père nourricier de Jésus, est ordinairement nimbé; cependant on le voit assez souvent sans nimbe.

La Vierge Marie porte le nimbe circulaire, et souvent magnifiquement décoré. La Vierge, la mère de Dieu, cette créature que le moyen âge, dans son culte, rapprocha autant que possible de son fils, du Créateur, jette des rayons non-seulement par la tête, mais par le corps et les mains. Son nimbe n'est pas croisé, mais il est aussi riche que celui de Dieu lui-même; elle a l'auréole et la gloire entière, elle a les mains enflammées, l'arc-en-ciel pour trône, le soleil pour vêtements, la lune pour escabeau, les étoiles pour couronne, tout aussi bien que Jésus-Christ (fig. 16).

Les apôtres sont aussi ornés du nimbe, comme cela doit être. Avec les personnes divines, les apôtres sont les premiers à prendre le nimbe, et les derniers à le quitter.

Tous les ordres des saints sont ornés du nimbe circulaire.

Le champ du disque est plus ou moins orné, suivant l'époque ou le pays où il a été fait, suivant la matière sur laquelle il est exécuté. Aux époques anciennes du christianisme et à la renaissance, le nimbe est plus décoré que pendant le moyen âge proprement dit. On y remarque des rinceaux, des broderies, des cabochons, des perles. En Italie et en Grèce, le nimbe est moins simple que chez nous. Les Grecs ne se contentent pas de tracer sur leurs fresques des ornements au pinceau, ils pratiquent encore des reliefs dans leurs enduits. Enfin les nimbes exécutés en orfévrerie, en ivoire, en émail, ou en peinture sur verre, sont plus riches ordinairement que les nimbes sculptés sur la pierre de liais ou le granit.

Vers le quatorzième siècle, la mode prévalut,

surtout en Allemagne, d'écrire dans l'intérieur du nimbe le nom du saint dont on ornait la tête. Ainsi les vitraux de la cathédrale de Strasbourg, qui représentent plusieurs rois et empereurs, qui sont du onzième ou douzième siècle, mais qui ont été restaurés vers le quatorzième, à la tête et au nimbe particulièrement, portent des nimbes où on lit les noms des personnages. (Voyez la fig. 19, représentant Charlemagne : les fleurons de la couronne et l'inscription du nimbe datent de la restauration.) En Allemagne, cet usage a persisté jusqu'à la fin du seizième siècle. Les Grecs suivent presque constamment cette pratique; mais, au lieu d'écrire le nom entier, ils ne mettent assez souvent que le monogramme IC. XC. (Jésus-Christ) et MP. ΘY (la mère de Dieu), pour le Christ et la Vierge; ou que les initiales Γ, M, P, M, H, Π, pour Gabriel, Michel, Raphaël, Moïse, Hélie, Pierre.

En France, aux douzième et treizième siècles, on écrivait ordinairement le nom des saints sur la banderolle que ces personnages tenaient à la main.

Nimbe de personnages vivants.

Les vivants, quand ils ont été décorés du nimbe, ont pris le nimbe carré (fig. 21). Toujours cette forme carrée signifie que la personne vivait quand on l'a figurée, à moins qu'il n'y ait eu ignorance du peintre, lorsqu'il reproduisait, par la copie, le même personnage après sa mort; car alors il devait faire le nimbe rond.

Nous avons déjà dit que le carré est inférieur au rond, et l'expression symbolique donnée par la géométrie à la terre ; le rond est le symbole du ciel.

Ni la Grèce, ni l'Allemagne, ni l'Angleterre, ni l'Espagne, n'offrent de ces sortes de nimbes qui sont particuliers à l'Italie. En Italie on use abondamment du nimbe carré, et on lui a donné plusieurs configurations : il est simplement rectangulaire, comme celui du pape Grégoire (fig. 21) ; il est réellement en forme de table et avec indication de l'épaisseur ; il a la forme d'un triptyque, la tête posant sur la table du fond et les deux volets étant à moitié ouverts ; il est en forme de tableau carré, avec champ et encadrement ; il est en forme de rouleau à demi déployé (fig. 22) ; peut-être existe-t-il d'autres variétés encore de cette singulière espèce de nimbe.

La quadrature du nimbe pour les vivants est de la plus haute valeur, car elle sert à assigner l'âge des mosaïques, des manuscrits et des autres monuments, lesquels sont incontestablement de l'époque où vivait le personnage à nimbe carré.

En Italie, on ne s'est pas tenu au nimbe carré ou rectangulaire ; on a encore inventé le nimbe hexagonal, et on l'applique à la personnification des vertus théologales et cardinales. Dans ce cas, la forme n'a plus un sens chronologique et n'indique plus que l'individu qui en est orné est vivant, puisqu'il s'agit d'une allégorie, mais elle exprime un sens mystique.

Du reste, le nimbe n'est en France ni polygonal ni carré, il est constamment circulaire.

Nimbe des êtres allégoriques.

Les personnages allégoriques auxquels Jésus-Christ, dans ses paraboles, a donné une existence de raison, en quelque sorte, sont nimbés lorsqu'ils expriment une vertu, une qualité sainte. Telles sont les vierges sages, et quelquefois les vierges folles. Les vertus personnifiées par l'art, et représentées par les statuaires ou les peintres, sont nimbées ordinairement. Les vertus appelées théologales, la Foi, l'Espérance et la Charité ; les vertus cardinales, la Justice, la Prudence, la Tempérance et la Force, sont nimbées. Leur nimbe est quelquefois hexagonal en Italie, comme nous l'avons déjà dit, mais chez nous il est toujours circulaire.

Les êtres naturels, la personnification des points cardinaux, des vents, des quatre éléments, des constellations, du jour et de la nuit, sont quelquefois nimbés. La religion chrétienne ou l'Église personnifiée dans une femme couronnée, tenant un calice d'une main et une croix de l'autre, personnification des plus fréquentes pendant tout le moyen âge, est nimbée. Le Soleil et la Lune portent quelquefois le nimbe. Chez nous, au lieu d'entourer de cet insigne la tête du Soleil et de la Lune, on met quelquefois une torche ou un flambeau à la main de ces astres, ainsi qu'on le remarque au porche septentrional de la cathédrale de Chartres.

Les quatre attributs des évangélistes, l'ange de

saint Matthieu, l'aigle de saint Jean, le lion de saint Marc, et le bœuf de saint Luc, portent le nimbe comme les évangélistes et les apôtres eux-mêmes (fig. 8).

Enfin le génie du mal, Satan, est quelquefois nimbé, lorsqu'il est dans une position d'autorité et de puissance, selon le style byzantin. Voyez la figure 23, qui représente la bête à sept têtes de l'Apocalypse, le léopard à pieds d'ours. Six têtes sont nimbées, et la septième est dépouillée du nimbe, c'est celle qui, comme dit l'Apocalypse, fut blessée à mort. Elle a perdu sa puissance, elle ne doit plus en avoir l'insigne.

Signification du nimbe.

Le nimbe, surtout dans les idées occidentales, est l'attribut de la sainteté : quiconque est saint porte le nimbe.

En Orient, il n'en est pas ainsi : le nimbe caractérise l'énergie physique aussi bien que la force morale, la puissance civile ou politique aussi bien que l'autorité religieuse. Un roi porte le nimbe au même titre qu'un saint. Ainsi donc, en Orient, on donne le nimbe à tous ceux qui gouvernent par la puissance purement civile, par le pouvoir guerrier et religieux à la fois, par l'autorité purement religieuse; on en gratifie tout ce qui est fort, même les génies du bien et du mal, les démons et les dieux. On le refuse, au contraire, à tous les êtres faibles en puissance et en vertu.

En Occident, sauf le petit nombre d'exceptions

signalées plus haut, et dans les contrées restées pures de tout contact avec les idées orientales, on ne met de nimbe qu'à la tête de Dieu, des anges, des saints et des idées saintes personnifiées. Un roi, un évêque n'est pas nimbé s'il n'est pas saint ou réputé tel. Quelquefois, cependant, des statues de grands saints peuvent se trouver sans nimbe, comme on le remarque généralement au grand portail de la cathédrale d'Amiens; on doit se garder de conclure contre leur canonisation : s'ils n'ont pas de nimbe, c'est qu'il y avait difficulté à sculpter cet insigne d'une manière durable autour de la tête, et qu'ils sont trop éloignés de la muraille, contre laquelle seule on aurait pu appliquer le nimbe.

Au surplus, l'absence et la présence du nimbe ne sont caractéristiques, pour nier ou exprimer la sainteté, que jusqu'au quatorzième siècle inclusivement; après cette époque, le nimbe perd de son importance : on le met et on le retire à peu près arbitrairement. Mais au treizième siècle, dans certains édifices surtout où le nimbe a une signification, toutes les fois que cet attribut environne la tête d'un personnage, on peut dire que ce personnage est saint.

Pour tout cela, c'est le bon sens, c'est l'habitude de voir et d'expliquer les monuments qui peuvent seuls guider.

Histoire archéologique du nimbe.

Le nimbe est destiné à qualifier fortement et

à la première vue quiconque en est décoré. Il se porte à la tête comme une couronne, parce que la tête est la plus noble portion de nous-même, et parce qu'elle est la plus haute et la plus visible partie de notre corps.

Les païens ont connu le nimbe, comme on l'a déjà dit : mais c'est aux chrétiens qu'en est dû l'usage le plus fréquent, le plus constant, le plus varié et le plus significatif. D'abord le nimbe ne semble pas se montrer dans les quatre premiers siècles, car cette période est remplie de luttes et de persécutions. L'Église se fonde, mais elle n'a pas encore d'art à elle. Le nimbe est rare à cette époque dans les catacombes, sur les fresques ou les sarcophages : Dieu lui-même y est représenté sans nimbe.

Plus tard, vers le cinquième ou le sixième siècle, on distingua les saints qui règnent dans le ciel, des simples mortels, par un nimbe circulaire. Dieu même eut un nimbe en cercle ou en disque ; mais, par une distinction spéciale, le nimbe des personnes divines fut partagé diagonalement par deux traverses en forme de croix, ainsi qu'on l'a vu plus haut.

Une fois que le christianisme eut adopté le nimbe comme le caractère de la sainteté et comme un moyen de hiérarchie, ce signe fut constamment employé à peu près jusqu'à la renaissance, mais avec certaines modifications qui composent son histoire archéologique et dont nous devons parler.

Dans les monuments antérieurs au onzième siècle, on ne trouve pas le nimbe constamment figuré autour de la tête des saints. Avant le sixième siècle, le nimbe chrétien ne se voit pas sur les monuments authentiques. Aux septième, huitième et neuvième siècles s'opère la transition entre l'absence complète et la présence constante du nimbe; un même monument donne des personnages, tantôt avec le nimbe et tantôt sans cet attribut. Le nimbe varie même de forme, il présente un simple filet, il est ourlé, en forme de disque.

Jusqu'au douzième siècle, le nimbe eut généralement la forme d'un disque fin, assez délicat, transparent, ou presque transparent.

Aux douzième, treizième et quatorzième siècles, le nimbe s'épaissit, se rétrécit et dépasse moins la tête; de transparent qu'il était, il devient opaque. Ce n'est plus qu'un disque grossier, une espèce de plat qu'on peint et qu'on sculpte derrière la tête. C'est ainsi que Dieu, les anges et les saints de la cathédrale de Paris ou de Chartres portent le nimbe. La Sainte-Chapelle, dans l'admirable soubassement qui la décore, montre des anges et des saints dont le nimbe est encore très-lumineux, très-élégant, et peint de couleurs éclatantes; mais la Sainte-Chapelle est un monument exceptionnel, un édifice royal où l'on croirait que le génie de l'Orient s'est reposé.

Tout le quinzième siècle et les premières années du seizième fournissent une période où le gothique expire, perd son élégance et se matérialise. Alors le nimbe se matérialise aussi. De large qu'il était encore, il devient plus étroit, et surtout plus épais. Ce n'est plus une auréole, une lumière qui s'échappe de la tête; cette lumière se condense, et devient une large cocarde, une espèce de casquette qu'on pose sur la tête d'un saint, de Dieu lui-même, et qu'on penche quelquefois sur leur oreille, tantôt à gauche, tantôt à droite, comme la coiffure de nos jeunes villageois. Les vitraux de la fin du quinzième siècle, plusieurs verrières des églises de Troyes et de Châlons-sur-Marne, présentent de ces nimbes qui sont réellement devenus des coiffures, quelquefois ornées comme le plat d'une casquette de drap. Les stalles de la cathédrale d'Amiens, de 1508, en offrent des exemples (fig. 10).

Dans toute l'église de Notre-Dame de Brou, à Bourg, il n'y a pas un seul nimbe aux anges sculptés ou peints et aux statues. Quelques-uns se remarquent dans les vitraux, mais sous forme de coiffure. Dès cette première moitié du seizième siècle, le nimbe disparaît en France, ou l'on en fait une vraie coiffure.

En Italie, à la même époque, et même plus de cent ans auparavant, le nimbe est dignement représenté. Il ne faut pas oublier que la renaissance italienne précède de cent à cent cinquante ans la renaissance française. Alors le nimbe dégradé se relève et redevient lumineux : comme aux premiers siècles, on réduit le nimbe à un cercle, et on en supprime tout le champ. Ce cercle est régulier, ou n'offre qu'une ligne diffuse et tremblante, comme un cercle de lumière. Souvent le cercle même disparaît, pour ne faire voir qu'une ombre de flamme, à forme ronde, mais sans point d'arrêt fixe. Quelquefois les rayons sont ronds ou courts, alternativement ou sans ordre, ou formant un losange (fig. 9); souvent il n'y a plus que trois aigrettes de lumière qui partent du sommet et des deux côtés de la tête, comme dans la figure 6, privée du cercle.

C'est alors aussi qu'on voit des cercles lumineux en perspective, des nimbes transparents et qui suivent le mouvement des têtes. La figure 20 en est un exemple très-fréquent en Italie.

Les monuments qui fournissent ces variétés du nimbe et d'autres encore sont à la portée de tout le monde, et on peut les rencontrer surtout à Saint-Germain-de-Prés, à Notre-Dame, à la Sainte-Chapelle, à Saint-Germain-l'Auxerrois, à Saint-Eustache, à Saint-Étienne-du-Mont.

Enfin, à la fin du seizième siècle, le nimbe s'évanouit entièrement, et Dieu, aussi bien que les saints, est représenté sans nimbe.

Dans notre dix-neuvième siècle le nimbe a été réhabilité; mais les artistes, peu versés en archéologie, adoptent arbitrairement toutes les formes, sans discernement, et commettent une foule d'erreurs.

Auréole. Sa définition, sa forme.

L'*auréole*, comme on l'a dit plus haut, est le nimbe de tout le corps, de même que le nimbe est l'auréole de la tête.

Ce mot vient du latin *aureola*, diminutif d'*aura*, petit vent, air, souffle, et aussi, jour, lumière, souffle lumineux; toutes ces significations désignent bien la nature de l'auréole, qui est une flamme, une lumière, qui entoure le corps tout entier, un rayonnement du corps.

La forme de l'auréole est assez variée. Celle qui se rencontre le plus fréquemment est l'ovoïdale à base et sommet pointus (fig. 8), et non pas émoussés comme dans l'ovale proprement dit. Quelquefois l'ovale est plus complet; ou bien l'ovale, écourté à la base et au sommet, n'enveloppe que le tronc, et se rallonge en haut et en bas par un lobe cintré. Chez les Italiens, le rebord extérieur qui embrasse tout le corps de l'auréole est régulier, géométrique (fig. 8); chez nous, c'est ordinairement une ligne onduleuse et qui figure les nuages ou l'eau aérienne; car le champ de l'ovale n'est autre que le ciel même où repose Dieu. Au quinzième siècle le rebord de l'auréole est quelquefois tout rempli d'anges, comme on garnit d'arabesques les cadres d'un tableau. Au seizième siècle, l'auréole qui environne la Vierge Marie se débarrasse ordinairement de son rebord, de ce cadre de nuages. Alors le champ reste seul, et se compose de rayons flamboyants, ou alternativement droits et flamboyants, qui partent du corps de la Vierge sur tous les points.

Souvent, lorsque Dieu est assis dans l'auréole, ses pieds posent sur un arc-en-ciel; un deuxième arc-en-ciel lui sert de dossier, et un troisième d'oreiller où s'appuie sa tête. Souvent les deux arcs-en-ciel de la tête et du dos sont supprimés, car Dieu n'a pas besoin d'appui. Dans ce cas l'arc-en-ciel des pieds est quelquefois remplacé par un tapis d'or constellé d'argent. Plus souvent, au lieu de tapis, c'est un escabeau, comme à Chartres, au tympan de la porte royale : ce motif est très-fréquent.

L'auréole est quelquefois circulaire, portée par des chérubins; parfois le champ est divisé par des carrés symboliques à côtés concaves et qui s'intersectent. Des rayons semblent aussi sortir de toutes les parties du corps du Christ, et remplir le champ de l'auréole. Ce champ est éclairé parfois de deux étoiles qui rayonnent près de la tête du personnage divin encadré dans cette auréole même, l'une à droite, l'autre à gauche. Quelquefois le champ tout entier est semé d'étoiles, comme le ciel par une nuit claire (fig. 16); c'est assez rare.

A la transfiguration, chez les Byzantins et les Grecs modernes, l'auréole qui entoure Jésus-Christ offre une particularité. Cette auréole a la forme d'une roue. Du centre ou du moyeu partent six rayons qui vont toucher aux jantes, à la circonférence; mais au lieu de s'y arrêter, ils se prolongent et aboutissent l'un à Moïse, l'autre à Élie, le troisième à saint Pierre, le quatrième à saint Jean, le cinquième à saint Jacques. Quant au sixième, il est absorbé ou caché par Jésus-Christ lui-même, qui est appuyé dessus. Cette disposition singulière est des plus rares chez nous ; on ne la voit que dans les édifices qui semblent trahir les influences byzantines, au moins indirectement, comme Notre-Dame de Chartres. En Sicile, au contraire, ce genre de transfiguration est constant.

L'auréole présente aussi plusieurs autres variétés. Elle affecte quelquefois la forme d'un quatrefeuilles. D'autres fois elle est formée de deux cercles, de diamètres différents, qui se coupent l'un l'autre, et offrent la figure d'une gourde ou bien celle de la fig. 16, avec cette différence, que dans la figure 16, la sainte Vierge, représentée dans l'auréole, est assise sur un arc-en-ciel, qui intersecte l'ovale supérieur. Quelquefois le cercle du haut est ouvert, et celui du bas fermé, ou bien en sens contraire ; d'autres fois le haut et le bas sont ouverts, et l'auréole se compose seulement de lignes parallèles plus ou moins bizarres.

Le plus ordinairement l'auréole a la forme ovale ; mais cet ovale est quelquefois figuré par des branches d'arbres qui se croisent, s'écartent pour laisser un espace vide, et se recroisent ensuite, composant ainsi comme une double ogive. Presque tous les arbres généalogiques, surtout ceux du douzième et du treizième siècle, le long desquels s'échelonnent les ancêtres de la sainte Vierge et de Jésus-Christ, sont ainsi disposés. Dans chaque ovale est inscrit un aïeul, un roi ; au sommet domine Jésus-Christ, assis sur un trône et qui bénit le monde avec la main droite.

Application de l'auréole.

Sauf quelques exceptions, l'auréole est réservée à Dieu. Elle est en effet l'expression figurée de la puissance suprême; c'est donc à Dieu surtout qu'elle doit se donner, à Dieu qui a en propre et en lui-même la lumière par excellence et la toute-puissance. Elle se donne à Dieu le Père, ou le Fils (fig. 8), quelquefois au Saint-Esprit. Mais, dans ce dernier cas, et surtout avant le quatorzième siècle, il faut que le Saint-Esprit entre dans la Trinité, et qu'il accompagne les deux autres personnes divines (fig. 11).

Cependant la Vierge Marie, qui est la première des pures créatures humaines et qui s'avance immédiatement après Dieu; Marie, supérieure aux saints et aux anges par les fonctions qu'elle a remplies et par les honneurs qu'on lui a rendus, devait être assez souvent entourée de la gloire (fig. 16).

L'auréole environne Marie dans quatre circonstances particulières : 1° quand elle tient son enfant divin; 2° à l'Assomption, quand elle est enlevée au ciel par les anges; 3° au jugement dernier, quand elle implore la clémence de Jésus; 4° quand on la figure avec les attributs de la femme apocalyptique, symbole dont elle est la réalité. On la trouve cependant quelquefois sans auréole au jugement dernier.

Quelquefois aux treizième et quatorzième siècles, surtout aux quinzième et seizième siècles, époque où se dégradent et se perdent les traditions, on humilie l'auréole jusqu'à la faire servir à l'apothéose d'un saint ou d'une sainte. Ainsi un vitrail de la fin du treizième siècle, à Chartres, nous montre saint Martin, enlevé au ciel par deux anges dans une auréole de feu.

Les anges ne prennent pas l'auréole, et quand ils sont compris dans l'auréole de Dieu qu'ils accompagnent, comme au jugement dernier, cette auréole ne leur est pas propre, elle appartient à Dieu, qui les absorbe dans sa lumineuse atmosphère.

Histoire de l'auréole.

L'auréole est soumise aux mêmes phases que le nimbe, on ne la voit pas dans les plus anciens monuments chrétiens. L'auréole apparait même plus tard que le nimbe; elle disparait aussi avant la disparition du nimbe, en sorte que son existence est assez restreinte. En outre, au plus fort du moyen âge, alors que le nimbe, sauf oubli, est constamment usité, l'auréole n'est pas toujours figurée. C'est donc une forme plus rare et de plus courte durée que celle qui environne la tête. Quelquefois, au treizième siècle, Dieu est représenté sans auréole.

Vers le quinzième et le seizième siècle, le nimbe perd son rebord extérieur, comme on l'a déjà dit, et il est assez souvent dépourvu de la circonférence intérieure qui en rattache les rayons; il en est de même de l'auréole : la circonférence disparait, et le champ seul reste. Ce champ est strié de rayons ou droits ou flamboyants, et quelquefois droits et flamboyants alternativement.

Dieu.

Dieu est un pur esprit, invisible, mais présent partout, éternel, immense, infini en durée comme en éternité. Cet être invisible, l'art l'a fait voir dans des images et des statues ; cet être immense, l'art l'a réduit à des dimensions finies.

Unique en substance, Dieu est triple en personnes ; *Deus trinus et unus*. A chaque personne divine le dogme chrétien attache un nom différent et des fonctions particulières ; l'art, de son côté, a revêtu ce nom d'une figure spéciale, a représenté ces personnes et caractérisé ces fonctions par des attributs distincts. C'est d'après ces attributs que les trois personnes divines ont été représentées diversement, soit isolément, soit ensemble, par les artistes.

Dieu le Père.

Dans ses rapports avec l'homme, Dieu le père s'est manifesté très-souvent, et certains actes lui sont attribués à lui plus spécialement qu'aux deux autres personnes. Historiquement, c'est plus volontiers dans l'Ancien Testament, dans la Bible proprement dite, que le Père se manifeste, tandis que le Fils se révèle dans l'Évangile surtout, et que le Saint-Esprit apparaît tantôt dans l'un, tantôt dans l'autre. Cependant en iconographie rien n'est plus fréquent, au moins jusqu'au quinzième siècle, que de voir le Fils prendre la place du Père, et créant le monde à lui seul, commandant à Noé de construire l'arche, arrêtant la main d'Abraham, parlant à Moïse. Dans ces faits il est facile de reconnaître le Fils à sa figure jeune, imberbe, à son costume, que nous décrirons plus tard, ou bien à son nom écrit en entier, ou à son monogramme. Chez les Grecs, le Fils est substitué non-seulement à la toute-puissance, mais encore à la sagesse du Père.

Non-seulement le Père est souvent remplacé par son Fils, mais quand on le représente, on n'en montre qu'une faible partie. Tantôt on ne voit que sa main, tantôt la main et l'avant-bras; puis la main et le bras entier; plus tard on risque la face, et enfin le buste. Ce n'est que bien tard qu'on tenta de faire le portrait en pied de Jéhovah. Quand Dieu le Père est représenté en tout ou en partie, il n'est pas toujours honorablement placé, ni dignement représenté. Le Fils, au contraire, est toujours figuré dignement, toujours placé honorablement.

Plusieurs raisons peuvent expliquer ces faits. La première est peut-être la haine que les gnostiques portaient à Dieu le Père. Or, il est probable que le gnosticisme a pénétré dans l'art chrétien, et s'y est conservé longtemps, peut-être à son insu, comme le prouveraient les monuments anciens. Il en serait de cette hérésie comme des légendes apocryphes, qui, toutes condamnées et anathématisées qu'elles sont, sont néanmoins la plupart peintes sur les vitraux, sculptées sur les portails de nos cathédrales. La seconde raison est la crainte qu'on avait de rappeler Jupiter et de paraître offrir une idole païenne à l'adoration des chrétiens ignorants; la troisième, la ressemblance identique du Père et du Fils, fondée sur des textes sacrés; la quatrième est l'incarnation du Fils, qui est la parole ou le verbe du Père; la cinquième, l'absence de manifestation visible; la sixième enfin est la difficulté de formuler une si imposante image. Dans les premiers siècles de l'Église, jusqu'au douzième siècle, on ne voit pas de portrait de Dieu le Père. Sa présence ne se révèle que par une main qui sort des nuages ou du ciel (fig. 1), et qui désigne la puissance divine. Cette main s'ouvre en entier et lance quelquefois des rayons. Le plus souvent elle est bénissante. Le signe qui fait reconnaître que c'est une main divine, c'est le nimbe crucifère (fig. 1), ou bien le sujet historique, lorsqu'elle n'est pas nimbée. Ordinairement, on peut regarder comme appartenant réellement à Dieu le Père toute main bénissante ou rayonnante, ou tenant une couronne, que l'on voit sortir du ciel, quand même les autres personnes divines seraient absentes, ce qui arrive fréquemment, et quand même le nimbe croisé ne la caractériserait pas.

Pendant le règne du gothique et de la renaissance, alors même que le Père est figuré, soit en buste, soit en pied, la main se voit encore de temps en temps, et elle persiste jusqu'au dix-septième siècle. Elle est ordinairement sans attribut, surtout aux époques qui se distinguent, soit par l'absence, soit par la rareté du nimbe, quelquefois avec un nimbe uni ou croisé. L'absence du nimbe est constante dans les fresques des catacombes, les anciens sarcophages et les plus vieilles mosaïques.

Aux treizième et quatorzième siècles, Dieu le Père ne se contente plus de faire paraître sa main ou son bras; il montre sa figure d'abord, ensuite son buste, enfin sa personne entière. Mais alors il n'a pas encore de traits qui lui soient propres; il a l'âge, l'attitude, le costume, l'expression du Fils, et même le nimbe crucifère; il faut qu'une inscription ou le sujet le fasse distinguer, pour reconnaître si c'est le Père ou le Fils (fig. 12 et 2). Dans la représentation de la Trinité, le Fils est à la droite du Père. Le Père porte le sceptre ou le globe du monde, et le Fils la croix ou le livre des Évangiles (fig. 11). Le globe est quelquefois donné au Fils, représenté seul, mais très-rarement. Le livre, au contraire, se donne plus souvent au Fils qu'au Père, à qui on le remarque quelquefois. Le nimbe triangulaire ou en losange est ordinairement réservé au Père (fig. 2, 3 et 11). La nudité des pieds convient aux trois personnes divines.

Cependant déjà au quatorzième siècle, surtout dans les manuscrits et les miniatures, on remarque la tendance de l'art à donner une figure spéciale à Jéhovah. On remarque dans les traits un âge plus avancé. Au commencement du quatorzième siècle, c'est encore un Père trop jeune, pour qu'il y ait une distance convenable entre lui et son Fils; mais au seizième, et surtout à la renaissance, les proportions de l'âge sont naturelles et parfaitement gardées.

A la fin du quatorzième siècle, pendant le quinzième et dans les premières années du seizième, impuissant qu'on se trouvait à lui donner une physionomie digne de lui, on chercha dans la société le type qui pouvait exprimer le mieux la puissance suprême. Ainsi en Italie, où le pape a la souveraine puissance, Dieu a été représenté en pape; en Allemagne, où c'est l'empereur, c'est en empereur qu'on l'habille; en France, on en fait volontiers un roi; en Angleterre, il revêt plutôt les attributs de la royauté; en Espagne, il est tantôt pape et tantôt roi. Pour rehausser la Divinité au-dessus du pape, en France, au lieu de donner trois couronnes à sa tiare, on lui en donna souvent quatre et même cinq. Quand alors il est chaussé de la mule papale, c'est une exception, car Dieu a toujours les pieds nus.

Avec ce Père en roi, on traverse tout le quatorzième siècle, et tout le quinzième avec le Père en pape.

C'est un spectacle des plus curieux que de voir comment l'art réfléchit profondément et clairement l'époque qui l'a fait. Quand la société est gouvernée par le clergé, du cinquième au neuvième siècle, l'art est grave, austère; les physionomies sculptées ou peintes se teignent de la couleur générale. Jamais ces physionomies ne se dérident, même pour sourire. Quand, du neuvième au treizième siècle, on est sous le régime féodal, les attitudes sont roides; il y a dans la tournure quelque chose d'arrogant, et de l'audace dans l'expression. Le courage, mais aussi la dureté, éclate dans tous les traits. Puis du treizième au quinzième, lorsque, dans les communes émancipées, eut germé et pullulé la bourgeoisie, l'art s'assouplit. Alors la roideur des époques précédentes se plia à des mouvements nombreux; la sauvagerie descendit à la familiarité, la noblesse des traits à la vulgarité. Ce fut dans les types vivants que les artistes allèrent chercher leurs modèles pour représenter le Père, et ils firent un Dieu sans dignité, changé en homme et animé des passions mesquines de l'humanité. Mais du quinzième au seizième siècle, dans la politique comme dans l'art, fit irruption la foule sans nom, appauvrie de formes et de costumes, porteur d'une physionomie toujours commune et d'une âme souvent grossière. Cette foule troubla l'esthétique, et donna sa physionomie épaisse à l'idéal le plus élevé, même à la Vierge Marie, qui ne se montra plus que sous les traits d'une grosse femme vulgaire, ainsi qu'elle nous apparaît dans tous les monuments de cette époque.

Il fallait que les grands artistes italiens de la renaissance, le Pérugin, Raphaël, Michel-Ange, vinssent au monde pour créer cette admirable figure de l'Éternel, de Jéhovah, de ce vieillard divin qui fait trembler la terre, mieux que le Jupiter antique, d'un froncement de ses sourcils. Donc, avec la renaissance, renaquit l'idéal ancien. Ces images de Dieu le Père, peintes ou sculptées par les artistes de la renaissance, impriment, quand on les regarde, un frisson qui vous agite. Cette belle Divinité, ce magnifique vieillard si serein et si puissant, ce n'est plus un roi ou un pape, c'est bien réellement l'Ancien des jours.

Enfin, au seizième siècle, on représenta la Divinité par son nom seul et une figure géométrique. Le triangle, avons-nous dit au chapitre du nimbe, est la formule linéaire de Dieu et de la Trinité. Dans ce triangle, on écrivit en lettres hébraïques le nom de Dieu, de Jéhovah, et l'on plaça le mot et la figure au centre d'un cercle rayonnant qui représentait l'éternité (fig. 4). Cette formule abstraite eut beaucoup de succès, et est encore en usage aujourd'hui.

Dieu le Fils.

Si la figure du Père a souffert pendant toute la durée du moyen âge, il n'en a pas été ainsi de celle du Fils. Jésus nous a rachetés; aussi les chrétiens lui furent-ils reconnaissants comme des enfants envers un père. Dans les sentiments comme dans l'art, Jésus-Christ eut un règne glorieux depuis les catacombes jusqu'à nos jours. C'est la personne divine à laquelle l'art a toujours rendu et rend encore les plus grands honneurs. Chez les Grecs surtout, la toute-puissance et la source de l'être sont attribuées très-souvent et presque exclusivement à Jésus-Christ.

Ainsi, dans le ciel des grandes coupoles byzan-
[ti]nes brille sur fond d'or la gigantesque figure
[du] Tout-Puissant, du Pantocrator. Or cette image
[est] bien réellement celle du Fils, car à côté de
[l'in]scription ο Παντοκράτωρ, on lit celle-ci : ιc xc.,
[et] dans les croisillons du nimbe, o ων. Ainsi le
[Ch]rist est tout à la fois l'être et la puissance par
[exc]ellence.

[E]n iconographie, le Dieu par excellence, c'est
[Jés]us. A toutes les époques, et sans interruption,
[il] a été représenté sous toutes les formes par l'art.
[Au] temps où le Père ne montrait que la main,
[Jés]us apparaissait en pied et à tout âge, imberbe
[ou] barbu, à dix-huit ou trente ans, à longs che-
[ve]ux abondants et bouclés, sur les épaules; il est
[que]lquefois orné d'un diadème ou d'une bande-
[let]te au front. Au quinzième siècle, alors que le
[Pèr]e est défiguré par l'art et abaissé à la condition
[d'u]n pape usé de vieillesse et tombé en décrépi-
[tu]de, Jésus conserve toute sa beauté, tout son
[écl]at, toute sa dignité.

[I]ci il n'est pas question de l'homme divin, ni
[de] la biographie archéologique de Jésus. On ne
[con]sidère ici Jésus que comme Dieu, comme se-
[co]nde personne de la Trinité.

On n'avait pas, contre la représentation du Fils,
[les] raisons ou les prétextes qu'on alléguait contre
[cel]le du Père. D'ailleurs le Fils s'était incarné;
[tou]t le monde avait vu ses traits, tout le monde
[pou]vait les reproduire. Il paraît que nous de-
[vo]ns les premiers portraits de Jésus aux gnosti-

ques, qui lui étaient favorables. Nous savons qu'Alexandre Sévère avait placé dans son laraire, entre les images des philosophes et des princes les plus révérés, les portraits du Christ et d'Abraham. Les images miraculeuses, l'image vraie ou apocryphe peinte sur le voile de sainte Véronique; les portraits attribués à Nicodème, à Pilate ou à saint Luc; la statue érigée à Jésus-Christ dans la ville de Panéas, par l'hémorroïsse que Jésus avait guérie : tous ces faits, vrais ou faux, mais dont la tradition écrite remonte aux premiers siècles de notre ère, prouvent que le Fils de Dieu était souvent représenté par la sculpture ou la peinture, même à l'aurore du christianisme. Tout le monde connaît la description détaillée de la figure de Jésus-Christ (description d'une grande valeur), envoyée au sénat romain par P. Lentulus, proconsul en Judée avant Hérode. Ce portrait, tout apocryphe qu'il soit, n'en est pas moins un des premiers que nous connaissions : il date des premiers siècles de l'Église, et les plus anciens Pères l'ont mentionné. C'est d'après cette description que l'empereur Constantin avait fait peindre les portraits du Fils de Dieu. Au huitième siècle, du temps de saint Jean Damascène, les principaux linéaments de cette figure remarquable avaient persisté comme ils persistent encore. Comme Lentulus, le Damascène se prononce pour la beauté du Christ, et reproche durement aux manichéens l'opinion contraire. Ainsi donc le Christ, qui avait pris la forme d'Adam, reproduisait exactement les traits de la Vierge Marie. « Taille élevée, sourcils abondants, œil gracieux, nez bien proportionné, chevelure bouclée, attitude légèrement courbée, couleur élégante, barbe noire, visage ayant la couleur du froment comme celui de sa mère, doigts longs, voix sonore, parole suave. Extrêmement agréable de caractère, il est calme, résigné, patient, entouré de toutes les vertus que la raison se figure dans un Dieu homme (1). »

Voici maintenant ce que nous donnent les monuments. Dans la série des monuments, deux faits iconographiques se développent parallèlement. La figure du Christ, jeune d'abord, vieillit de siècle en siècle, à mesure que le christianisme gagne lui-même en âge. La figure de la Vierge, au contraire, vieille dans les catacombes, se rajeunit de siècle en siècle; de quarante à cinquante ans qu'elle avait à l'origine, elle n'a plus que de vingt à quinze ans sur la fin de l'époque gothique. Vers le treizième siècle, Jésus et Marie portent le même âge, trente à trente-cinq ans, à peu près; ils se quittent ensuite pour s'éloigner de plus en plus.

Cette jeunesse du Christ, qu'on remarque sur les plus anciens monuments chrétiens, est un fait dominant et des plus curieux. Du deuxième ou du troisième siècle jusqu'au dixième, Jésus est un beau jeune homme de vingt ans; un gracieux adolescent de quinze, sans barbe, à figure ronde et douce, tout resplendissant d'une jeunesse divine (fig. 6). On rencontre aussi, à la même époque,

(1) Op. s. Joh. Damasc., t. I, p. 630.

mais plus rarement, des Jésus barbus, beaux hommes de trente à trente-cinq ans, qui ne démentent pas les descriptions de Lentulus et du Damascène.

A la fin du dixième siècle, sous l'empereur Othon II, le Christ est encore un adolescent, un jeune homme imberbe. Mais aux approches de l'an 1000, tout s'était rembruni, tant à cause de la pensée de la fin du monde, qu'à cause des malheurs des temps. Alors, au onzième siècle, et même dès le dixième, les artistes font de Jésus un homme dur d'attitude et triste de physionomie. Au jugement dernier, le Christ est barbu, inexorable d'expression lorsqu'il condamne les méchants. Dans les premiers siècles on s'était appliqué à représenter les miracles et les faits de miséricorde de Jésus, passant sous silence les faits douloureux de sa passion; mais du dixième siècle au douzième on ne s'occupe presque pas des miracles de charité, pour rappeler les circonstances les plus douloureuses du crucifiement. Un motif affectionné des premiers siècles, c'est la figure de Jésus en bon pasteur. Mais du onzième siècle jusqu'au seizième les monuments n'offrent plus aucune trace de cette consolante parabole. A partir du douzième siècle, les Christs sont encore plus sévères et plus terribles, surtout à la passion et au jugement; c'est bien le *Rex tremendæ majestatis* de notre *Dies iræ*. Quelquefois cependant on voit réuni sur le même manuscrit le contraste du sévère et du gracieux, selon les sujets; Jésus est triste et laid dans sa passion, tandis qu'il est souriant et beau dans son triomphe (fig. 8). Les Grecs, plus hébraïsants que les Latins, ont un Christ plus terrible encore.

Ainsi, du onzième siècle au seizième, le Christ est donc un homme dans la force de l'âge; il a toujours de trente-cinq à quarante ans; il est constamment barbu, jamais souriant, et sa figure est sérieuse quand elle n'est pas triste (fig. 12).

Aux treizième et quatorzième siècles, on représente Dieu le Père assis dans le ciel et tenant entre ses bras son Fils attaché à la croix. Dès cette époque, la croix, instrument de son supplice, n'abandonne que rarement Jésus, même quand on le montrera triomphant après sa mort. Assurément la croix entre les mains de Jésus est pour les chrétiens ce que l'arc-en-ciel dans les nuées est pour Noé et pour sa race, un signe de salut et de paix.

Aux quinzième et seizième siècles, on renchérit encore sur la tristesse des époques antérieures. Les *ecce-homo*, les crucifix, les descentes de croix, les Christs au tombeau, sont réellement à la mode. Les crucifix suivent eux-mêmes une progression de tristesse remarquable. Dans les temps primitifs, on voit la croix, mais sans le divin crucifié. Vers le sixième siècle, on parle d'un crucifix exécuté à Narbonne; mais c'est un fait étrange et qui est signalé pour sa nouveauté. Au dixième siècle, quelques crucifix apparaissent çà et là; mais le divin crucifié s'y montre avec une physionomie douce et bienveillante ; il est d'ailleurs vêtu d'une longue robe à manches, qui ne laisse voir le nu qu'aux extrémités des bras et des jambes. Aux onzième et douzième siècles, la robe s'écourte, les manches disparaissent, et déjà la poitrine est découverte quelquefois. Au treizième siècle la tunique est aussi courte que possible ; au quatorzième, ce n'est plus qu'un morceau d'étoffe ou même de toile qu'on roule autour des reins, et c'est ainsi que jusqu'à nos jours Jésus en croix a constamment été représenté.

Le Fils de Dieu, même dans le ciel, même triomphant après son ascension et sa victoire sur la mort, est représenté la couronne d'épines en tête et la croix à la main. Au treizième siècle, il était vêtu d'une robe et d'un manteau ; à partir du quinzième, on le voit fréquemment dépouillé de sa robe et à peine couvert de son manteau, qui laisse voir nus ses bras, ses jambes, sa poitrine, et son côté percé d'une lance. On s'enfonce de plus en plus dans la désolante réalité, et l'on arrive à Michel-Ange, qui montre Jésus-Christ, au jugement dernier, sous l'aspect d'un Jupiter tonnant, faisant mine de vouloir châtier le genre humain à coups de poing ; triste aberration d'un homme de génie, qui dégrade ainsi la Divinité tout entière.

A partir de la renaissance jusqu'à nos jours, on a cherché à rendre à cette grande figure du Christ toute sa douceur de physionomie, toute sa bonté ineffable (fig. 9), et l'on a fini par tomber dans l'excès contraire à celui qui avait égaré Michel-Ange, c'est-à-dire à faire des Jésus fades et langoureux.

Il y a plusieurs signes archéologiques qui caractérisent Jésus-Christ, et le font reconnaître des autres personnages. La nudité des pieds, qui convient toujours aux personnes divines, mais aussi aux anges, aux apôtres, et quelquefois aux prophètes, distingue au moins Jésus de la foule des humains, mais est un signe insuffisant. Au quinzième siècle, il est quelquefois chaussé, quand il est représenté en pape; au quatorzième, quand il accompagne les disciples d'Emmaüs, habillé comme eux en pèlerin. Les meilleurs caractères sont l'auréole, le nimbe croisé, les monogrammes o ων, Rex, A et ω, ou A, M, ω, IC XC, la croix, les plaies des mains, des pieds et du côté, la couronne d'épines; l'accompagnement des attributs des évangélistes; le livre des Évangiles ouvert ou fermé; dans ce livre quelque texte de l'Écriture qui se rapporte à Jésus. Aux douzième, treizième et quatorzième siècles, Jésus est encore souvent représenté environné de sept petites colombes, qui figurent les sept esprits de Dieu. Un autre signe indubitable, c'est quand, dans une scène évangélique, on voit un personnage accomplissant les actions que l'évangile attribue à Jésus. Dans ce cas, quand même il n'y aurait pas d'autre caractère, on ne peut hésiter à le reconnaître. Jusqu'à présent il n'a été question que de Jésus représenté sous la figure d'un homme jeune ou âgé; mais nous ne devons pas oublier les trois formes symboliques qui lui ont été prêtées, et qui sont l'agneau, le lion et la croix.

La première remonte à l'origine du christianisme, a traversé tout le moyen âge, et subsiste encore de nos jours. Jésus-Christ est souvent figuré par un agneau. En effet, saint Jean-Baptiste, en voyant paraître Jésus, s'est écrié : « Voici l'agneau de Dieu. » Le Christ, en mourant sur la croix, est l'agneau symbolique dont parlent les prophètes, qui marche à la mort et se laisse égorger sans se plaindre. Dans l'Apocalypse, saint Jean vit le Christ sous la figure d'un agneau blessé à la gorge, et qui ouvrit le livre des sept sceaux. La figure 5 représente l'agneau divin sur la montagne mystique, d'où sortent les quatre fleuves du paradis. Ce qui le fait reconnaître pour agneau divin, c'est l'auréole, le nimbe, surtout le nimbe croisé, et le monogramme du Christ. Au quinzième siècle on en voit sans nimbe.

Dans toutes les sculptures et peintures sur verre et sur parchemin qui représentent l'Apocalypse, on voit l'Agneau à sept yeux et à sept cornes brisant les sceaux du livre mystérieux. Ce nombre est mystique, comme celui des têtes et des cornes des bêtes infernales de l'Apocalypse. Il désigne, dit saint Jean, les sept esprits de Dieu envoyés sur la terre, qui remplissent l'agneau. Dans les premiers siècles chrétiens, la faveur pour l'agneau était telle, qu'on avait presque abandonné la figure humaine du Christ pour y substituer celle de son emblème.

Le lion, comme emblème de Jésus-Christ, est

infiniment plus rare que l'agneau dans les monuments figurés. Le lion symbolise la tribu de Juda, de laquelle descend Jésus, et c'est à Jésus que se rapportent les textes de l'Écriture qui en font mention. Comme l'agneau rappelle la douceur de Jésus, le lion en symbolise l'énergie. Le lion, orné d'un nimbe crucifère, est le symbole de Jésus ; lorsque le nimbe est uni, il est l'attribut de saint Marc (fig. 8):

La croix est plus qu'une figure du Christ : elle est, en iconographie, le Christ lui-même ou son symbole. Jésus est présent dans la croix comme dans l'agneau, comme dans le lion. Aussi, les premiers artistes chrétiens, lorsqu'ils figurèrent la Trinité, placèrent quelquefois une croix à côté du Père et du Saint-Esprit, une croix toute seule et sans le divin crucifié. La croix, comme symbole du Christ, passe avant l'agneau et le lion. Elle remonte jusqu'aux scènes de l'Ancien Testament, dont les figures trouvent en elle toute leur vertu. Au neuvième siècle, on a chanté les louanges de la croix comme on chante celles d'un Dieu ou d'un héros, et on lui a toujours rendu un culte semblable, sinon égal, à celui du Christ.

Il y a quatre espèces de croix : la croix sans sommet, la croix avec sommet et avec une seule traverse, la croix avec sommet et deux traverses, la croix avec sommet et trois traverses.

On appelle croix grecque la croix à quatre branches égales, et croix romaine celle dont la branche inférieure est plus longue que les autres. Ces deux genres de croix furent également usités en Occident et en Orient, dans les premiers siècles. Dans la suite la croix à branches égales prédomina en Orient, et on appela cette forme croix grecque ; le second type prédomina chez nous, et fut appelé croix latine. On appelle aussi croix de Lorraine la croix à double croisillon : cette croix désigne aujourd'hui la dignité archiépiscopale.

Je m'arrête sur les détails de la croix, qui seraient très-étendus, et je renvoie à l'Iconographie chrétienne de M. Didron.

Le Saint-Esprit.

Le Saint-Esprit est la troisième personne de la Trinité divine, procédant de l'amour du Père et du Fils. Dans les relations des personnes divines entre elles, le Saint-Esprit est le Dieu d'amour ; mais en histoire, en iconographie, il est, comme il paraît être dans ses rapports avec les hommes, le Dieu de l'intelligence, de même que le Père est le Dieu de la puissance et de la force créatrice, et Jésus-Christ le Dieu du dévouement et de l'amour. En effet, on a toujours invoqué le Saint-Esprit pour en obtenir les lumières de l'esprit, et ses dons se rapportent à l'intelligence. Nous en avons des preuves dans l'Écriture sainte, dans la légende, dans l'histoire, dans l'art de France, d'Allemagne, d'Italie, de Grèce. Aussi, on représente le Saint-Esprit en colombe inspirant David, accompagné à droite et à gauche de la sagesse et de la prophétie personnifiées. Il se repose en forme de colombe sur l'épaule de saint Grégoire, et lui inspire ses savants ouvrages.

Le Saint-Esprit a été représenté de deux manières différentes, sous la forme d'une colombe et sous celle d'un homme. Le mouvement, la rapidité, sont les qualités essentielles de l'esprit. Lorsqu'on voulut représenter, sous une forme visible, cet esprit invisible et divin qui anime la nature entière, on dut naturellement songer à l'être vivant qui est doué de la plus grande activité. L'oiseau, dans le règne organique, était nécessairement destiné à figurer l'esprit. Au reste le Saint-Esprit s'était manifesté plusieurs fois sous la forme d'un oiseau, d'une colombe. La colombe, pour ses mœurs douces et aimantes d'abord, et puis pour la pureté de son plumage, a dû être choisie, et fut choisie, en effet, de préférence pour figurer le Saint-Esprit (fig. 11 et 12). Dans les légendes, l'esprit humain ou l'âme elle-même apparaît aussi sous cette forme. L'Église, cette société animée du Saint-Esprit, a été, comme le Saint-Esprit, assimilée à une colombe.

Quant à la couleur de la colombe divine, elle est celle de la neige, qu'elle surpasse en éclat et en blancheur; couleur où viennent se réunir symboliquement toutes les vertus. Le bec et les pattes sont rouges ordinairement; c'est la couleur naturelle des colombes blanches. Cette couleur blanche, la plus lumineuse des couleurs, et qui les renferme toutes, affectée au Saint-Esprit, est d'une importance majeure, parce qu'on a aussi quelquefois représenté l'esprit du mal, le malin esprit, sous la forme d'un oiseau; mais cet oiseau, emblème de l'esprit de ténèbres, est noir et d'une forme hideuse et forcée.

Le Saint-Esprit prend souvent une forme moins commune, mais plus curieuse que celle de l'oiseau, c'est la forme humaine. La colombe, depuis les sixième et septième siècles jusqu'à nos jours, a constamment représenté le Saint-Esprit; mais vers le dixième siècle, à ce qu'il paraît, on lui donne un autre symbole, qui n'a jamais joui d'une grande faveur. C'est au dixième siècle seulement qu'on commence à figurer le Saint-Esprit en homme, et, vers le seizième, on en revient exclusivement à la colombe, que, du reste, on n'avait pas cessé de représenter, et qui traverse tous les siècles. Vers le milieu du douzième siècle, et pendant le treizième on cessa les représentations du Saint-Esprit en homme; mais on y revient au quatorzième; on les multiplie aux quinzième et seizième, pour les abandonner totalement vers l'an 1560, sous François Ier. A cette époque, cependant, ces représentations étaient beaucoup moins fréquentes que celles de la colombe, dans la proportion, peut-être, d'un sur mille. Sous forme humaine, le Saint-Esprit affecte tous les âges, depuis l'âge le plus tendre jusqu'à la vieillesse; mais sa figure est identique à celles du Père et du Fils, quoique les âges paraissent quelquefois différents. Du quatorzième au seizième, le Saint-Esprit, figuré en homme, porte quelquefois sa colombe symbolique; ou sur la tête, ou sur l'épaule, ou sur le bras. A ces mêmes époques se rencontre fréquemment un sujet remarquable, c'est le triomphe, le couronnement de la sainte Vierge dans le ciel, au moment de son assomption. Ce couronnement se fait par les trois personnes divines.

Le nimbe de l'Esprit, soit en homme, soit en colombe, suit les variétés des deux autres personnes divines (fig. 12). Le nimbe quelquefois est absent; dans ce cas, qui est assez fréquent, c'est le sujet où la petite colombe est figurée, c'est encore le lieu occupé par elle qui empêchent de la confondre avec un oiseau ordinaire. Dans tous les sujets où se voient les deux autres personnes, la colombe, même petite et sans nimbe, forme la troisième. Tout oiseau descendant du ciel et planant sur la tête de Marie, au moment où l'ange lui annonce qu'elle sera la mère d'un Dieu, ne peut être autre chose que le Saint-Esprit. Tout oiseau étendant les ailes dans le cénacle ou au-dessus du Jourdain, sur la tête des apôtres ou sur celle de Jésus-Christ, ne peut être que le symbole divin. Aux quatorzième et quinzième siècles, et quelquefois au treizième, on sculpta l'enfant Jésus dans les bras de sa mère, et jouant avec un oiseau. Cet oiseau n'est pas la colombe divine, n'est pas le Saint-Esprit, mais bien tout autre oiseau qui sert de jouet à Jésus.

Au quinzième siècle le champ du nimbe disparaît; les traverses restent seules, et se transforment en faisceaux lumineux qui partent du front et des tempes du Saint-Esprit en homme ou en colombe. Ensuite les faisceaux disparaissent eux-mêmes, et le Saint-Esprit n'a plus de nimbe, comme aux premiers siècles. Mais c'est l'époque où les auréoles sont assez fréquentes, sous la forme de rayons. Voyez la fig. 11, où le Saint-Esprit est au milieu d'une auréole rayonnante qui enveloppe les deux autres personnes divines.

Les sept dons du Saint-Esprit sont représentés quelquefois par sept petites colombes, environnant Jésus ou la sainte Vierge. C'est surtout à l'Allemagne qu'on doit les groupes représentant la sainte Vierge environnée des sept colombes divines. Il n'est pas rare de n'en voir que six, ou cinq, ou même moins. L'exiguité de l'emplacement était le plus ordinairement la raison de ce déficit. Les sept colombes, comme le Saint-Esprit lui-même, portent un nimbe et un nimbe crucifère et l'auréole; car, propriétés d'un Dieu, elles sont divines, et devaient, à ce titre, se revêtir de la marque distinctive des personnes de la Trinité. Cependant l'art a voulu quelquefois donner divers degrés aux propriétés divines, et constater à sa manière ces divers degrés. Ainsi, des six colombes qui symbolisent la crainte, la piété, la science, la force, le conseil et l'intelligence, l'art a fait des colombes saintes, il est vrai, mais célestes simplement et non divines; il leur a donné le nimbe uni des anges et des saints. Quant à la sagesse, l'art l'a divinisée; la colombe qui la représente a été douée toute seule du nimbe crucifère.

D'autres fois elles sont toutes privées du nimbe et de l'auréole, suivant les siècles, ou par erreur de l'artiste.

J'ai dit que la rapidité était une qualité essentielle de l'esprit, et que l'oiseau était le plus capable des êtres vivants de la figurer. Toute son activité repose dans ses ailes qui portent sur l'air, le plus subtil des éléments. Les anges, âmes sans corps, lorsqu'on les a représentés sous une forme matérielle ou symbolique, ont reçu des ailes. Ils en ont toujours une paire, quelquefois trois, même parsemées d'yeux (fig. 7 et 15). Non-seulement on leur met des ailes aux épaules, mais on les place sur des roues qui figurent la vitesse (fig. 15); et même sur des roues ailées et enflammées tout à la fois, semblables à la fig. 14, pour représenter la vitesse extrême; car rien de plus prompt que la lumière. En Grèce, le chœur des anges, qu'on appelle trônes, ne reçoit pas la figure humaine, et est constamment représenté par deux roues ailées, enflammées et garnies d'yeux, non-seulement sur le champ de la circonférence, mais même sur les ailes (fig. 14).

La Trinité.

Les trois personnes divines se résolvent en un seul Dieu, *Deus trinus et unus*. Le dogme et l'art, la théologie et l'iconographie marchent de concert, ici pour décrire, et là pour dessiner la Trinité. J'aurai peu de choses à en dire, après la description que j'ai faite de chacune des trois personnes divines en particulier.

Dans les différents siècles du moyen âge, l'art produisit une grande quantité de groupes représentant les trois personnes divines, et diversifia ce motif presqu'à l'infini.

On peut partager en quatre périodes les siècles qui se sont écoulés depuis l'origine du christianisme jusqu'à la renaissance, et durant lesquels on figura des Trinités. La première période comprend les huit premiers siècles; la seconde s'étend du neuvième au douzième; la troisième atteint le quinzième; la dernière période enfin saisit la renaissance, c'est-à-dire le quinzième et surtout le seizième.

Dans les huit premiers siècles, les Trinités ne font que s'ébaucher, pour ainsi dire. Il n'existe pas un groupe réellement complet de la Trinité dans les catacombes ni sur les vieux sarcophages. Cependant dès le quatrième siècle apparaissent des groupes de la Trinité. D'après la description que donne saint Paulin, évêque de Nole, d'une Trinité exécutée en mosaïque dans l'abside de l'église qu'il fit bâtir, le Christ était figuré par un agneau, le Saint-Esprit par une colombe, et le Père par les paroles qu'il faisait entendre du ciel. Le même saint Paulin décrit une autre Trinité, dans laquelle se voient l'agneau immolé sur la croix, la colombe divine, et la main du Père tenant une couronne sur la tête de l'agneau divin. On trouve des Trinités, et à peu près semblables, exécutées en mosaïque, dans les sixième, huitième et neuvième siècles, à Rome, où il paraît que ce motif est resté en honneur jusqu'aux treizième et quatorzième siècles. Ces types durèrent pendant tout le moyen âge, même en France, où l'on est moins fidèle aux traditions latines.

Dans la seconde période, du neuvième au douzième siècle, les deux types antérieurs persistent, mais ils s'enrichissent de deux motifs nouveaux : l'un est emprunté à la forme humaine, l'autre aux formes géométriques.

Une fois arrivé au neuvième siècle, on n'eut plus rien à craindre des idées païennes. Le Père éternel, dont on n'avait osé montrer que la main encore, ou le buste tout au plus, se fit voir en pied. Cependant il ne prit pas une forme spéciale; mais il emprunta celle de son fils. Le Fils continua d'apparaître tel qu'on l'avait vu sur la terre, sous la forme d'un homme grand, beau et grave, âgé de trente à trente-cinq ans. Le Saint-Esprit se montra sous la forme de la colombe. Les dessins n°° 11 et 12 peuvent servir de modèles. Quelquefois cependant le Saint-Esprit y parut sous forme humaine. Les trois personnes divines ont une figure identique, quant à la forme, mais quelquefois il y a de la différence d'âge entre les trois, le Père étant plus âgé et le Saint-Esprit le plus jeune. D'autres fois aussi les trois personnes ont le même âge, la même attitude, le même tempérament, le même costume.

En opposition à cet anthropomorphisme aussi complet, aussi matériel, on représente la Trinité sous la forme la plus abstraite et la plus sèche. On emprunte le triangle à la géométrie. Le triangle, qui comprend trois angles dans une seule aire, est l'image des trois personnes se résolvant dans un seul Dieu.

Aux treizième et quatorzième siècles, les Trinités des deux périodes précédentes persistent, mais elle se complètent, se perfectionnent et se multiplient. Pour une Trinité latine, pour deux Trinités romaines, on rencontre peut-être vingt ou trente Trinités gothiques (1). C'est dans cette proportion qu'on les trouve, même à partir de la fin du douzième siècle.

Dans cette troisième période, les trois personnes se touchent, deviennent adhérentes; les trois corps n'en font plus qu'un seul portant trois têtes parfaitement soudées entre elles.

On voit encore un nouveau type géométrique, où la triplicité est plus visible et l'unité moins absolue que dans le triangle. Le cercle est pris comme l'emblème de Dieu; et trois cercles enlacés l'un dans l'autre figurent les trois personnes absolument inséparables. Chaque cercle comprend une des syllabes du mot *Trinitas*, et dans l'espace laissé vide par l'intersection des trois cercles, on lit *Unitas* (fig. 13).

Les trois cercles, extension et complément du triangle, furent inventés au treizième siècle et persistèrent jusqu'au seizième. Pendant la quatrième période, qui s'ouvre au quinzième siècle,

(1) Le mot gothique est pris ici pour la période gothique ou ogivale.

dure jusqu'au dix-septième et embrasse la renaissance entière, tous les types antérieurs sont admis à peu près au même rang et reçus avec les mêmes honneurs; c'est une époque de synchrétisme pour toutes choses, qui ajoute peu de nouveau au passé.

Alors la colombe repose sur la tête ou sur la main de l'Esprit figuré en homme. Pour représenter la Trinité, on unit le triangle roman au cercle, on enlace l'une dans l'autre ces deux figures géométriques, et l'on obtient ainsi la forme la plus complète de l'unité de la substance circonscrivant la triplicité des personnes. Bien plus, comme si la figure ne donnait pas une idée suffisante de la Divinité, on la fait tenir par Dieu lui-même.

C'est surtout aux quinzième et seizième siècles qu'on voit les trois figures sur un même corps, mais alors les têtes sont plus qu'adhérentes, plus que soudées; elles se mêlent, elles se confondent, et n'offrent plus qu'un seul crâne pour trois visages, avec quatre yeux, quelquefois avec deux seulement, et un seul front. On finit donc par faire des monstruosités, à force de vouloir innover. Les Grecs, malgré l'ardeur de leur imagination, se sont abstenus de ces Trinités représentées par trois têtes sur un seul corps; on n'en connaît chez eux qu'un seul exemple, et encore est-il du dix-huitième siècle.

Dans les Trinités où l'on cherche à montrer l'unité des personnes, on les rapproche le plus possible, par la ressemblance, l'union, la fusion même, comme nous l'avons vu; mais dans celles où on cherche à faire prédominer la distinction des personnes, les caractères distinctifs abondent, et il est impossible de les signaler tous. Ce que j'ai dit, au reste, dans cet article, et en traitant de chacune des trois personnes divines, doit suffire pour les faire reconnaître. Je n'ai pas besoin d'ajouter, qu'ici comme dans l'étude de toute autre partie de l'archéologie, il faut une attention minutieuse aux moindres détails, d'où dépendent souvent les dates chronologiques.

OUVRAGES A CONSULTER.

Pour le plus grand nombre des amateurs de la science archéologique, qui ont peu de temps à donner à son étude, surtout dans le clergé, livré aux travaux nombreux du ministère, ce petit Manuel sera suffisant. Ils y trouveront, sans une longue étude, réunis dans un petit espace, tous les caractères des divers styles architectoniques qui, facilement gravés dans leur mémoire, leur procureront l'inappréciable avantage de ne plus trouver muets les monuments que nous rencontrons à chaque pas, mais de pouvoir lire leur histoire dans leur forme, sur leurs pierres, et dans leurs moindres détails.

Pour celui qui désirerait faire de l'archéologie une étude toute spéciale, un Manuel, qui est un ouvrage élémentaire, serait nécessairement insuffisant. Il lui faut plus d'étude et d'observation, ce qui m'engage à indiquer quelques ouvrages intéressants qui traitent cette matière et qu'on pourra consulter.

On peut consulter avec grand fruit :

Les *Instructions du comité historique.*
Le *Cours d'antiquités monumentales*, de M. de Caumont, 6 vol. in-8° et 6 atlas in-4°.
Annales archéologiques, par M. Didron.

Essai sur l'architecture religieuse du moyen âge, particulièrement en France; par Mérimée.

Les arts au moyen âge, avec atlas ; par Dusommerard.

Études d'architecture en France (Magasin pittoresque, années 1839 et suivantes), par Alb. Lenoir.

Observations sur l'origine et l'emploi de l'ogive dans l'architecture, par Alb. Lenoir.

Musée des monuments français, par A. Lenoir.

Essai sur l'architecture religieuse du moyen âge, principalement de la Normandie.

Archéologie chrétienne, de M. l'abbé Bourassé, professeur d'archéologie au petit séminaire de Tours ; 1 vol. in-8°.

L'Histoire de l'art par les monuments, depuis sa décadence au quatrième siècle jusqu'à son rétablissement au seizième; 4 vol. in-folio; par S. d'Agincourt.

Mémoires de la société des antiquaires.

Histoire de l'abbaye de Saint-Wandrille, par M. Hyacinthe Langlois.

Histoire de l'abbaye de Jumiége, par M. Deshayes.

Mémoire sur les abbayes du département de la Manche, par M. de Gerville.

Essai de M. le Prévost sur quelques monuments remarquables du département de l'Eure.

Monuments français inédits pour servir à l'histoire des arts, par M. Wilmin.

Monuments français classés chronologiquement, par M. le comte de Laborde.

Voyage pittoresque et romantique dans l'ancienne France, par MM. X. Nodier, Taylor et de Cailleux, avec planches.

Antiquités de l'Alsace, par MM. Schweighauser et de Golbery, 1 vol. in-fol.

Cathédrales françaises, par M. de Jolimont.

Cathédrales de France, par M. l'abbé Bourassé.

Monuments du département du Calvados, par M. de Jolimont.

Notice sur l'abbaye de Charroux, par M. de Chergé.

Notice sur la cathédrale d'Angoulême, par M. Castaigne.

Notice sur la cathédrale de Meaux, par Monseigneur Allou, évêque de Meaux.

Traité de l'architecture en Angleterre, par M. Milner.

Recherches sur l'origine et l'établissement de l'architecture à ogives et sur la peinture sur verre, par M. de Sidney-Hewkins.

Antiquités anglo-normandes de Ducaret, traduites de l'anglais, par M. Léchaudé-d'Anisy.

Recueil de monuments normands, par M. Cotman.

Les églises gothiques, par Smith.

Histoire monumentaire des Gaules, par Lambier.

Antiquités nationales, et voyages dans les départements du midi de la France, par Millin.

Recueil de monuments antiques de la Gaule, par Grivaud de la Vincelle.

Vues pittoresques des châteaux de France, par Blancheton.

Voyage pittoresque dans l'ancienne France (Normandie, Auvergne, Languedoc, Picardie), par Taylor et Nodier.

Les plus beaux monuments de Rome ancienne, par Barbault.

Monuments antiques inédits, par Millin.

Observations sur les antiquités d'Herculanum, par Cochin.

Description des tombeaux découverts à Pompéi, par Millin.

Antiquités de Pompéi, par Mazois.

Monuments d'architecture du septième jusqu'au treizième siècle, sur les bords du Rhin, par S. Boisserée.

Vues pittoresques des vieux châteaux d'Allemagne, par Ring.

Monuments de l'architecture allemande, par Moller.

Monuments arabes du Caire, par Coste.

Coup d'œil sur les antiquités scandinaves, par P. Victor.

Souvenirs des anciennes constructions en charpente sculptée de l'intérieur de la Norwége, par Dahl.

Choix des monuments, édifices et maisons les plus remarquables des Pays-Bas, par Goetghebuer.

Recueil des antiquités du Nord, par sir Borge Samlinger.

Mémoire abrégé, et recueil de quelques antiq. de Suisse, par Ritter.

Monuments celtiques, par Cambry; nouvelle édition, par Em. Souvestre.

Recherches sur plusieurs monuments celtiques et romains du centre de la France, par Baraillon.

Recueil d'antiquités dans les Gaules, par la Sauvagère.

Explications de divers monuments singuliers qui ont rapport à la religion des peuples les plus anciens, par Dom Martin.

Antiquités de Vesone, cité gauloise qu'a remplacée la ville actuelle de Périgueux, par Taillefer.

Le Guide des curés dans l'administration temporelle des paroisses, par M. Dieulin, vicaire général de Nancy.

Statistique monumentale de Paris, par M. Albert Lenoir.

Voyage archéologique dans le département de l'Aube, par M. Arnaud, peintre à Troyes.

Églises, châteaux, beffrois et hôtels de ville de la Picardie et de l'Artois, par MM. Dusevel, Goze, etc.

Archéologie des monuments religieux de l'ancien Beauvoisis, par le docteur Eugène Woillez.

Revue historique et archéologique des églises du diocèse d'Amiens, par MM. Roger et Dusevel.

Guide du voyageur en Normandie, par M. Édouard Frère.

Le Nivernais, album historique et pittoresque, par MM. Morellet, Barrat et Bussière.

L'Auvergne au moyen âge, par M. Dominique Branche.

Les monuments d'Arles antique et moderne, par M. Clair.

Monuments divers du Bas-Languedoc, par M. Jules Renouvier.

Monographie de la cathédrale de Chartres.

Iconographie chrétienne., par M. Didron.

Les stalles de la cathédrale d'Amiens, par MM. Jourdain et Duval.

Le portail Saint-Honoré (cathédrale d'Amiens), par les mêmes.

Traité de peinture sur verre, par Leviel.

Histoire de la peinture sur verre, par Al. Lenoir.

Les vitraux de Bourges, expliqués et commentés. His-

toire de la peinture sur verre, par MM. Martin et Cahiers.

Traité de la peinture sur verre, par M. Lassus.

Considération sur les vitraux anciens et modernes, par M. Émile Thibaud.

Toiles peintes et Tapisseries de la ville de Reims, par M. Louis Paris.

Essai sur les argentiers et les émailleurs de Limoges, par M. l'abbé Texier.

La paléographie des chartes et des manuscrits du onzième au dix-septième siècle, par M. Alph. Chassaut.

VOCABULAIRE

DE QUELQUES MOTS NON EXPLIQUÉS DANS LE MANUEL.

Abaque. On appelle *abaque* la partie supérieure du chapiteau de la colonne qui est ordinairement plate. Dans la corniche, c'est une partie en forme de plinthe, qui est quelquefois terminée en mouchette et peut recevoir des ornements. On l'appelle quelquefois aussi *tailloir.* V. ce mot.

Abside. L'abside est la partie d'une église, ou de tout autre monument, qui la termine en rond-point à une de ses extrémités. On l'appelle sanctuaire dans les églises ainsi terminées.

Accolade (En). En architecture, c'est la réunion par ados de deux parties de cercle dont les bouts, au lieu de se joindre immédiatement, se relèvent simultanément vers la perpendiculaire.

Acropole. Citadelle au haut d'une ville.

Aile de bâtiment. Dans une église, les ailes sont les bas-côtés; dans un autre bâtiment, ce sont les constructions qui sont sur le côté et forment un avant-corps assez étendu.

Amulette. Remède, figure, caractère que, par une confiance superstitieuse, on porte sur soi comme un préservatif.

Anjou. Ancienne province de France, comprise aujourd'hui dans le département de Maine-et-Loire.

Apocryphe. Se dit d'un livre dont l'autorité est suspecte, douteuse ou au moins non reçue par l'Église comme canonique.

Appareil. C'est l'art de tracer la pierre, de la tailler et de l'employer : c'est aussi la hauteur de la pierre; on dit que l'appareil est grand, moyen ou petit, selon la grandeur de la pierre employée. Ce mot s'emploie aussi quelquefois pour désigner en général les matériaux employés dans la construction, comme la brique, la chaux, etc.

Aqueduc. Canal, quelquefois souterrain, pour la conduite des eaux.

Arcade. Ouverture formée par un cintre reposant sur des pieds-droits ou des colonnes.

Arc-boutant. Pilier terminé en *demi-arc* qui sert à soutenir une voûte en dehors.

Arc-doubleau. Cintre qui, dans une voûte, joint un pilier à un autre, et réunit les diverses parties de la voûte. Ces cintres sont ordinairement saillants sous les voûtes, et servent presque toujours d'assise aux arêtes des voûtes ogivales.

Arceaux. Arcs saillants qui traversent le creux des voûtes, ordinairement en ligne diagonale, les soutiennent et se croisent quelquefois.

Architrave. C'est la partie de l'entablement qui porte sur les colonnes ou pilastres.

Archivolte. Bandeau orné de moulures qui règne sur les voussoirs d'une arcade, et dont les extrémités portent sur des impostes.

Arêtes. Ce sont les angles que forment deux surfaces courbées ou droites d'une pierre, d'un mur, des moulures ; par exemple, la partie d'une voûte qui repose sur un mur ou sur un arceau.

Argolide. Pays et royaume du Péloponèse, dont la capitale est Argos.

Argos. Ancienne ville d'Achaïe dans le Péloponèse.

Armature. Assemblage de petites barres de fer, pour soutenir un vitrail.

Attique. Petit étage au-dessus des autres, et qui a des ornements particuliers.

Base. Partie inférieure d'un piédestal, d'une colonne ou d'un pilastre.

Bas-relief. Ouvrage de sculpture dont le sujet n'est pas entièrement saillant, mais en partie engagé dans le bloc.

Beffroi. On appelle ainsi la tour ou clocher où se fait le guet, où on sonne l'alarme.

Blocage. Remplissage à l'intérieur d'un mur, entre les pierres qui forment le parement. On donne quelquefois aussi ce nom à la construction faite de pierres irrégulières mêlées à beaucoup de mortier.

Bretagne. Ancienne province de France, aujourd'hui comprise dans les départements d'Ille-et-Vilaine, des Côtes-du-

Nord, du Finistère, du Morbihan et de la Loire-Inférieure.

Calice. Le calice d'une fleur est l'enveloppe extérieure qui renferme la corolle et les organes sexuels de la fleur. Quelquefois on le prend pour la corolle elle-même.

Cannelures. Cavités longitudinales taillées sur le fût d'une colonne ou d'un pilastre.

Cariatide. Figure de femme qui soutient une corniche sur sa tête. On donne aussi ce nom à des têtes d'homme servant d'ornement, surtout lorsqu'elles servent de consoles.

Cartouche. Ornement en forme de *carte*, avec enroulement.

Chapiteau. La partie ornée du haut de la colonne qui pose sur le fût.

Cimaise ou *cymaise.* Moulure moitié concave et moitié convexe, qui est à l'extrémité d'une corniche.

Ciment. Débris de tuiles, de briques et carreaux, et autres substances concassées, pour être mêlées avec de la chaux, et former le mortier.

Cintre. Voûte ou toute construction formant le demi-cercle.

Claveau. Pierre taillée en coin pour une plate-bande, une voûte, une arcade, etc.

Clef de voûte. Pierre en forme de coin (ou voussoir) qui ferme une voûte, une arcade à sa partie la plus élevée, ou une plate-bande vers son milieu.

Collarin. On appelle ainsi la frise du chapiteau de la colonne toscane et dorique; c'est la moulure du chapiteau la plus proche du fût de la colonne.

Comble (Grand-). Le *comble* d'un bâtiment est la charpente qui le couvre : lorsqu'il y a plusieurs couvertures d'inégale hauteur ou largeur, on donne le nom de *grand-comble* à la plus large ou la plus élevée.

Compartiment. Assemblage de plusieurs objets disposés avec symétrie pour former un tout. On donne aussi ce nom aux diverses parties séparées.

Cône. Corps solide dont la base est un cercle, et qui se termine en haut par une pointe que l'on nomme *sommet*. On appelle *cône tronqué* celui dont on a retranché le sommet.

Console. Support en saillie qui sert à soutenir une corniche, un fronton de croisée, un arceau, etc.

Contre-courbe On appelle ainsi la partie d'un cercle qui change sa direction circulaire pour tourner en sens contraire. C'est à peu près la même chose que l'*accolade*.

Contrefort ou *Éperon*. Pilier saillant d'un mur pour lui servir d'appui et soutenir la poussée d'une voûte, etc.

Corbeau ou *Modillon*. Pierre, ou pièce de bois ou de fer, mise en saillie pour soutenir une poutre ou d'autres pièces.

Corniche. Partie supérieure et saillante de l'entablement, d'un piédestal, d'un bâtiment.

Cornier. On appelle *poteau cornier* celui qui fait l'angle d'un pan de bois, d'une cloison, etc.

Couronne d'une corniche. On appelle *couronne* d'une corniche la partie carrée la plus large qui s'y trouve.

Couronnement. C'est la partie qui termine le haut d'un ouvrage.

Damier. Échiquier, ou table distinguée par des carrés noirs et blancs, sur lequel on joue aux *dames*.

Danaüs. Roi d'Argos.

Délos. Ile de la mer Égée, l'une des Cyclades.

Denticule. Ornement qui consiste en plusieurs petites pièces coupées carrément et également.

Dodone. Ville d'Épire.

Donjon. Partie la plus élevée d'un château, et qui est ordinairement en forme de tour.

Druide. Noms des anciens prêtres gaulois.

Elliptique. Se dit d'une figure ovale : *figure elliptique*.

Entablées (Feuilles). Feuilles dressées et rangées sur une même ligne.

Entablement. Assemblage de moulures qui couronnent un bâtiment ou un ordre d'architecture. Il est composé ordinairement d'une architrave, d'une frise et d'une corniche. Souvent, pour un bâtiment, on supprime les deux premières parties.

Entrecolonnement. C'est l'espace vide réservé entre deux colonnes.

Entrelacs. Ornements et fleurons liés et croisés les uns avec les autres.

Épire. Royaume sur les confins de la Grèce, proche le golfe Adriatique.

Epure. Dessin d'une pièce de trait, tracé sur un plancher, de la grandeur dont elle doit être exécutée, et sur lequel l'appareilleur prend les mesures nécessaires pour la coupe des pierres, du bois, etc.

Équerre. Instrument qui sert à tracer, à mesurer les angles droits.

Étrusque. Qui appartient à l'Étrurie.

Faisceau. Réunion de plusieurs choses de même espèce liées ensemble.

Fées. Nom qu'on donne dans les contes, dans les romans, à une femme qu'on suppose connaître l'avenir et faire des choses extraordinaires.

Filet. Moulure lisse et plate, qui sert à séparer les autres moulures.

Frettes. Ornements d'architecture qui ressemblent aux liens de fer qui portent ce nom.

Frise. Partie de l'entablement qui est entre l'architrave et la corniche.

Fronton. Corniche triangulaire, ou formée d'une portion de cercle, qui couronne l'avant-corps principal d'un édifice ou d'une porte, croisée, etc. La partie lisse au milieu se nomme *tympan.*

Fût. Partie cylindrique d'une colonne entre la base et le chapiteau.

Gable ou *pignon.* Mur supérieur et latéral d'une maison, qui est terminé en triangle, et qui porte le haut du faîtage et les extrémités latérales de la couverture.

Galerie. Espèce de tribune continue et étroite, avec balustrade, dans le pourtour d'une église, sur les voûtes des bas-côtés.

Godron. Sorte de moulure relevée en forme d'œuf allongé. On l'appelle aussi *ove.*

Gorge. Moulure concave ayant la forme d'un quart de cercle ou une courbure à volonté.

Goutte. Petit ornement ayant la forme d'un petit cône tronqué ou d'une petite pyramide, dont on fait usage particulièrement dans l'entablement de l'ordre dorique.

Hellénique. Qui appartient à la Grèce.

Herculanum. Ancienne ville romaine, à deux lieues de Naples.
Hiéron. Enceinte sacrée, temple.
Horizontalement. Dans une situation parallèle à l'horizon.
Hôtel de Ville. La maison commune, celle où l'on s'assemble d'ordinaire pour les affaires de la commune.
Imbrice. Creux d'une tuile, fait pour s'emboîter dans la partie saillante d'une autre et la recouvrir.
Imbriquées (Écailles). Écailles disposées en recouvrement les unes sur les autres, comme les tuiles ou briques d'un toit.
Imposte. Assise de pierre qui couronne un jambage ou pied-droit, sur lequel on pose le coussinet d'une arcade. Elle a ordinairement une saillie taillée de moulures différentes selon les ordres d'architecture.
Labarum. Étendard impérial sur lequel Constantin fit mettre la croix.
Labyrinthe. Lieu où il y a beaucoup de détours qui rentrent l'un dans l'autre, de sorte qu'il est difficile d'en trouver l'issue.
Larmier. La partie d'une corniche qui est le plus en saillie.
Latium. Ancien pays des Latins, aujourd'hui la campagne de Rome.
Légende dorée. Ancien recueil de vies de saints, fait par Jacques de Vorage, archevêque de Gênes.
Linteau. Pièce de bois qui se met en travers au-dessus de l'ouverture d'une porte ou d'une fenêtre, pour soutenir la maçonnerie.
Lobes. Parties saillantes formées par les échancrures des feuilles, des pétales d'une fleur.
Lupercal. Lieu consacré au dieu Pan, chez les Romains.
Machicoulis. Ouverture pratiquée dans la saillie des galeries des anciennes forteresses pour défendre le pied du mur, en jetant sur les assiégeants de grosses pierres, etc.
Maine. Province de France, bornée au nord par la Normandie, au couchant par la Bretagne, au sud par l'Anjou et la Touraine, et au levant par le Perche.
Mascaron. Tête grotesque que l'on place comme ornement aux portes, aux fenêtres, aux fontaines, aux grottes, etc.
Meneaux. On appelle ainsi des montants et des traverses en

pierres, en bois, en fer, qui séparent une croisée ou plusieurs compartiments.

Modillon. Voy. *Corbeau.*

Moellon. Pierre de petite dimension, irrégulière, légère, qui sert à bâtir.

Monticule. Petite montagne, réelle ou factice.

Mouchette. Partie élevée et avancée d'une corniche. On l'appelle aussi *larmier.* Elle prend le nom de *mouchette pendante* lorsqu'elle est creusée ou refeuillée dans son plafond.

Mutule. Espèce de modillon carré, dans la corniche de l'ordre dorique, d'où pendent des gouttes en clochettes.

Nef. Partie d'une église qui s'étend depuis le portail jusqu'au chœur.

Nervures. Parties saillantes sous les voûtes, qui forment des côtes sur les arêtes.

Normandie. Ancienne province de France, comprise aujourd'hui dans les départements de la Seine-Inférieure, de l'Eure, du Calvados, de la Manche et de l'Orne.

Observatoire. Endroit d'où l'on observe ce qui se passe dans un autre. Édifice destiné aux observations astronomiques.

Ordre. Ordre, en architecture, se dit d'un arrangement régulier de parties saillantes, parmi lesquelles se distinguent surtout les colonnes et les pilastres ; de certaines dispositions de moulures et même d'ornements, qui donnent au tout un caractère particulier. Par *ordre*, on comprend aussi quelquefois un étage d'un bâtiment.

Paradoxe. Proposition avancée contre l'opinion commune.

Parallélipipède. Corps solide terminé par six parallélogrammes, dont les opposés sont semblables, égaux et parallèles entre eux.

Parallélogramme. Figure dont les côtés opposés sont égaux et parallèles.

Pétale. On donne ce nom à chacune des pièces qui composent la corolle d'une fleur.

Piédestal. Corps solide orné d'une base et d'une corniche, destiné à porter une figure, un vase, une colonne.

Pignon. Voy. *Gable.*

Pilastre. Pilier carré-plat, en saillie sur un mur, qui a les mêmes proportions que l'ordre employé dans un édifice.

Plate-forme. Surface horizontale qui couvre un édifice.

Poitou. Province de France, comprise dans les départements de la Vienne, des Deux-Sèvres, et de la Vendée.

Polyèdre. Corps solide à plusieurs faces ou plans rectilignes.

Polygone. Figure qui a plus de quatre angles et quatre côtés.

Porche. Lieu couvert, portique à l'entrée d'une église.

Poussée des voûtes. Effort que font les voûtes sur les murs qui leur sont opposés.

Prisme. Corps solide dont les deux bases opposées sont des polygones égaux et parallèles, et dont les faces latérales sont des parallélogrammes.

Pyramide. Corps solide dont la base est un triangle, un carré ou un polygone, et dont le sommet est en pointe.

Regard. Trou pratiqué pour visiter un aqueduc, un conduit.

Résille. Filets de plomb qui réunissent ensemble les verres d'une fenêtre.

Réticulé (Dessin). Fait en forme de réseau.

Retrait ou *retraite.* C'est la plus forte épaisseur d'un mur sur sa partie supérieure.

Rouergue. Ancienne province de France.

Saillie. Avance qu'ont sur le nu d'un mur les pilastres, chambranles, corniches, balcons, appuis, etc.

Saintonge. Province de France, comprise dans le département de la Charente-Inférieure.

Sceau. C'est la même chose que cachet.

Socle. Solide carré qui sert de support à des statues, à des vases, etc. C'est le carré au-dessous des bases des colonnes, des chambranles, etc.

Soffite. Face sous une architrave ou sous un larmier.

Stylobate. Piédestal continu formant un soubassement sur lequel s'appuient plusieurs colonnes.

Surélèvement. Se dit d'une voûte en arcade qui a de hauteur sous clef plus de la moitié de sa largeur.

Tailloir. Morceau de pierre méplat, et parfaitement carré, qui couronne les chapiteaux des colonnes.

Tertre. Éminence de terre dans une plaine.

Teutatès. Dieu des Gaulois qui correspond à Mercure.

Thiers. Ville de France (Puy-de-Dôme).

Tiers-point. Courbure des voûtes gothiques, qui est composée de deux arcs de cercle de soixante degrés, tracés d'un intervalle égal au diamètre de la voûte pris pour rayon, de manière que les deux extrémités les plus basses et l'extrémité supérieure forment un triangle parfait.

Topographie. Description d'un lieu particulier, d'une ville, d'un château.

Tore. Grosse moulure demi-ronde faisant partie des bases de colonnes.

Touraine. Province de France, comprise dans le département d'Indre-et-Loire.

Tourillon. Espèce de pivot sur lequel tournent les flèches des bascules des ponts-levis, des portes cochères.

Trèfle. Ce mot se dit des croix, ou autres figures, dont les extrémités sont terminées en trèfles.

Triglyphe. Ornement d'architecture dans la frise dorique, composé de deux cannelures en triangle, et de deux demi-cannelures sur les deux côtés.

Trilobe. Ornement composé de trois lobes.

Trumeau. C'est la partie d'un mur entre deux baies de porte ou de croisée.

Tympan. On appelle ainsi la partie supérieure d'une croisée, ou d'une porte cintrée ou ogivale qui ne s'ouvre pas, est ordinairement bouchée, et souvent garnie de sculptures en bas-relief.

Verticalement. Perpendiculairement à l'horizon.

Volute. Enroulement en spirale des chapiteaux ioniques et corinthiens.

Voussure. Portion de voûte dont le plan est moindre que le demi-cercle. Celles qui se font à l'intérieur, au-dessus d'une baie de porte ou de croisée, se nomment *arrière-voussure*.

FIN DU MANUEL D'ARCHÉOLOGIE.

TABLE DES MATIÈRES.

	Pages.
INTRODUCTION ET DIVISION DE L'OUVRAGE.	1

PREMIÈRE PARTIE. ARCHITECTURE ANCIENNE.

CHAP. Ier.	Architecture égyptienne.............	7
— II.	Architecture des Babyloniens, des Tyriens et des Hébreux................	17
— III.	Monuments cyclopéens ou pélasgiques.....	20
— IV.	Architecture grecque................	28
— V.	ART. 1er. Architecture romaine, depuis l'origine de l'empire jusqu'à Constantin.....	36
ART.	2. Caractères particuliers de l'architecture romaine, et ses différences avec le style grec..	53
—	3. Des cinq ordres d'architecture.........	56
—	4. Portes et fenêtres des cinq ordres.......	63
CHAP. VI.	Monuments celtiques ou gaulois.........	65
	Peulvans ou Men-hirs..............	66
	Enceintes druidiques ou Kromlechs.......	68
	Alignements....................	69
	Pierres branlantes................	70
	Trilithes ou Lichavens.............	72
	Dolmens......................	ib.
	Allées couvertes ou Grottes aux fées......	73
	Barrows et Galgals ou Tumulus.........	74

DEUXIÈME PARTIE. MOYEN AGE.

CHAP. Ier.	Classification et définition des styles architectoniques du moyen âge............	76
CHAP. II.	Architecture religieuse...............	89
ART.	1er. Style byzantin..................	ib.
ART.	2. Style latin, depuis la fin du cinquième siècle jusqu'au onzième................	97
—	3. Style romano-byzantin primaire, de 1000 à 1090........................	119
—	4. Style romano-byzantin secondaire, ou de transition. Douzième siècle............	142

		Pages.
—	5. Style ogival à lancette, depuis 1160 jusqu'à 1300.	163
—	6. Style ogival rayonnant, de 1300 à 1400 environ.	183
—	7. Style ogival flamboyant. — § 1er. Première époque, de 1400 à 1480 environ.	196
	§ 2. Deuxième époque, de 1480 à 1550.	206
—	8. Renaissance, vers 1550.	213
—	9. Moyens d'exécution; confréries de maçons.	227
CHAP. III.	Architecture civile.	237
Art. 1er.	Huitième, neuvième et dixième siècles.	239
—	2. Onzième siècle.	240
—	3. Douzième siècle.	243
—	4. Treizième et quatorzième siècles.	246
—	5. Quinzième siècle.	249
—	6. Seizième siècle.	253
—	7. Dix-septième siècle.	257
CHAP. IV.	Architecture militaire.	259
Art. 1er.	Châteaux des dixième et onzième siècles.	263
—	2. Châteaux du douzième siècle.	271
—	3. Châteaux du treizième siècle.	281
—	4. Châteaux du quatorzième siècle et de la première moitié du quinzième.	287
—	5. Châteaux de la fin du quinzième siècle.	290
—	6. Châteaux du seizième siècle.	294
—	7. Châteaux des dix-septième et dix-huitième siècles.	296
CHAP. V.	Peinture sur verre, son origine et son état aux différents siècles du moyen âge.	299
CHAP. VI.	Iconographie chrétienne.	316
	De la gloire.	322
	Du nimbe. Sa définition, sa forme.	324
	Application du nimbe.	329
	Nimbe de Dieu.	330
	Nimbe des anges et des saints.	335
	Nimbe des personnages vivants.	338
	Nimbe des êtres allégoriques.	340
	Signification du nimbe.	341
	Histoire archéologique du nimbe.	342
	Auréole, sa définition, sa forme.	346

	Pages.
Application de l'auréole.	350
Histoire de l'auréole.	351
Dieu.	352
Dieu le père.	ib.
Dieu le fils.	358
Le Saint-Esprit.	368
La Trinité.	373
OUVRAGES A CONSULTER.	379
VOCABULAIRE.	384

FIN DE LA TABLE.

Pl. 1.

LES CINQ ORDRES

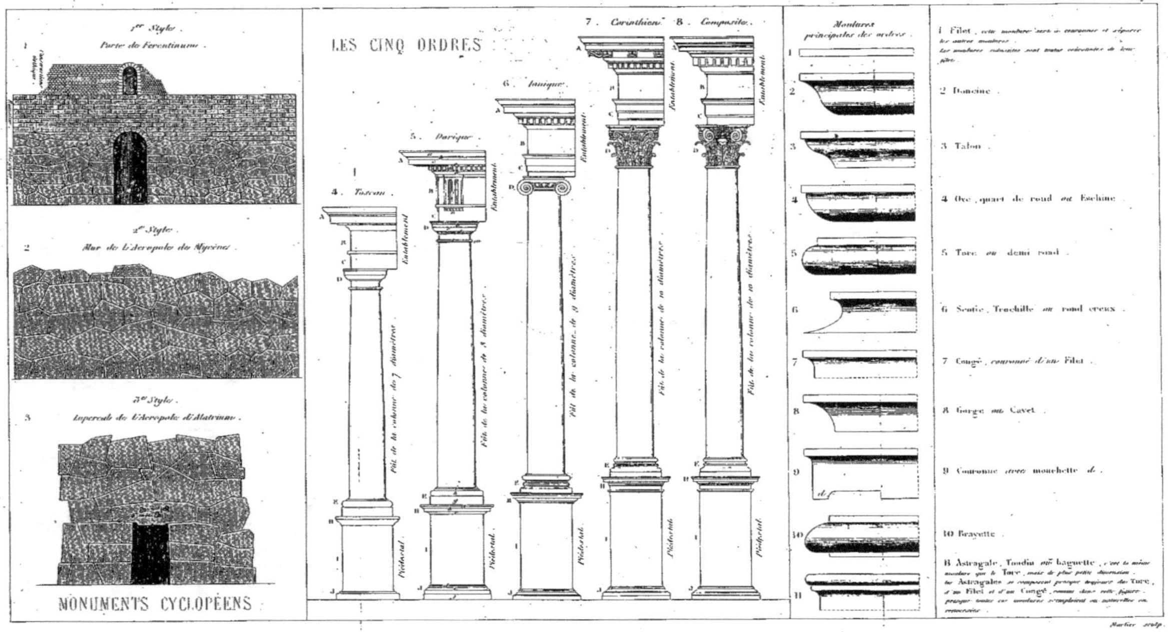

MONUMENTS CYCLOPÉENS

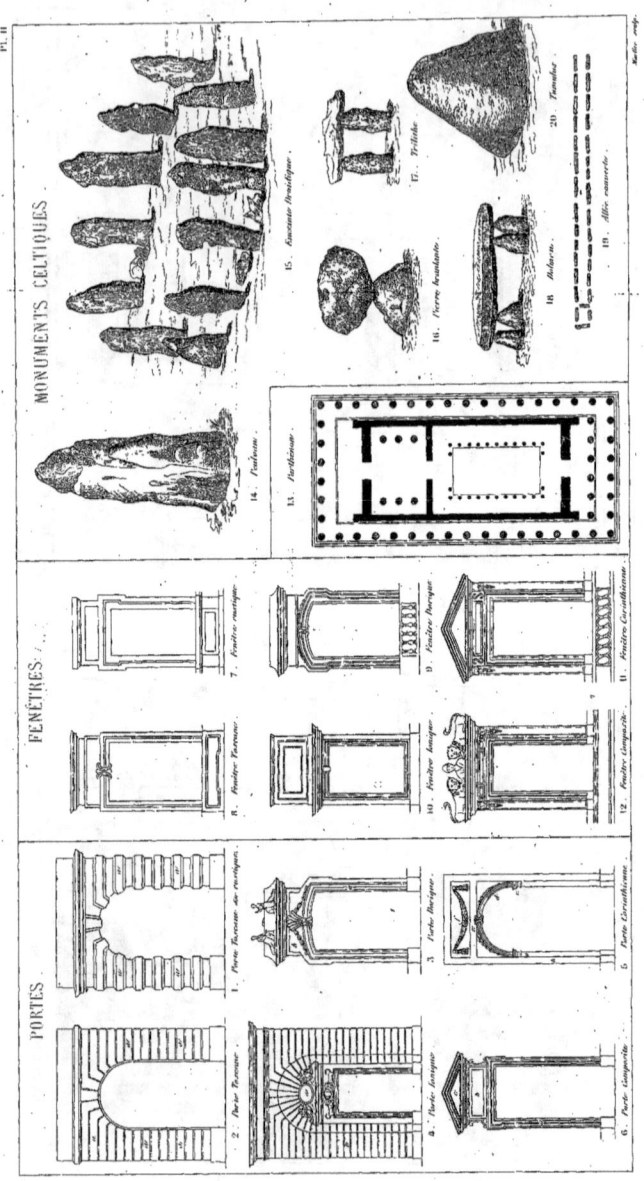

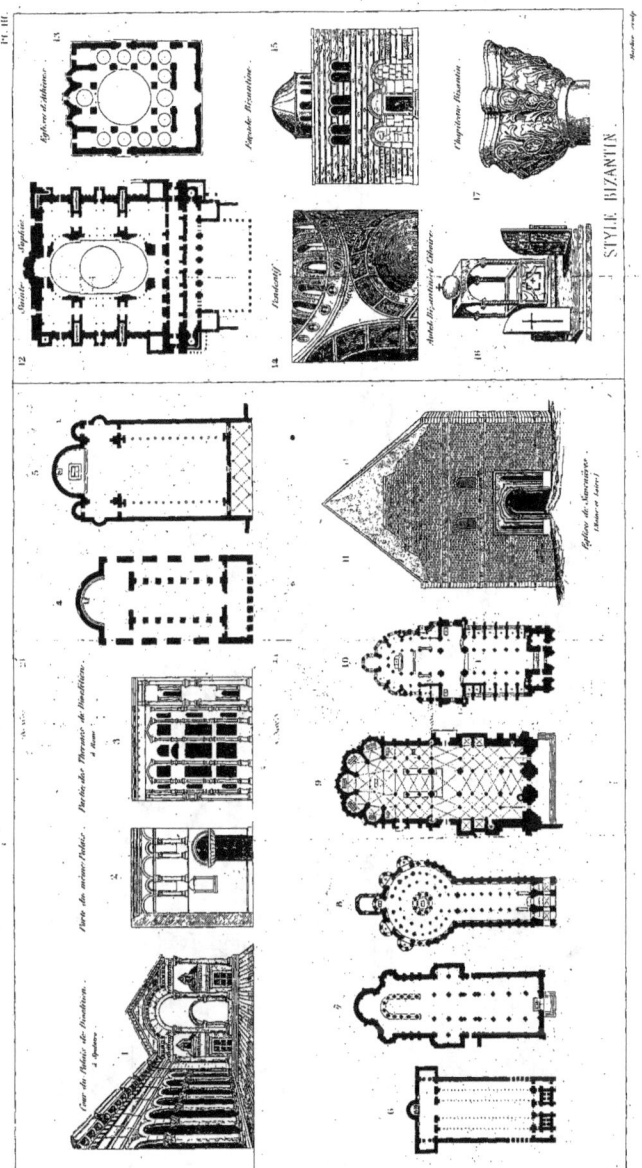

STYLE BYZANTIN

FRAGMENTS D'ARCHITECTURE antérieurs au 10e siècle.

FRAGMENTS D'ARCHITECTURE postérieurs au 10e siècle.

PL. VI

COLONNES ROMANES ET GOTHIQUES.

MODILLONS ET BALUSTRADES.

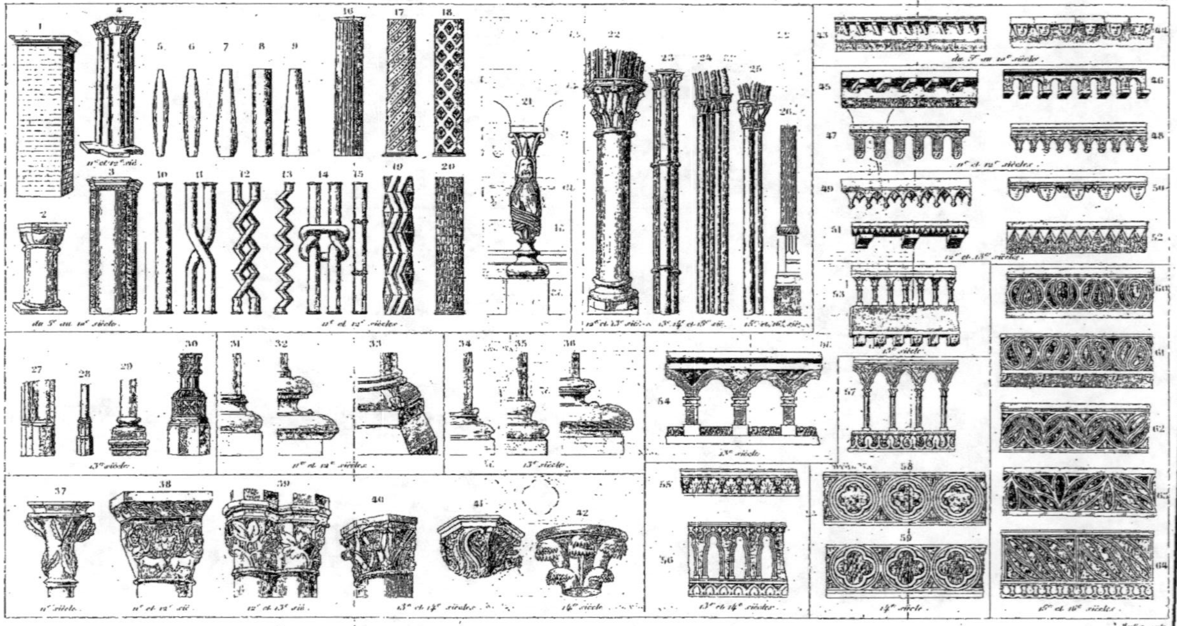

TRAVÉES ET GALERIES

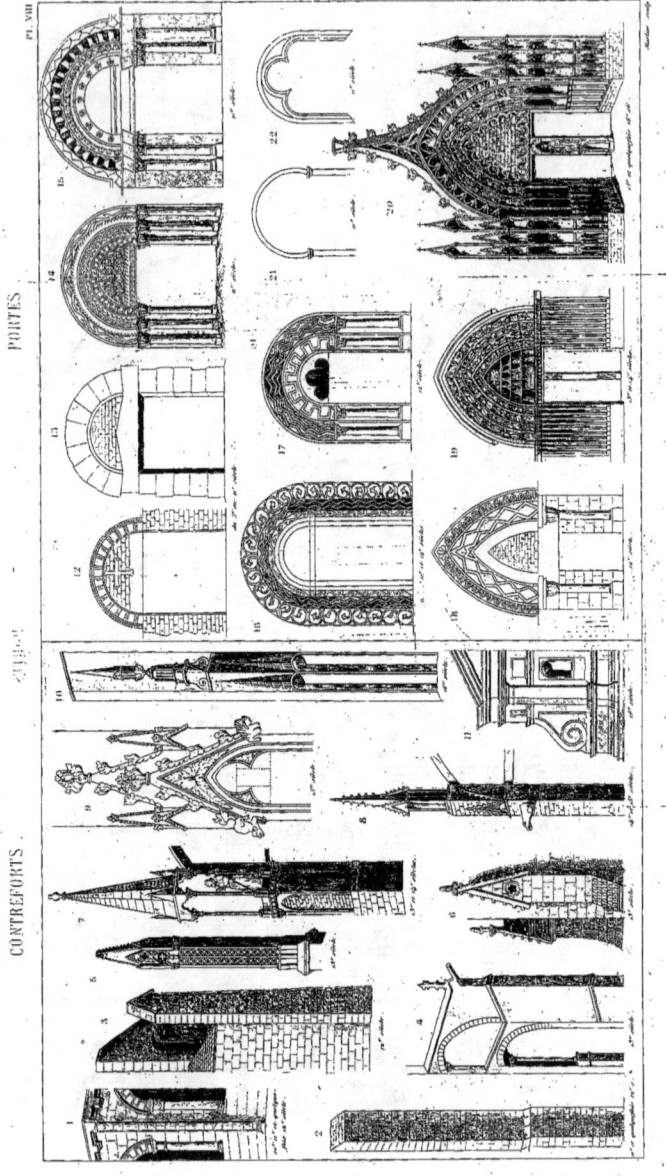

FENÊTRES.

TOURS ET CLOCHERS.

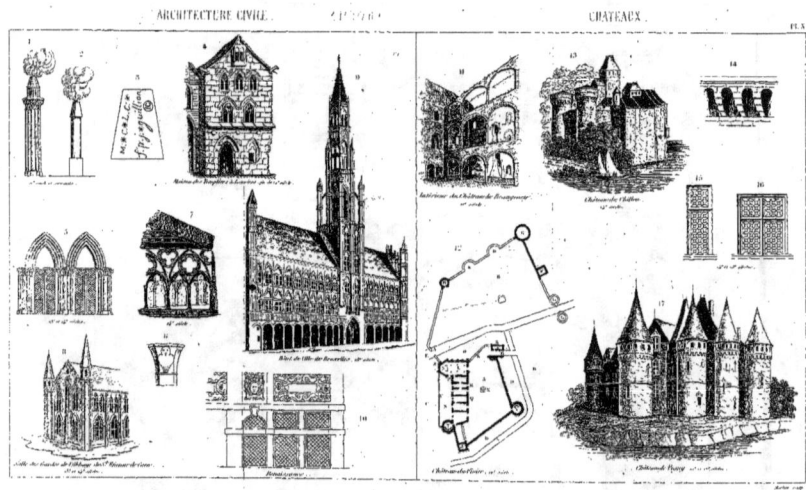

www.ingramcontent.com/pod-product-compliance
Lightning Source LLC
Chambersburg PA
CBHW071946220426
43662CB00009B/1022